国家社科基金项目:"少数民族习惯法现代化研究(12BFX026)"结项成果。

|光明社科文库|

# 少数民族习俗性规范现代化研究
## ——以藏、彝等民族为例

周欣宇◎著

光明日报出版社

图书在版编目（CIP）数据

少数民族习俗性规范现代化研究：以藏、彝等民族为例 / 周欣宇著. -- 北京：光明日报出版社，2023.3
ISBN 978-7-5194-7148-4

Ⅰ.①少… Ⅱ.①周… Ⅲ.①藏族—少数民族风俗习惯—研究—中国②彝族—少数民族风俗习惯—研究—中国 Ⅳ.①K892.314②K892.317

中国国家版本馆 CIP 数据核字（2023）第 208634 号

## 少数民族习俗性规范现代化研究：以藏、彝等民族为例
### SHAOSHUMINZU XISUXING GUIFAN XIANDAIHUA YANJIU: YI ZANG、YI DENGMINZU WEILI

| | |
|---|---|
| 著　　者：周欣宇 | |
| 责任编辑：李　晶　房　蓉 | 责任校对：郭玫君　贾　丹 |
| 封面设计：中联华文 | 责任印制：曹　净 |

出版发行：光明日报出版社

地　　址：北京市西城区永安路 106 号，100050

电　　话：010-63169890（咨询），010-63131930（邮购）

传　　真：010-63131930

网　　址：http://book.gmw.cn

E - mail：gmrbcbs@gmw.cn

法律顾问：北京市兰台律师事务所龚柳方律师

印　　刷：三河市华东印刷有限公司

装　　订：三河市华东印刷有限公司

本书如有破损、缺页、装订错误，请与本社联系调换，电话：010-63131930

开　　本：170mm×240mm

字　　数：287 千字　　　　　　　　　印　　张：16.5

版　　次：2024 年 7 月第 1 版　　　　印　　次：2024 年 7 月第 1 次印刷

书　　号：ISBN 978-7-5194-7148-4

定　　价：95.00 元

版权所有　　翻印必究

# 内容摘要

少数民族地区法治社会建设会影响到整个国家法治社会建设的进程，很大程度上，少数民族地区法治社会建设水平取决于如何对待少数民族固有的习俗性规范以及如何实现其地区现代化。少数民族固有的习俗性规范产生、形成、生长，必然受到在地理环境、民族生产生活方式、宗教和民族心理基础上形成的民族文化的影响。民族文化一经形成，就具有一定的稳定性，即使随着社会的变迁和变革，一些民族的固有习俗性规范最终走向消亡，但其所蕴含的精神却不会因此而轻易消亡。相反，它们会作为一种民族文化的精神和传统扎根于民众心中，并以各种方式影响现在和将来的制度变革，甚至在制度变革完成后仍然会产生影响。所以在少数民族法治社会建设过程中必须认真对待其固有的习俗性规范，并在新制度中吸收少数民族地区的固有习俗性规范的合理因素，将其整合到国家法律体系和法治建设系统中，从而实现其现代化。

本书第一章陈述了在少数民族地区田野调查过程中遇到的困惑以及通过对研究文献的梳理发现其中存在的问题。十多年来，在彝族地区和藏族地区进行的田野调查结果中，看到这些少数民族地区"没有法律的秩序"的种种现象，也发现了近代以来规划进程中的社会制度变迁输入国家法后，面临被少数民族固有的习俗性规范消解的现象，国家法与少数民族固有的习俗性规范这两套规范体系存在抵牾之处，对少数民族地区法治社会建设产生消极影响。通过对以藏族为代表的少数民族习俗规范研究文献的全面梳理可以发现，少数民族习俗性规范研究虽然已经成为法学研究的重要领域之一，研究涵盖面广，研究文献丰富，但仍存在较大的问题。归纳起来主要有三方面：一是缺乏全面系统性的研究；二是在理论上奉行"拿来主义"；三是研究者提出的对策缺乏现实关怀和国家情怀。

第二章对文章中涉及的"民族""习俗性规范""现代化"等基本概念进行

辨正和厘清，以便更精确、更科学地使用这些概念。首先，梳理我国"民族"概念形成和发展的历史，提出中国特色的民族概念既有中国传统的因素，又受到马克思主义经典作家民族概念的影响，它既可以指某一个族群，又可以指由这些族群组成的共同体。前者指包括汉族和少数民族在内的各个具体的民族；后者指汉族和少数民族形成的超族群共同体，即通常意义上的"中华民族"。其次，驳正学界常用的"习惯法"概念，认为习惯法概念不成立，容易发生误导，在法学研究中不宜使用，建议以"习俗性规范"取而代之。最后，厘清"现代化"和"法律现代化"概念与理论的脉络，认可混合性现代化理论，并以其指导少数民族习俗性规范的现代化，提出少数民族习俗性规范现代化作为整个中国（中华民族）法律现代化的一个有机组成部分，虽然有自己的特点，但也必须符合法律现代化，特别是中国法律现代化的整体目标和追求，在现代化方向上要一致，少数民族习俗性规范现代化与中国法律现代化要形成合力，共同为国家的法治建设出力。少数民族传统习俗性规范并不总是作为法律现代化的阻力而存在，国家法律可以通过对少数民族习俗性规范中符合现代法律精神和法律文明的要素进行整合，实现其现代化。这样，少数民族习俗性规范不仅可以在国家法律的主场中充当配角，而且可以充当更新国家法律制度和法律观念的主角。

　　第三章论述少数民族习俗性规范现代化的必要性和特殊性。少数民族习俗性规范本身存在的缺陷及其在现代少数民族社会中的滥用与异化以及建构国家法律认同的需要都决定了少数民族习俗性规范现代化的必要性。少数民族习俗性规范本身存在的等级制度、特权制度、处罚方式单一、地区差异大等缺陷，以及现代少数民族社会中习俗性规范出现的异化甚至扭曲现象，与现代法治精神和法律的普适性追求严重背离，不利于国家法的推行，不利于民族地区法治社会建设。但少数民族特殊的自然环境、生产生活方式、封闭式的社会组织结构、浓厚的宗教氛围以及独特的民族心理决定民族地区法治建设的特殊性，少数民族习俗性规范现代化的特殊性是民族地区法治建设特殊性的集中体现。在国家法律现代化的整体背景下，少数民族传统习俗性规范现代化并不意味着完全的趋同，少数民族习俗性规范现代化在与国家法律的禁止性规范不发生冲突的情况下，可以保留自己的特征。简言之，少数民族习俗性规范现代化是在特定的地域和特定的民族中发生的现代化。

第四章在批驳法律多元主义的基础上，通过对历史经验和现实国情的梳理，提出少数民族习俗性规范现代化必须坚持"一元多层次"的基本原则。当前的"习惯法"（本书的"习俗性规范"）研究中，法律多元主义被不假思索地广泛运用，这是一种典型的理论上的"拿来主义"，把古代社会和现代社会存在的民间习俗性规范或少数民族习俗性规范视为法律的"一元"，是历史虚无主义和不顾现实国情的表现。我国历史上只有法律的"一元多层次"，而无"法律多元"。民族分裂时期，各少数民族建立的政权锐意进取，创制新的法律制度，为后世的中央王朝所吸收；少数民族政权为了更好地进行统治，也会效仿"汉法"，这样少数民族政权（包括今天的东亚、东南亚、中亚部分国家）共同凝聚到"中华法系"这个大家庭中。建立统一的多民族国家后，中央政府在不危及法制统一和社会稳定的情况下，一般实行"因俗而治"，但对少数民族地区严重危害统治秩序的行为也会使用"国法"，将"国法"推行于包括少数民族地区在内的整个天下一直是统治阶级的愿望。当处于统一多民族中央集权国家时，法律的"一元"表现为"国法"；在民族分裂政权时期，"一元"表现为"汉法"。从现实国情看，我国的人口构成及其分布情况、党与政府在民族地区法律政策的转变以及民族地区群众对待国家法律态度的变化，都表明"一元多层次"是民族地区法治建设的事实状态。

第五章讨论少数民族习俗性规范与国家法双向建构的可能性及其现代化的具体进路。通过个案呈现少数民族习俗性规范与国家法的五种现实互动关系，即合作、强化效力、补充漏洞、为创新提供资源和消解冲突，建议在对话的基础上加强国家法与少数民族习俗性规范的交流，实现二者的双向建构。提出少数民族习俗性规范的四维现代化进路，即立法吸收、司法援引、纳入村规民约、融入调解。要通过立法吸收、司法援引将民族地区良善的、具有普遍性的习俗性规范纳入国家法体系内，通过村规民约和调解将不违背公序良俗的、地区性的或民族内亚群体的习俗性规范纳入基层治理体系中，发挥其积极作用，以滋养民族地区的法治建设。少数民族习俗性规范现代化的过程是识别和评价少数民族习俗性规范的过程，是保留少数民族优良风俗习惯的过程，是淘汰废除少数民族落后、不良风俗习惯的过程，是将少数民族群众的行为纳入法制轨道的过程，是构建民族群众国家法律认同的过程，是增强国家法凝聚力的过程，是用法律铸牢中华民族共同体意识的过程。

最后为结语，明确指出少数民族习俗性规范现代化能否顺利实现决定着少数民族地区法治社会建设的成功与否。为此，要把少数民族习俗性规范还原成具有民族特色的地方性社会规范，而不是与国家法律或地方法规具有平等地位的法律规范。分情况对待少数民族习俗性规范，承认良善习俗性规范的法源地位和规范作用。要认识到少数民族法治现代化是我国法治现代化在民族地区的展开。少数民族地区法治现代化能否实现在很大程度上取决于少数民族习俗性规范在多大程度上能够接纳国家法制；也取决于国家法在多大程度上能够容忍少数民族习俗性规范。要坚持国家法的主导地位和"一元多层次"的基本原则，这样才能既保证国家统一和法制完整，又满足少数民族的法律需要，实现其当家作主的愿望。

# 目 录
## CONTENTS

**第一章 在田野调查和文献中发现问题** ········· 1

一、田野调查引发的困惑 ············· 1

二、研究文献综述 ··············· 2

三、研究中存在的问题 ············· 45


**第二章 主要概念的界定与厘清** ············ 47

一、"民族"概念辨析 ············· 47

二、"习惯法"的谬用与厘正 ··········· 73

三、"现代化"与"法律现代化"的内涵 ······ 91


**第三章 少数民族习俗性规范现代化的必要性和特殊性** ········· 102

一、少数民族习俗性规范现代化的必要性 ······ 102

二、少数民族习俗性规范现代化的特殊性 ······ 123


**第四章 少数民族习俗性规范现代化的基本原则** ········· 163

一、法律多元主义及其批判 ··········· 163

二、"一元多层次"的合理性 ··········· 172

**第五章　少数民族习俗性规范现代化的双向四维进路**……… **194**
　　一、国家法律与少数民族习俗性规范的双向建构 ……… **194**
　　二、少数民族习俗性规范的四维现代化进路 ……… **206**

**结　语** ……… **222**
**参考文献** ……… **224**

# 第一章

# 在田野调查和文献中发现问题

**一、田野调查引发的困惑**

2002年3月,笔者在导师陈金全教授的带领下,到四川凉山彝族自治州彝族人生活的腹心地区——昭觉县、雷波县和布拖县等地参与田野调查,搜集彝族"习惯法"①案例。这是笔者第一次深入少数民族地区去了解和认识他们的法律生活,这次田野调查对学习法学的笔者产生了强烈的冲击:在国家法律体系之外,彝族人竟然有一套完整并行之有效的习惯法,而且该套习惯法仍在规范和指导当地人的行为。在服膺于这种"没有法律的秩序"的同时,为了不重于导师研究的课题,笔者立志对藏彝走廊另一大世居民族——藏族的习惯法进行搜集和研究。此后,笔者利用假期和教学之余,深入西藏自治区和云南、四川、甘肃、青海等地的藏族聚居区进行田野调查,搜集藏族习惯法条文及其案例。但在田野行走时一些问题在心中反复出现,挥之不去,随着现代化在民族地区的推行和国家治理能力的提升,以及民族地区法治社会建设的展开,国家法与"习惯法"两套法律话语体系存在抵牾之处,具体问题包括:我们应当怎样对待民族习惯法,民族习惯法在整个法律体系中应居于什么地位,民族习惯法能否现代化和怎么现代化。

应该说,由少数民族习惯法田野调查所引起的困惑并非笔者个人的困惑。近些年来,随着对民族习惯法研究的深入,传统的研究范式,即搜集整理民族习惯法,开始向发掘民族习惯法的智慧为当下法治资鉴和民族习惯法的现代化等新研究范式转型。但在理论上仍奉行"拿来主义",或把西方法律人类学和法律社会学提出的"法律多元"理论作为阐释民族习惯法的圭臬;或把费孝通先

---

① 在本书第二章对概念进行界定前,暂时按照学界约定俗成,把类似具有法律属性的习俗性规范称为"习惯法"。

生的"多元一体"民族构成理论生搬硬套过来。这些理论虽然均有较强的解释力，但若脱离语境则可能"差之毫厘，谬以千里"，关键是这些研究忽视历代中央政权对民族地区的法律治理史与民族政权自身的法制历史，缺乏对多民族国家法律治理的现实关怀。

众所周知，自秦汉以来，我国虽有民族分裂或多民族政权并存的短暂历史，但从整体上看，我国始终是一个统一的多民族国家，建立有强大的中央政权，对境内各民族进行了有效的法律治理。鉴于古代中国法律治理的特殊性，中央政权治理民族地区的法律，虽与汉族地区的法律有所差异，但能否将其视为"多元"中的"一元"却值得商榷。民族分裂或多民族政权并立时期，民族政权制定的法律及其境内的民族习惯法是否具有"元"的属性等问题也随之浮出水面。

一场始于与民族"习惯法"的美丽邂逅激起笔者对诸多问题的思考，众多关于民族"习惯法"的研究虽然丰富了该领域知识的维度，拓宽了法学研究的视野，但仍不能让笔者释怀，特别是当前的研究状态并未能在社会主义法治国家现代化建设的时代背景下描绘民族习惯法现代化的理想全景，也未能明确指出民族习惯法现代化应该遵循的基本原则，更未能将民族习惯法的现代化与民族地区的普法活动，特别是与解决民族地区超越族群的国家法律认同危机问题结合起来，对民族地区法治建设的路径也未有通盘的思考。

鉴于上述问题，本书希望能够在前人研究的基础上，运用丰富的藏、彝等民族文献史料、田野调查资料，以及在藏、彝等民族地区各级人民法院和中国裁判文书网上收集到的判例，梳理在习惯法氤氲之下的少数民族法律"生活的样法"[①]，阐释其法律文化意义，分析其在建构民族地区生产生活秩序上的功能，寻求其现代化之路径。本书以藏、彝等民族习惯法为例，希望能以此为样本，寻求少数民族习惯法现代化的可能道路。

## 二、研究文献综述

### （一）少数民族习惯法研究概况

不能数典忘祖，治学务必探源，梳理少数民族习惯法的研究史必然成为本

---

① 梁漱溟. 东西方文化及其哲学 [M]. 北京：商务印书馆，1999：60.

书研究开展的前提和基础。通过输入关键词"习惯法""民间法"① 检索"中国知识资源总库"（CNKI）、"国家图书馆联机目录查询系统"，并手动排除与少数民族无关条目后，笔者发现，少数民族习惯法的研究历史最早可以追溯到1981年李延贵和酒索合作发表的《苗族"习惯法"概论》，此后少数民族习惯法研究文献呈逐渐增长之态势，21世纪以来更是呈现出井喷状态。如今，对少数民族习惯法的研究已经成为法学研究的重要主题之一，具体表现为以下六方面：1. 发表大量的论著，其中包括期刊论文、专著、硕博论文和会议论文；2. 覆盖绝大多数民族，关于苗族、藏族、彝族等少数民族的研究文献较多；3. 涵盖多种学科，如法学、民族学、宗教学、社会学、经济学、统计学、历史学、旅游学等；4. 召开全国性的学术会议，如召开十七届"全国民间法·民族习惯法学术研讨会"；5. 开办专栏，一些学术期刊如《山东大学学报》《甘肃政法学院学报》等均办有研讨"习惯法""民间法"的专栏；6. 成立全国性和地方性学术机构，中国法律史学会民族法文化分会、中国法学会民族法学研究会和西南少数民族法文化研究中心等研究机构相继成立。

因少数民族习惯法方面的研究文献汗牛充栋，笔者实在无力梳理，下面就以藏族习惯法的研究现状为例，说明习惯法的研究情况及其存在的问题，希望读者能够"尝一脔肉，而知一镬之味，一鼎之调"。

（二）藏族习惯法的研究现状

1. 国内研究情况

20世纪80年代兴起的习惯法研究，特别是少数民族习惯法研究的热潮很快传至藏族习惯法研究上来。1984年陈光国在《西藏民族学院学报》第2期上发表的《藏族地区的行为规范：习惯与习惯法简析》乃开山之作。此后，藏族习惯法研究经历了一个从起步到蓬勃发展再到逐渐深入的过程。② 为了对藏族习惯法进行更深入的研究，笔者尽可能全面地搜集相关研究论著，其总数近300篇

---

① 学界对国家法之外的非正式规范称呼不一致，有称"民间法"的，有称"习惯法"的，有称"非正式制度"的，有称"乡土规则"的，还有称"民间社会规范"的，不一而足。名称的不同反映了不同研究者的研究路径、学术背景乃至个人风格均有不同。"习惯法"和"民间法"两个概念的使用频率最高。

② 曾丽容. 近三十年来国内藏族习惯法研究综述［J］. 西藏民族学院学报（哲学社会科学版），2012, 33 (5)：65-71.

(部)。为叙述便利，将其分为法制史与典章①（习惯法的历史）研究、习惯法的研究现状两个方面。

(1) 藏族法制史与典章研究

20世纪90年代以来，一些民族学、历史学、法学和政治学领域研究者的著作开始涉及藏族法制历史。黎宗华、李延恺所著的《安多藏族史略》收集、编译了安多地区藏族法律制度的藏文资料。②刘广安所著的《清代民族立法研究（修订版）》比较全面地介绍了清代涉藏法制，如《理藩院则例》《六部治藏章程》和《青海番夷成例》的制定原因、过程及主要内容。③洲塔所著的《甘肃藏族部落的社会与历史研究》介绍了甘肃藏族聚居区部落社会法律规范的渊源、内容与特点，并分析了其影响和作用。④陈庆英主编的《藏族部落制度研究》以四章的篇幅介绍了部落的生产、民事、刑事和军事等法律规范。⑤雀丹所编的《嘉绒藏族史志》专列一节，介绍了嘉绒藏族聚居区的司法制度和"习惯法"，其资料来自西南民族大学民族研究所在田野调查基础上编撰的《嘉绒藏区调查材料》、国家民委所编的《民族社会历史调查集》和阿坝藏族羌族自治州政协所编的《阿坝州文史资料选集》。⑥陈光国所著的《青海藏族史》简要介绍了清朝青海藏族法制的法律渊源及主要立法。⑦星全成、马连龙合著的《藏族社会制度研究》对藏族旧时社会制度进行了全面介绍和分析，其中有司法、惩罚、婚姻、继承和借贷等与法律有关的制度。⑧尕藏才旦主编的《史前社会与格萨尔时代》在第四章"史前部落社会"中专列一节"部落习惯法"，描述部落财产继承制度和部落纠纷解决方法。⑨恰白·次旦平措、诺章·吴坚、平措次仁合著的《西藏通史：松石宝串》专门介绍了松赞干布时期制定的吐蕃律例，即"吐

---

① 吐蕃政权制定的法律以及元、明、清三代藏族地方政府制定的法律如今并未完全退出历史舞台，部分以"习惯法"的形式遗存在藏族聚居区，还对民众的行为规范产生影响，因此，对藏族法制史及典章的研究必然成为藏族习惯法研究的组成部分。
② 黎宗华，李延恺. 安多藏族史略[M]. 西宁：青海民族出版社，1992：78-116.
③ 刘广安. 清代民族立法研究（修订版）[M]. 北京：中国政法大学出版社，2015：31-145.
④ 洲塔. 甘肃藏族部落的社会与历史研究[M]. 兰州：甘肃民族出版社，1996：324-360.
⑤ 陈庆英，何峰. 藏族部落制度研究[M]. 北京：中国藏学出版社，2002：100-336.
⑥ 雀丹. 嘉绒藏族史志[M]. 北京：民族出版社，1995：211-240.
⑦ 陈光国. 青海藏族史[M]. 西宁：青海民族出版社，1997：593-649.
⑧ 星全成，马连龙. 藏族社会制度研究[M]. 西宁：青海民族出版社，2000：39-195.
⑨ 尕藏才旦. 史前社会与格萨尔时代[M]. 兰州：甘肃民族出版社，2001：102-113.

蕃基础三十六制"。① 才让的《吐蕃史稿》论述了青藏高原上众多分散小邦或部落联盟逐步统一为强大的吐蕃王朝的过程，作者认为法制建设是一个重要因素。② 由于这些研究都不是对藏族法制史的专门研究，因此其内容相对来说较为简练，而且其主要目的在于介绍，未能进行深入的分析。

随着法学研究者和具有法学背景的民族学研究者的加入，藏族法制史研究向专门化发展，出现了一些比较有影响力的专著。徐晓光的专著《清代蒙藏地区法制研究》论述了清代藏族聚居区立法的指导思想和基本原则，考察了藏族聚居区法制的主要内容，归纳总结了清代治藏法制的九个特征，并明确指出《十三法》《十六法》是清代藏族聚居区占有主导地位的基本法。③ 此后，徐晓光对藏族法制史进一步深入研究，写成《藏族法制史研究》一书，分吐蕃王朝、唃厮啰到藏巴汗政权、清朝、近代四个阶段介绍藏族法制史，并总结了藏族法制传统的特征和结构功能。该书是第一部系统全面地介绍藏族法制史的专著，勾勒了藏族法制的全貌。④ 洲塔所著的《吐蕃法律流变研究》则根据丰富的藏文史料对吐蕃时期制定的法律及其渊源和沿革史进行了详细的阐述。⑤ 娄云生在西藏挂职期间，笔耕不辍，写成《雪域高原的法律变迁》一书，介绍了西藏古代法律渊源、主要法典、部落习惯法、司法制度、西藏法制与中原法律的冲突与融合，分析了民主改革后西藏司法的特殊坏境以及社会主义法治建设应坚持的原则。⑥

张羽新编著的《清朝治藏典章研究》分十四章汇集了清代治藏的政策法令、规章制度，内容最为全面。⑦ 孙镇平所著的《清代西藏法制研究》分清朝前期、清朝中期和清朝末期三个阶段描述清朝中央和地方治藏法制的建设情况，最后指出清代西藏法制经历了从"因俗从宜"到"固我主权"的转变，有效地维护了司法主权。⑧ 孙镇平、王立艳合著的《民国时期西藏法制研究》认为民国治

---

① 恰白·次旦平措，诺章·吴坚，平措次仁. 西藏通史：松石宝串 [M]. 陈庆英，格桑益西，何宗英，等译. 拉萨：西藏社会科学院，中国西藏杂志社，西藏古籍出版社，2004：52-78.
② 才让. 吐蕃史稿 [M]. 兰州：甘肃人民出版社，2007：77-81.
③ 徐晓光. 清代蒙藏地区法制研究 [M]. 成都：四川民族出版社，1996：121-218.
④ 徐晓光. 藏族法制史研究 [M]. 北京：法律出版社，2001：1-407.
⑤ 洲塔. 吐蕃法律流变研究 [M]. 兰州：甘肃人民出版社，2000：1-173.
⑥ 娄云生. 雪域高原的法律变迁 [M]. 拉萨：西藏人民出版社，2000：1-315.
⑦ 张羽新. 清朝治藏典章研究 [M]. 北京：中国藏学出版社，2002：1-1503.
⑧ 孙镇平. 清代西藏法制研究 [M]. 北京：知识产权出版社，2004：1-415.

藏法制围绕宪政运动逐步展开，中央制定了确认民国政府对西藏主权的法律，使中央治藏机构和西藏地方政府驻内地办事机构法制化，并颁行了一系列法规，将对藏族聚居区的宗教、行政、教育管理纳入法制化轨道。民国治藏法制建设虽然具有局限性，但它始终坚持国家统一的立场，对民族法制建设产生了深远的影响，为巩固国家在西藏的主权做出了贡献。[①]

近年来，藏族法制史研究领域出现了可喜的变化，一些本民族精通古代和现代藏文的学者写出了高水平的专著。杨士宏的著作《藏族传统法律文化研究》介绍了吐蕃法律的文化源流、吐蕃政权的变迁与社会秩序、藏族聚居区区域性法规、传统与现实的冲突、习惯法与民主法制建设等内容。[②] 甘措的博士学位论文《藏族法律文化研究》分藏族早期、赞普时期、割据时期和教派时期四个阶段阐述了藏族的法律文化，书中还附有能体现藏族法律文化精神的七幅图片，如生死轮回图、冥界审判图、日喀则法庭审判图等。[③] 甘措的论文以法律文化为研究视角，其对藏族法律文化的分期又不同于其他学者，给人耳目一新之感。

华热·多杰的博士学位论文《藏族本土法的衍生与成长：藏族法制史研究的法人类学探索》以法律人类学为研究方法，对藏族史前社会的行为规范、吐蕃本部的法律制度、吐蕃占领区的法律制度、群雄割据时期的法制状况、中世纪的法律制度和甘丹颇章政权的法律制度进行了比较详细的论述，目的在于通过对藏族法律衍生、成长和变迁的历史规律的探寻，发现其文化特点，梳理其历史价值。[④] 华热·多杰的著作《藏族古代法新论》分藏族古代私法研究、藏族古代公法研究、藏族传统法律观与现代社会三编，其中上编研究土地、寺院财产、婚姻、赘婿、继承、损害赔偿、环境保护、草场纠纷等私法制度，中编研究部落行政管理、部落罚款、赔命价、盗窃追偿、部落惩罚等公法制度。[⑤] 喜饶尼玛、周润年、韩觉贤编著的《藏族传统法律研究论辑》则涵盖了藏族法制史研究的所有领域，包括法律典籍、法律制度、法制特点和人权等。[⑥]

牛绿花的专著《藏族盟誓研究》可谓近来藏族法制史研究的上乘之作。该

---

① 孙镇平，王立艳. 民国时期西藏法制研究 [M]. 北京：知识产权出版社，2006：1-313.
② 杨士宏. 藏族传统法律文化研究 [M]. 兰州：甘肃人民出版社，2004：1-280.
③ 甘措. 藏族法律文化研究 [D]. 北京：中央民族大学，2005.
④ 华热·多杰. 藏族本土法的衍生与成长：藏族法制史研究的法人类学探索 [D]. 兰州：兰州大学，2009.
⑤ 华热·多杰. 藏族古代法新论 [M]. 北京：中国政法大学出版社，2010：1-299.
⑥ 喜饶尼玛，周润年，韩觉贤. 藏族传统法律研究论辑 [M]. 北京：中央民族大学出版社，2015：1-295.

书以具有鲜明民族特色的盟誓为研究对象,首先在比较法文化视野中界定盟誓的概念,介绍藏族盟誓发展的历史脉络,分析藏族盟誓的构成要素、产生条件及其遗存的社会根源,最后总结归纳盟誓性质、特点和功能。① 该研究拓展了藏族法文化的研究领域,丰富了该领域的理论知识,有助于人们认识和理解藏族法文化的本质及其特殊性。

除了上述著作外,还有许多研究藏族法制史与典章的论文。一些论文研究的主题比较宏大,研究的内容主要为立法、法律指导思想、法制特色等。仁青的《吐蕃法律初探》和王志刚的《试论清朝政府治理藏族地区的法律措施》是较早的研究文献。前者首先根据马克思主义的社会形态理论从经济、兵制和刑法三个层面界定吐蕃为封建农奴性质的社会,然后介绍吐蕃的立法,分析其阶

---

① 牛绿花.藏族盟誓研究［M］.北京:中国社会科学出版社,2011:1-296.另参见牛绿花.试析藏族习惯法之盟誓主体的历史变迁［J］.甘肃政法学院学报,2009(2):66-71;牛绿花.试论藏族盟誓仪式的动机和功能［J］.青海民族研究,2010,21(4):157-161;牛绿花.藏族盟誓的当代遗存表现及其现实功能［J］.西北师范大学学报(社会科学版),2011,48(5):13-19;牛绿花.神灵信仰下的裁判:论藏族盟誓习惯法的神判属性［J］.西藏大学学报(社会科学版),2013,28(2):185-190.研究藏族盟誓的论文还有:［法］石泰安,耿昇.八至九世纪唐蕃会盟条约的盟誓仪式［J］.西藏研究,1989(4):109-122;王维强.吐蕃盟誓之根源探讨［J］.西藏研究,1990(1):20-27;王维强.吐蕃盟誓的形式演变及其作用［J］.中国藏学,1992(2):87-97;李学琴.浅谈吐蕃奴隶制时期的盟誓［M］//藏学研究论丛:第3辑.拉萨:西藏人民出版社,1991:287-292;何峰.论藏族传统的天断制度［J］.西北民族学院学报(哲学社会科学版.汉文),1996(4):45-49;史工会.浅析盟誓在吐蕃统一中的作用［J］.西藏民族学院学报(社会科学版),1997(3):21-26,35;王双成.藏族"盟誓"习俗探微［J］.西藏研究,1998(2):95-99;孙林.盟誓文诰:吐蕃时期一种特殊的历史文书［J］.中国藏学,2002(2):47-57;马都尕吉.从史诗《格萨尔》看藏族盟誓习俗［J］.西北民族大学学报(哲学社会科学版),2004(2):136-139;朱丽霞.吐蕃盟誓中宗教因素辨析［J］.西藏研究,2008(6):27-32;陈践,杨本加.吐蕃时期藏文文献中的盟誓［J］.中国藏学,2009(3):133-141;后宏伟,刘艺工.藏族习惯法中的神明裁判探析［J］.西藏研究,2010(5):94-103;杨雅妮.神判之遗:藏族"吃咒"的文化解读及其当代价值:以甘南藏族自治州为例［J］.宗教学研究,2017(3):180-186;卓玛草.论藏族史诗《格萨尔王传》中的盟誓文化［D］.兰州:西北民族大学,2007;张海红.公元7—9世纪吐蕃盟誓制度研究［D］.兰州:兰州大学,2010;任小波.吐蕃盟誓研究［D］.北京:中央民族大学,2011;刘志国.盟誓与吐蕃社会［D］.拉萨:西藏民族学院,2011;李才.吐蕃时期藏文文献中的盟誓制度研究［D］.兰州:西北民族大学,2012;次仁多吉.敦煌古文献P.T-1287中吐蕃盟誓制度研究［D］.拉萨:西藏大学,2018;等等。

级性质,总结吐蕃法律的基本特点。① 后者介绍清代中央政府通过创立金本巴制度、严惩达赖亲侍中干预滋事、制定《禁约十二事》、规范驻藏大臣的遴选与权限、末期严禁外国殖民主义的渗透等方式实现对藏族地区的法律治理,② 以历史时间顺序为基本脉络,研究藏族地区的立法及其内容。③

清朝作为少数民族建立的中央王朝,在治藏法制指导思想上也与汉族建立的中原王朝不同。王立艳捕捉到该历史信息,写成论文《清代"从俗从宜"治理西藏的法律思想与实践》。王立艳认为清代在治理西藏的过程中,形成既连续又有阶段性的法制指导思想,而"从俗从宜"的指导思想贯穿始终,对传统的"修其教,不易其俗,齐其政,不易其宜"思想既继承又发展,该指导思想对后世产生了深远影响。④

张学忠较早地关注历史上果洛藏族聚居区的部落法制,比较全面地介绍果洛世俗法制的内容及其形成和演变历程,并分析其实质,总结其特点。⑤ 陈光国

---

① 仁青. 吐蕃法律初探 [J]. 西藏研究, 1983 (4): 69-83. 专门研究吐蕃法律的论文还有: 阿旺. 吐蕃法律综述 [J]. 中国藏学, 1989 (3): 44-59, 1; 吴剑平. "吐蕃三律"试析 [J]. 民族研究, 1991 (3): 66-74; 牟军. 试论吐蕃的刑事法律制度 [J]. 西藏研究, 1994 (2): 98-103; 徐晓光, 路宝均. 论吐蕃法律的文化特色 [J]. 重庆教育学院学报, 2000 (2): 18-23; 陈永胜. 松赞干布时期藏族基本法律制度初探 [J]. 民族研究, 2003 (6): 93-97, 109-110; 等等。

② 王志刚. 试论清朝政府治理藏族地区的法律措施 [J]. 西北政法学院学报, 1984 (4): 73-81.

③ 研究藏族聚居区立法史的论文还有: 徐晓光, 周健. 清朝政府对喇嘛教立法初探 [J]. 内蒙古社会科学（文史哲版）, 1988 (1): 55-59; 陈光国, 徐晓光. 清朝对青海蒙藏民族的行政军事诉讼立法初探 [J]. 青海民族学院学报, 1991 (2): 16-23; 刘志. 清政府管辖西藏地方的立法制度述评 [J]. 青海民族研究, 2006 (2): 103-105; 那仁朝图格. 试述清朝对青海蒙藏民族地方的立法 [J]. 内蒙古社会科学（汉文版）, 2008 (1): 67-71; 焦利. 清代对西藏地方行政管理的法律成果考察 [J]. 国家行政学院学报, 2008 (5): 89-92; 张科. 清代安多藏区的法制建设与社会控制 [J]. 中国边疆史地研究, 2017, 27 (2): 9-18, 179; 等等。另外有部分硕士、博士论文的内容也涉及藏族聚居区立法史。车骥. 清代中央政府治藏法律制度研究 [D]. 上海: 华东政法大学, 2002; 许安平. 清代民族政策法制化研究 [D]. 北京: 中央民族大学, 2010; 田庆锋. 清代西部宗教立法研究: 以藏传佛教和伊斯兰教为中心 [D]. 北京: 中国政法大学, 2013; 等等。

④ 王立艳. 清代"从俗从宜"治理西藏的法律思想与实践 [J]. 中央政法管理干部学院学报, 2000 (4): 63-64. 类似的研究文献还有: 冯志伟. 论清王朝"因俗而治"的治藏政策: 基于涉藏刑事案件处理问题的考察 [J]. 海南师范大学学报（社会科学版）, 2014, 27 (6): 114-119; 杨虎德, 柏桦. 论清代青海司法的"因俗而治" [J]. 青海民族研究, 2016, 27 (3): 157-161; 等等。

⑤ 张学忠. 果洛藏族的部落世俗法之研究 [J]. 青海社会科学, 1986 (1): 103-111.

的《民主改革前的藏区法律规范述要》则以更为宏观的视角，对自七世纪初的吐蕃王朝至 20 世纪 50 年代民主改革前这一千多年间藏族聚居区适用的法律规范进行梳理，从刑事、民事和经济三个方面介绍其内容，分析其渊源，最后总结出其宗教性、等级性、道德与法律混同、诸法合体和保留氏族社会残余的特征。① 田莉姝认为清代民族立法具有区别对待和抚剿并用、维护国家法制统一和尊重民族风俗、形式多样与因地制宜、设立专门机构保障民族立法实施等特点。② 张晋藩先生认为清朝民族立法从关外盛京定制到晚清修订《理藩院则例》具有一贯性，其立法原则、立法程序、立法经验均具鲜明特色，颇有借鉴意义。③

一些论文考析藏族聚居区法制文本和制度源流，使学者对藏族法制史的研究更深入、更专业。清代实现对西藏的法律治理，制定大量的治藏法律文件，对这些法律文件的梳理、考订与分析必然会成为研究者关注的焦点。

《理藩院则例》乃清朝治理少数民族地区的基本法律，学者对《理藩院则例》的研究曾经盛极一时。郑秦认为《理藩院则例》标志着蒙古立法定型，它不仅是理藩院内部机关的工作条例，而且是治理蒙古、新疆、西藏等边疆地区的基本法，具有诸法合体的特征，与中原传统法律形式一致。④ 在回顾已有的关于《理藩院则例》性质界定的四种学说，即法典说、法令汇编说、基本法说和专门法规说的基础上，苏钦认为《理藩院则例》兼具行政法规和民族法的性质。⑤ 徐晓光和陈光国通过《蒙古律例》也被称为《蒙古则例》的现象，认为"则例"在清朝不同时期意思不同，乾隆朝内府抄本《理藩院则例》与嘉庆朝的刊本《理藩院则例》不能相提并论。前者不是正式的立法活动，因而其法律效力较小，后者是正式的立法活动，因此具有较大的法律效力。⑥

达力扎布和赵云田对《理藩院则例》的版本和性质展开了激烈的争论。前者认为："赵云田点校出版的《乾隆朝内府抄本〈理藩院则例〉》底本是现藏于国家图书馆善本部著录为'内府抄本'的《理藩院则例》。这是乾隆二十一年完成的《大清会典则例》中《理藩院则例》的修订稿，不是理藩院编纂的本

---

① 陈光国. 民主改革前的藏区法律规范述要 [J]. 中国社会科学, 1987 (6): 123-136.
② 田莉姝. 清朝民族立法特点之研究 [J]. 贵州民族研究, 2003 (4): 85-89.
③ 张晋藩. 清朝民族立法经验浅析 [J]. 国家行政学院学报, 2011 (1): 28-33.
④ 郑秦. 清朝统治边疆少数民族区域的法律措施 [J]. 民族研究, 1988 (2): 30-40.
⑤ 苏钦.《理藩院则例》性质初探 [J]. 民族研究, 1992 (2): 75-77.
⑥ 徐晓光, 陈光国. 清朝对"蒙古例"、《理藩院则例》的制定与修订 [J]. 内蒙古社会科学（文史哲版), 1994 (3): 52-57.

部门则例《理藩院则例》。"① 赵云田则明确表示乾隆朝内府抄本《理藩院则例》肯定存在，它是会典编纂馆从《大清会典则例》辑录的与理藩院有关的则例，是呈进皇帝看的未刊本。②

除《理藩院则例》之外，清朝中央政府或西藏地方政府还制定过一些治藏法制，这些法制也引起了学者的研究。史筠的《清王朝治理西藏的基本法律：〈西藏通制〉》一文认为清王朝治理西藏是"持十分谨慎态度的，比较讲究采取切合西藏实际的政策措施，并注重法律治理。收编入清王朝的民族法典《理藩院则例》中的《西藏通制》，就是清王朝治理西藏的基本法律"③。

《铁虎清册》为藏历铁虎年（庚寅年，道光十年，公元 1830 年），西藏地方政府为增加财政收入，解决差赋负担不平衡的问题，对卫、藏、塔、工、绒地区大部分宗溪和政府、贵族、寺院的土地、差赋清查后形成的清册。卓嘎的《〈铁虎清册〉产生的背景和内容》分析清册的制定原因，考查清查的方式。④章程乃清朝治藏法律的主要形式，清廷颁布大量章程规范西藏地方与中央法律的关系。李鹏年的文章认为"摄政阿旺降白楚臣被控案"是《裁禁商上积弊章程》二十八条产生的原因，通过该章程清廷重申驻藏大臣与达赖喇嘛和班禅额尔德尼的平等地位，摄政和噶伦等官府属员大小事务均须呈明驻藏大臣核办，规定限制摄政权力的措施、僧俗官员品级以及升迁、藏兵的挑补与操防等制度，是对《西藏通制》和《理藩院则例》的修订与补充。⑤ 隆英强对五世达赖喇嘛时期制定的《十三法典》进行了研究，他认为该法典"是古代藏族聚居区习惯法的集大成者，是一部'因时、因地、因俗制宜'而著称于世的法典。《十三法典》结构严谨、文字简明、注疏精确、内容完备，为旧时藏族聚居区稳定与发

---

① 达力扎布. 有关乾隆朝内府抄本《理藩院则例》[J]. 中国边疆民族研究，2011（0）：208-222，366.
② 赵云田. 关于乾隆朝内府抄本《理藩院则例》[J]. 中国边疆民族研究，2014（0）：273-275.
③ 史筠. 清王朝治理西藏的基本法律：《西藏通制》[J]. 民族研究，1992（2）：78-85.
④ 卓嘎.《铁虎清册》产生的背景及内容 [J]. 中国藏学，1992（S1）：115-122.
⑤ 李鹏年. 西藏摄政阿旺降白楚臣被控案与裁禁商上积弊章程 [J]. 中国藏学，1999（4）：71-89. 研究治藏章程的论文还有：张云. 钦定藏内善后章程二十九条的形成与版本问题 [J]. 民族研究，1997（5）：83-91；星全成.《钦定藏内章程二十九条》及其意义 [J]. 青海师范大学民族师范学院学报，2005（2）：10-13；牛绿花. 略论《钦定西藏章程》及其历史意义 [J]. 青海民族研究，2009，20（1）：86-90；周欣宇. 论清代西藏自治立法：以"十三条""二十九条""十九条"三部章程为中心 [M] //汪世荣，闫晓君，陈涛. 中国边疆治理的法律经验. 北京：法律出版社，2014：228-239；等等。

展发挥了重要作用"①。

清代针对甘、青地区的"番夷"广泛适用的法律为《番例》，学界对《番例》的研究也比较深入。王希隆较早开始进行青海藏族法制的研究②，而何峰用功最勤，写成论文四篇。《从〈番例〉看清王朝对青海藏区的管理措施》一文从五方面叙述了雍正二年设"钦差办理青海蒙古番子事务大臣"后该地区法律的特殊性，即该地区的蒙古族和藏族不执行全国统一的《大清律》，他们分别执行适合各自特点的法规，蒙古族执行《蒙古律例》，藏族执行《番例》。③ 何峰在另一篇文章中总结了《番例》的特征为维护等级制度、起誓决断疑案和罚服了结诉讼等，并认为"《番例》在诸多方面与藏族原有法律相同或相似，但它绝不是对藏族法律的简单重复，而是在吸纳的过程中做了有益的改造和加工。《番例》中那些与藏族传统法律相一致的部分，反映了清政府从青海藏族聚居区的实际出发，制定适合当地的特殊法律政策，以全力维护社会稳定和边疆安宁的指导思想，而那些与藏族原来法律的不同之处，则充分体现了清朝统治者的意志和清王朝对青海藏族聚居区的主权。这两方面相得益彰，相辅相成"④。达力扎布考证《番例》渊源，认为《番例》是"（钦差办理青海蒙古番子事务大臣）达鼐等人从康熙三十五年颁布的《蒙古律书》中选录与'番人'相关条款编辑而成，选编时将原条款中蒙古人的爵职改为'番人'职官，罚畜由罚马改为罚犏牛，酌减其数，删去不适应'番人'的少量内容"⑤。旺希卓玛考证了清代青海藏族聚居区的各种法律文本及其产生年代，总结出混合性、宗教性、等级性、氏族习惯遗存四个特点，论述其产生的三方面的历史影响。⑥

---

① 隆英强. 浅谈五世达赖喇嘛时期的《十三法典》[J]. 西北民族大学学报（哲学社会科学版），2005（1）：93-97.
② 王希隆. 年羹尧《青海善后事宜十三条》述论 [J]. 西藏研究，1992（4）：27-37.
③ 具体内容分别参见：何峰. 从《番例》看清王朝对青海藏区的管理措施 [J]. 青海社会科学，1996（6）：72-76. 何峰.《番例》：清王朝对青海藏区的特殊法律 [J]. 青海社会科学，1997（3）：98-103. 何峰另外两篇研究《番例》的论文是：何峰.《番例》探析 [J]. 中国藏学，1998（2）：74-83. 何峰. 从《番例》看藏族千百户制度 [J]. 青海民族学院学报，1998（2）：8-12.
④ 何峰.《番例》：清王朝对青海藏区的特殊法律 [J]. 青海社会科学，1997（3）：98-103.
⑤ 达力扎布.《番例》渊源考 [J]. 青海民族大学学报（社会科学版），2012，38（2）：15-21.
⑥ 旺希卓玛. 清代青海藏区的主要法律文本、产生年代、特点及其历史影响 [J]. 青海民族研究，2003（1）：89-96.

索南才让论证了德格土司制定的十三条成文法与历史上西藏地方政府制定的法律法规之间的关系，而西藏地方政府制定的法律法规又与吐蕃时期松赞干布主持制定的六大法典有渊源，六大法典又受佛教"十善法"和"善净人道十六法"的影响，所以德格土司制定的十三条成文法在指导思想和表现形式上都受藏传佛教，特别是其戒律的影响。①

命价制度在藏族源远流长，命价制度的起源、命价制度在历朝历代的际遇也未能逃脱研究者的眼睛。陈光国和徐晓光认为中华法系的罚赎制度与藏族"赔命价"存在一定的渊源关系。②孙镇平较早从制度史的角度研究西藏命价，他分阶段介绍西藏的命价制度，分析命价制度的性质，从五方面阐释命价制度的反动性。③穆赤·云登嘉措从词源学和文化学的角度考察"命价"的真实含义，认为将藏语的"董"或"董嘉瓦"对译为"命价"或"赔命价"不恰当，认为这是一种文化歧视。④

周欣宇通过对历代中央政府对藏族聚居区"赔命价"态度史的考释，认为"历代中央政府基于自己的法律理念或实现民族地区统治秩序的需要，对藏族聚居区'赔命价'习惯法或禁绝或放任或在承认民族特殊性与维护国家司法主权之间适当地认可和规制"，产生了不同的效果。⑤胡长云的论文以"赔命价"的发展历程为视角，考察元、明、清三代中央政权对待"赔命价"的态度，这样的治藏策略有效地维护了藏族聚居区的稳定。⑥王林敏有两篇文章分别从历史起源和法典化过程探讨了命价制度的历史。《论藏区赔命价的历史起源》一文认为赔命价不可能出现在提倡重刑的松赞干布制定的"十善法"或"法律二十条"中，芒松芒赞颁行的"吐蕃三律"对狩猎过失杀人规定赔偿命价，直到赤松德赞时，赔命价才因佛教取得优势地位，命价的标准和种类才得以明确，命价制度正式形成。《论赔命价在西藏的法典化》一文则进一步指出命价的法典化在元

---

① 索南才让. 试谈四川德格成文法与藏传佛教及西藏地方传统成文法之间的渊源关系 [J]. 西藏研究, 2008 (4): 117-120.
② 陈光国, 徐晓光. 从中华法系的罚赎到藏区法制的赔命价的历史发展轨迹 [J]. 青海社会科学, 1994 (4): 100-106.
③ 孙镇平. 西藏"赔命金制度"浅谈 [J]. 政法论坛, 2004 (6): 157-163.
④ 穆赤·云登嘉措. 被误解的文化传统：论藏族赔命价的内涵 [J]. 甘肃理论学刊, 2012 (6): 23-30.
⑤ 周欣宇. 历代中央政府对藏区"赔命价"习惯法的态度考释 [J]. 西南政法大学学报, 2014, 16 (4): 17-28.
⑥ 胡长云. 元明清时期的治藏法制略论：以"赔命价"的发展历程为视角 [J]. 湖南人文科技学院学报, 2012 (5): 13-16, 26.

末的西藏地方政权帕木竹巴时期,法典化的"赔命价"既包括实体性规则,也包括程序性规则。①

藏族司法一直是藏族法制史研究的热点,不同的研究者关注的侧面有所不同。研究者更多关注的是惩罚制度。星全成归纳民主改革前藏族的惩罚制度种类及其内涵,总结其具有等级性、广泛性、严厉性、随意性和封建性五个特点。② 华热·多杰以罚款制度为主要研究内容,分析罚款的属性、适用范围、归属和程序。③ 陈柏萍对藏族传统司法制度形成、发展的历史轨迹及司法程序进行了介绍和分析。④

最近十年,藏族司法制度史研究的重心转向司法管辖和纠纷解决机制。马青连认为清代理藩院的司法权可以分为中央和地方层面。中央层面表现为设置蒙藏回疆地区的上诉审级、参与蒙藏回疆地区重大案件会审。地方层面主要表现为派出司员参与地方审判,行使司法管辖权。⑤ 马青连和方慧认为"从司法视角看,清代西藏地区的法律适用表现出多元化特点,清政府在案件的审理中较好地处理了国家法与固有法的冲突。封建帝制时期的政治与法律具有本质上的一致性,法律体现出强烈的政治诉求。这种多元化的法律适用表象,实质上反映出清政府在中央集权和地方自治两股力量的博弈中进行了慎重的处理,较为合理地设置了西藏地区的法律适用制度,这种制度体现出中央集权逐步加强的同时弱化西藏地方自治权的特点"⑥。冯志伟和闫文博以青海藏族聚居区为例,考察清王朝对涉藏刑事案件的司法管辖,他们认为清王朝在"农牧分治"的总原则下,设置专门机构,有效地保障涉藏刑事案件的及时解决,有利于巩固王朝的统治和维护藏族聚居区安定的制度。⑦

藏族司法制度史研究的另一热点是藏族传统纠纷解决机制。华热·多杰对民主改革前藏族部落的纠纷类别、解决模式、属性特征和社会效果进行分析,

---

① 王林敏. 论藏区赔命价的历史起源 [J]. 民间法,2014,14 (2):262-277;王林敏. 论赔命价在西藏的法典化 [J]. 民间法,2015,16 (2):258-272.
② 星全成. 民主改革前藏族惩罚制度 [J]. 青海民族研究,1998 (1):33-39.
③ 华热·多杰. 浅析藏族部落罚款制度 [J]. 青海民族学院学报,1998 (4):59-62.
④ 陈柏萍. 藏族传统司法制度初探 [J]. 西北民族大学学报(哲学社会科学版·汉文),1999 (4):1-8.
⑤ 马青连. 清代理藩院之司法管辖权初探 [J]. 思想战线,2009,35 (6):137-138.
⑥ 马青连,方慧. 清代西藏地区的法律适用特点考察 [J]. 思想战线,2012,38 (3):19-22.
⑦ 冯志伟,闫文博. 论清王朝对涉藏刑事案件的司法管辖权:以青海藏区为范围的分析 [J]. 中州大学学报,2014,31 (5):28-33.

认为部落纠纷解决制度适应了部落社会的需要,对维护藏族聚居区社会秩序发挥了重要作用。① 佴澎的两篇文章考察了元、明、清,特别是清代西南地区或云南藏族地区的纠纷解决管辖和规范渊源出现多元和趋同的特征,他认为随着中央王朝社会控制力量的加强,中央纠纷解决机制与民族固有的纠纷解决机制在博弈互动中走向了融合。② 潘志成认为和谐观念对藏族社会的纠纷解决机制产生了深刻影响,导致调解制度在藏族传统纠纷解决机制中占有非常重要的地位,在稳定藏族聚居区社会秩序、协调社会成员关系等方面发挥了重要作用。③ 朱丽霞在考辨史料的基础上,提出在西藏地方政权瓦解和中央政权交替的时期,前藏和西康的僧人参与社会纠纷,甚至是军事斗争的调解,一方面促进了其自身派别的发展,另一方面也对当时社会的稳定起到了重要作用。④

高晓波根据青海省档案馆所藏循化厅档案,认为近代藏边民族纠纷解决的角色多元,如循化厅下的抚番府、营、县、营讯、司、所,寺院中的嘉木样、新旧昂锁、红布、具有威望的活佛、熟知番事的喇嘛及民间的部落头人、乡老、邻里都能分别参与不同层次的纠纷解决,随着国家权力的扩张,藏边多民族纠纷解决机制也进行了适时调整,在国家权力的主导下,纠纷解决主体实现了国家、寺院与民间新的平衡。⑤ 冯志伟则关注清代藏族聚居区族际纠纷的处理方法和藏族聚居区处理纠纷的程序,认为清代藏族聚居区纠纷处理程序日渐规范与完善,总体上形成了包括起诉、调解、审判、执行在内的纠纷解决程序和制度,处理程序的多重规范性和强制力、裁决主体的权威性、调解和经济赔偿的运用

---

① 华热·多杰. 藏族部落纠纷解决制度探析 [J]. 青海民族学院学报 (社会科学版),1999 (3):74-78.
② 佴澎. 在博弈中走向和谐:清代云南藏族纠纷解决机制研究 [J]. 云南农业大学学报 (社会科学版),2008 (1):91-96;佴澎. 在趋同中寻求和谐:元明清时期西南少数民族纠纷解决裁判程序研究 [J]. 云南社会科学,2008 (1):76-80.
③ 潘志成. 藏族社会传统纠纷调解制度初探 [J]. 贵州民族学院学报 (哲学社会科学版),2009 (1):15-18. 研究藏族传统民间调解制度的论文还有:王玉琴,德吉卓嘎,袁野. 藏族民间调解的脉动 [J]. 西藏大学学报 (社会科学版),2011,26 (4):135-140,175.
④ 朱丽霞. 藏族僧人的社会调解活动考辨:以15世纪之前的藏传佛教为例 [J]. 西藏研究,2011 (1):32-40.
⑤ 高晓波. 晚清藏边民族纠纷解决中的角色职能析论:以光绪年间循化厅所辖藏区为例 [J]. 西藏大学学报 (社会科学版),2011,26 (1):99-105;胡小鹏,高晓波. 国家权力扩张下的近代藏边民族纠纷解决机制:以甘青藏边多民族聚居区为例 [J]. 西北师范大学学报 (社会科学版),2012,49 (1):60-66.

都是其亮点。①

鄂崇荣关注藏族聚居区常见的草场纠纷的解决路径，在梳理和分析明代以来解决草场纠纷路径的历史基础上，提出要以开放、稳健和多元的文化态度对待地方性法文化和民间纠纷解决机制。② 杨华双辩证地看待土司制度的作用，认为藏族聚居区土司制度虽然有历史局限性，但在解决纠纷、维护稳定和传承民族传统法律文化方面却有积极意义，促进了藏族习惯法的成文化和多元一体化以及习惯法与国家法的交流沟通。③

近年来，藏族法制史研究出现了可喜的变化，韩雪梅的博士论文《雪域高原的财产法：藏族财产法史研究》用现代法律概念、法学方法研究藏族古代财产法制度，并开拓了新领域。该论文通过对藏族社会不同历史阶段制定法、部落习惯法及乡规俗例中涉及民事财产方面内容的分析，对藏族历史上曾经存在过的民事主体制度、物权制度、债权制度、侵权责任制度等财产法律制度以及藏族古代财产法律制度下的民事财产关系进行研究，总结归纳了藏族古代财产法文化的特点。④

（2）藏族习惯法的现状研究

与藏族习惯法的历史研究相比，现状研究则更加蓬勃兴旺。从研究的内容看，藏族"习惯法"的现状研究涉及民事、婚姻家庭、刑事、经济、环境和生态保护、司法等法学领域。从研究覆盖的地域看，藏族习惯法的现状研究基本上覆盖藏族各层次的聚居区，即西藏自治区，四川省的阿坝藏族羌族自治州、甘孜藏族自治州、木里藏族自治县，甘肃省的甘南藏族自治州、天祝藏族自治县，青海省的玉树藏族自治州、果洛藏族自治州、黄南藏族自治州、海南藏族自治州、海北藏族自治州、海西蒙古族藏族自治州和云南省的迪庆藏族自治州。从研究的方法看，藏族习惯法的现状研究既有传统的摆事实进行白描的规范研究，也有针对现实问题提出解决方案的对策研究，还有与其他民族或国家进行

---

① 柏桦，冯志伟. 论嘉庆时期对青海藏族与蒙古族之间抢劫牲畜案的处理［J］. 青海民族大学学报（社会科学版），2013，39（4）：1-5；冯志伟. 清代藏区纠纷案件的处理程序：以藏族习惯法为范围的考察［J］. 中央民族大学学报（哲学社会科学版），2016，43（1）：131-137.

② 鄂崇荣. 明代以来青海草场冲突纠纷及解决路径述略［J］. 青海民族研究，2010，21（3）：120-124.

③ 杨华双. 土司制度下藏族传统社会秩序的法律调控分析：以川、甘、青、滇地区为例［J］. 西南民族大学学报（人文社会科学版），2013，34（8）：253-264.

④ 韩雪梅. 雪域高原的财产法：藏族财产法史研究［D］. 兰州：兰州大学，2016.

对比分析的比较研究，当然更多的研究则是将各种方法融合。下面将这些研究文献分为整体、刑事、民事、经济与环境、纠纷解决五方面进行简要回顾。

①习惯法的整体研究

所谓整体研究，是指把藏族习惯法作为一个整体，而不按现代部门法对其进行分类研究。这里所谓的整体，是指研究对象的整体性，而不是指研究内容的全面性。判断是不是整体研究的一个简单标准是看论著的标题中是否出现"藏族习惯法（或藏族民间法）"或类似概念，若有则为整体研究，若无则非整体研究。若"藏族"和"习惯法"之间还有"民事""婚姻家庭""赔命价""刑事""环境"或类似概念，也不被视为整体研究。若标题中有习惯法且无部门法概念限制，但能明确研究的地域为藏族聚居区，也会被视为整体研究，如《色达部落习惯法述略》等。

对藏族习惯法的整体研究可以是综合性的、全覆盖的。张济民主编的"藏族习惯法研究丛书"，即《渊源流近：藏族部落习惯法法规及案例辑录》《寻根理枝：藏族部落习惯法通论》《诸说求真：藏族部落习惯法专论》，对藏族"习惯法"的大部分内容都有涉及，可谓综合性整体研究的代表作和集大成者。

对藏族习惯法的整体研究也可以是专门性的，即选取藏族习惯法中某个带有共性的问题，如对"习惯法回潮""归责方式""文化内涵与价值""影响与转型"等问题进行研究。改革开放以后，习惯法在民族地区又重燃生机，在藏族地区更是如此。文格敏锐地洞察到习惯法在藏族地区的"回潮"现象，他认为主要有民族文化心理、社会经济和习惯法与藏族聚居区的自适性三方面的原因，并指出一定要注意习惯法回潮的负面效应，坚持社会主义现代法的主导地位。[①] 杨方泉以青海藏族聚居区"赔命价"习俗的死灰复燃为例，分析习惯法回潮的原因，他认为这种现象反映了传统法律文化面临社会压力所做出的重整努力，主张摒弃法律文化沙文主义的影响，把宪法中的民族平等原则在部门法中具体化，形成明确的制度。[②] 穆赤·云登嘉措从藏族习惯法的历史渊源入手，认为习惯法的回潮有历史、文化、信仰和社会方面的原因，因此对习惯法不能简单地加以打击，而应扬弃和调适。[③] 后宏伟认为学界对藏族习惯法原因的探析

---

① 文格. 藏族习惯法在部分地区回潮的原因分析[J]. 青海民族研究，1999 (3)：75-79.
② 杨方泉. 民族习惯法回潮的困境及其出路：以青海藏区"赔命价"为例[J]. 中山大学学报（社会科学版），2004 (4)：54-58，124.
③ 穆赤·云登嘉措. 藏区习惯法"回潮"问题研究[J]. 法律科学（西北政法大学学报），2011，29 (3)：160-170.

并未深入，他通过研究认为藏族习惯法回潮与"藏族习惯法的历史惯性、藏族聚居区经营方式转变、社会控制减弱、相关国家机关的迁就，以及群众对传统文化的认同心理、国家制定法的相对陌生和相关国家机关执法和司法行为的不完全信任等直接相关"①。

藏族社会以部落为组织，重视团体，轻视个人。后宏伟认为"团体本位是藏族习惯法的特征之一。它强调成员服从部落整体利益、个体身份认同，地位基本平等，追求内部团结互助。在藏族习惯法回潮的背景下，研究藏族习惯法中的团体本位，对维护藏族聚居区稳定和推进藏族聚居区法治进程不无裨益"②。益西卓玛也认为藏族习惯法奉行团体责任原则，往往以家族或族群为单位袒护罪犯，给纠纷案件的解决带来归责难的问题。③ 遗憾的是，益西卓玛只看到团体归责的负面影响，并未看到它可能产生的积极意义。

"文化内涵与价值"研究则主要从法律文化的角度分析藏族习惯法的概念、文化内涵、哲学基础、传承方式和现代价值。索南才让界定藏族习惯法为"藏族聚居区历代地方政权以及各部落加以确认或制定，并通过地方政权或部落组织赋予其强制力，保证在本地区或本部落实施并依靠宗教组织、部落组织或盟誓约定方式调解内外关系的具有法律效力的社会规范"，由宗教信仰、政治经济、文化教育、伦理道德、乡规民约、风俗习惯以及历史上吐蕃和西藏地方政府所颁行的法律政令及其遗留组成。索南才让还从法律文化的角度探讨藏族成文法规的历史渊源及其与藏传佛教戒律之间的关系，他认为从法律渊源的角度讲，"藏族法律无论在内在指导精神还是外在表现形式上，都受到了佛教戒律的直接影响"④。

确实，自佛教传入西藏以来，藏族群众的生活氤氲在宗教中，藏族"习惯法"被打上了宗教的烙印，周欣宇认为藏传佛教是构建藏族法律文化的参照系

---

① 后宏伟. 藏族习惯法回潮及其原因探析［J］. 甘肃政法学院学报，2017（4）：32-41.
② 后宏伟. 藏族习惯法中的团体本位特征探析［J］. 青海民族研究，2014，25（3）：124-128.
③ 益西卓玛. 藏区群体性事件中归责难问题研究：以草场纠纷为例［J］. 知识窗（教师版），2017（9）：69.
④ 具体分别参见：索南才让. 试谈藏族习惯法的概念及性质［J］. 西南民族大学学报（人文社会科学版），2012，33（12）：108-110；索南才让. 试谈藏族成文习惯法规的历史渊源与藏传佛教戒律之间的内在关系［J］. 宗教研究，2007（2）：175-188.

和指导思想,宗教对习惯法的各方面产生了巨大影响。① 曹英的论文通过梳理藏传佛教与藏族习惯法的历史演变过程,得出二者之间存在相互依存、相互融合的关系,并从民商事、刑事、行政、环境资源和程序等方面阐明了藏传佛教的具体影响。② 陈小华认为"藏传佛教影响着藏族文化的方方面面,对习惯法也产生了深刻而持久的影响。藏族习惯法在立法指导思想、法律内容、司法形式和手段、司法人员、守法意识直至治理藏族聚居区的制度都受到宗教深刻而持久的影响,藏传佛教对习惯法的影响表现在立法指导思想、法律内容、司法形式和手段、司法人员、守法意识等方面,政教合一是宗教影响法律制度的直接结果"③。

贾晞儒很早就认识到藏族聚居区部落习惯法与藏族聚居区部落社会文化紧密联系在一起,是其子系统。④ 杨士宏分析藏族部落习惯法的文化内涵,认为它与道德、宗教、禁忌和习惯之间存在密切联系,发挥着稳定藏族聚居区秩序、维护地方统治和促进社会发展的功能;他还研究藏族部落习惯法的传承方式,指出格言、谚语、寓言故事和史诗为四种主要传承方式,因此他呼吁要重视对藏族习惯法的研究,吸收和借鉴其合理成分,找到解决民族地区各种问题和矛盾的法律之道。⑤ 杨华双通过将藏族习惯法与周边汉族、蒙古族、羌族、彝族等民族的法律文化进行比较,得出"藏族习惯法的形成与周边民族传统法文化的影响有一定的联系"的结论,并指出"习惯法内在的法律价值,应当引起国家立法者和民族区域自治地区立法机关的重视和认可,以实现习惯法特有的对民族内部关系和乡土社会秩序的调控功能。同时更可以融合各民族的法文化精髓,加强民族之间法文化的交流"⑥。

华热·多杰从民间法的视角,对历史上和现实生活中的藏族传统法律文化

---

① 周欣宇. 论藏族习惯法的宗教维度:文化分析中的勘察[D]. 重庆:西南政法大学, 2004;周欣宇. 论藏族习惯法的宗教哲学基础[J]. 内蒙古社会科学(汉文版),2009, 30(1):33-36.
② 曹英. 藏传佛教对藏民族习惯法的影响研究[D]. 兰州:西北师范大学,2010.
③ 陈小华. 试论藏传佛教对藏族习惯法的影响[M]//何明,李志农,朱凌飞. 西南边疆民族研究. 昆明:云南大学出版社,2012:213-221.
④ 贾晞儒. 试论藏区部落习惯法的文化成因及其改革[J]. 攀登,1997(2):76-83.
⑤ 具体分别参见:杨士宏. 藏习惯法的文化内涵[J]. 西北民族研究,2003(3):162-171;杨士宏. 藏族部落习惯法传承方式述略[J]. 青海民族学院学报,2004(1):28-31;杨士宏. 要重视对藏族习惯法的研究[J]. 人大研究,2003(8):35.
⑥ 杨华双. 藏族与周边民族习惯法比较[J]. 西南民族大学学报(人文社会科学版), 2008(8):203-208.

现象进行透视，认为"就藏族聚居区的情况看，未被国家立法机关确认的习惯法广泛存在，其中有与现行法冲突的内容，也有经过适当改革后能在精神上与现行法保持一致的内容"，提出其存在当代价值，因而，"对此进行科学的研究对于完善社会主义法律体系是十分必要的"[①]。孙崇凯从民族多元与法律多元的视角，在分析"藏族习惯法的生成及运作机理"的基础上，提出要"从藏传佛教中探寻藏族习惯法深厚的社会基础，从理性—建构理性主义—进化理性主义的思路中理解其赖以立基之土壤和存在的法哲学意蕴"[②]。南杰·隆英强以藏族聚居区"赔命价""习惯法"为例，他认为虽然"赔命价"存在诸多问题，但在守护法律公平正义、保护相对薄弱方利益方面有积极意义，而且在"刑事被害人国家补偿制度、刑事和解不起诉制度、寻求被害人和加害人合法权益的双向保护、及时恢复原被告双方的正义及经济伦理价值、保障人的生命权、减少死刑和限制死刑、慎用死刑和废除死刑以及民族地区的团结稳定与经济社会和谐发展等方面发挥着难能可贵的作用"[③]。严雪梅从群体性事件的危机干预中看到了藏族习惯法的价值，她提出："一方面，可以利用习惯法中的本土文化机制对藏族聚居区的群体性事件进行危机干预，增强民众对自我行为的控制，而不能完全依靠国家法律的强制力。另一方面，利用习惯法的协调原则来分配利益，进行资源配置，协调和均衡藏族聚居区汉族、少数民族之间的利益，让他们共享经济发展带来的成果。"[④]

更多的研究者将对藏族习惯法的整体研究与现实紧密结合起来，考察藏族习惯法与国家制定法之间的关系及其对藏族地区法治建设、社会秩序构建的影响，以及如何实现其现代转型。陈光国认为，虽然藏族地区在民主改革后推行

---

[①] 具体分别参见华热·多杰. 关于藏区民间法文化现象的透析[J]. 青海民族学院学报，2004（1）：32-35；华热·多杰，刘建成. 论藏族民间法的当代价值[J]. 青海民族学院学报（哲学社会科学版），2015，37（2）：73-79.
[②] 孙崇凯. 论藏族习惯法的法哲学基础：以玉树部落制度为例[J]. 青海民族研究，2011，22（2）：127-130.
[③] 南杰·隆英强. 本土民族法文化的价值与内涵——以藏族赔命价习惯法对我国刑事司法的贡献为视角[J]. 中南民族大学学报（人文社会科学版），2011，31（4）：114-118；南杰·隆英强. 中国刑事法治建设的本土化路径——以藏族"赔命价"习惯法之积极贡献为视角[J]. 政法论坛，2011，29（6）：62-71；南杰·隆英强. 藏族赔命价习惯法对我国刑事司法的挑战及其可能贡献[M]//谢晖，陈金钊. 民间法：第八卷. 济南：山东人民出版社，2009.
[④] 严雪梅. 藏族习惯法与社会群体性事件的危机干预研究[J]. 贵州民族研究，2015，36（6）：13-16.

了社会主义法制，但是社会主义法制不够完善，在民族方面的法律制度不够健全，因此，习惯法在藏族地区还有着深远的影响，这使司法机关在审理侵犯公民人身权利的恶性犯罪、侵犯妇女身心健康的犯罪、抢劫公私财物的犯罪以及重婚犯罪等案件时受到掣肘。他建议在办理藏族聚居区的刑事案件时一定要把法律的规定与民族特点结合起来考虑，坚持以教育为主、惩办为辅的方针与"两少一宽"的政策。① 张济民探讨了藏族部落习惯法因为带有宗教、风俗习惯、民族意识及地域等方面的因素，对执法活动产生了很大影响，在分析其与现行法律关系的基础上，提出了解决的途径与对策。张济民还在另一篇文章中剖析藏学界、民族学界对于藏族习惯法的三种观点，他赞同改革论，提出应当加快民族地区立法的步伐，认真贯彻"两少一宽"政策，通过存废改立实现习惯法的变革。② 南杰·隆英强以藏族聚居区"赔命价"为例，以社会主义法治建设为目标，提出藏族习惯法可以适应社会主义法治建设的需要，实现二者的融合。③

唐萍进一步考察了藏族部落习惯法对社会的不良影响，她认为部落习惯法严重阻碍了现行法律执行、削弱了地方政府权威、破坏了正常经济活动秩序、加剧了两极分化、增加了政府扶贫工作负担、影响了社会稳定，因此需要通过发展生产力、加强法律教育、增强法律意识、加强基层组织建设、寻求习惯法与现代法的结合点来消除其不良影响。④ 张鹏飞则从司法实践的角度总结藏族习惯法的消极影响，如规避国家法律制裁、加重当事人民事赔偿责任、民事赔偿

---

① 陈光国. 藏族习惯法与藏区社会主义精神文明建设 [J]. 现代法学，1989（5）：69-72.

② 张济民. 藏区部落习惯法对现行执法活动的影响与对策建议 [J]. 青海民族研究，1999（4）：60-64；张济民. 浅析藏区部落习惯法的存废改立 [J]. 青海民族研究，2003（4）：99-104.

③ 南杰·隆英强，孟繁智. 藏族习惯法如何适应社会主义法制建设的思考：从藏族习惯法中的"赔命价、赔血价"谈起 [J]. 西藏民族学院学报（哲学社会科学版），2008（2）：39-43，122；南杰·隆英强. 试论社会主义法治建设与民族习惯法的关系——以藏族习惯法为个案 [J]. 西北民族大学学报（哲学社会科学版），2008（5）：73-76；李玉兰，南杰·隆英强. 藏区习惯法与我国法制建设的冲突和融合——以藏族赔命价为例 [J]. 江苏警官学院学报，2010，25（4）：86-90. 主张国家法与习惯法融合调适的论著还有：吕志祥. 藏族习惯法及其转型研究 [M]. 北京：中央民族大学出版社，2014；卫玮. 国家法与少数民族习惯法适用研究：以藏族习惯法为例 [D]. 兰州：西北民族大学，2012；贾登勋，朱宁芳. 论国家制定法和藏族习惯法的融合与对接：以法律多元主义为视角 [J]. 甘肃理论学刊，2008（6）：126-129.

④ 唐萍. 部落习惯法对青海藏区社会生活的影响及对策分析 [J]. 青海民族学院学报（社会科学版），2003（4）：38-40.

与刑事惩罚认识错位等,指出必须通过提高司法机关办案能力和改善司法工作环境来减少其消极影响。① 佟松树从审判实务工作的角度论述藏族习惯法与现行法律在刑事和民事方面存在的冲突,给法院审判实践带来棘手的现实问题,认为应该通过加强司法解释,制定民族自治地方的变通和补充的规定,建设精通法律法规、藏族习惯法的综合素质较高的藏族法官队伍,广泛宣传法律法规、政策及习惯法与现行法律的关系等方法来解决冲突。②

一些研究者从法律文化的视角来探讨藏族习惯法的现代转型。卫绒娥、杜莉梅总结藏族传统法律文化具有宗教性和道德性两大特征,认为藏族传统法律文化与现代法律文化在人权观念、法治观念、市场经济观念与理性司法观念上发生冲突。冲突的解决要靠通过法制教育和普法工作增强公民的守法用法意识,要靠建立健全完备的社会主义法律制度、司法制度和法律监督制度增强公民的法律信仰,实现传统法律文化的现代化。③ 王波认为法律文化的现代化是一个民族和国家现代化的重要标志,藏族法律文化应该抓住西部大开发的契机,从发展市场经济加强现代民主政治建设、积极进行法制宣传与教育、重视藏族政法干部队伍的建设、严格执法增强执法力度、加强适合民族特色和地方特色的立法工作这五方面着力并进行创新,加快藏族聚居区法律文化现代化的步伐。④

李虹从法律文化多元和系统论的视角来研究藏族习惯法的转型,主张通过对多元法律制度的整合以实现藏族习惯法的现代化。李虹观察到由于历史和地理方面的原因,藏族聚居区存在规范多元的现象,因此要实现各种规范的整合,则必须秉承效益理念、和谐理念和法律多元理念。在另外一篇文章中,李虹认为要解决国家法与习惯法之间的冲突与矛盾,就必须"从系统论的整体性和层次性来分析和解读藏族地区各个规范形式,通过建立一定的中介机制来促进藏族习惯法与制定法之间的互动和联系,发挥藏族地区法律规范的整体功能和优势,并从法治大系统中吸收必要的养分,进行信息交流与互动,从而改善国家

---

① 张鹏飞. 藏族部落习惯法对司法实践消极影响的考察——以青海省海南藏族自治州为例[D]. 兰州:兰州大学,2011.
② 佟松树. 审判工作中藏族习惯法与现行法律的冲突问题研究[C]//最高人民法院. 全国法院系统第二十二届学术讨论会论文集,2011:14.
③ 卫绒娥,杜莉梅. 西藏传统法律文化对现代社会的影响[J]. 西藏民族大学学报(汉文版),2005(2):46-51,58.
④ 王波. 藏区法律文化现代化的思考[J]. 康定民族师范专科学校学报,2004(3):67-69.

法制进程与民族地区法制建设的不平衡状况"①。

张洁另辟蹊径，主张通过现代立法实现藏族习惯法的重构，她指出"藏族聚居区社会的发展，需要的不仅仅是人们内心确认的习惯法规则，还需要国家法的保驾护航。而国家法在藏族聚居区的适用与作为本土法资源的习惯法产生了一些冲突，这样既不利于藏族地区经济的发展，也不利于民族和谐，因此只能在法治化国家的框架内对藏族习惯法进行重构，完善民族地方立法，才能让藏族习惯法在新形势下焕发出新的光彩，促进社会主义法治化国家的实现。"②周世中、周守俊则对藏族习惯法在甘孜藏族自治州的适用方式和程序进行调查，发现在民事、刑事司法审判过程中，适用习惯法的概率比较大。此时，习惯法的适用更多地体现在庭前调解、诉讼调解等判决以外的机制中。③

九玛草指出，随着科技和文化的进步，宗教的影响开始渐渐淡化，人们的法律意识也随之变化，藏族习惯法中许多落后的内容也被逐步抛弃，习惯法的内容随着时代的变化而发生了文明的变化，由此可见，藏族习惯法具有可再生性。④也就是说，藏族习惯法具有强大的生命力，能够自我实现现代转化。

对藏族习惯法的整体研究还包括对前面所讲到的三级藏族自治地区的任何地方或任何一个藏族族群或部落的习惯法进行全面调查或研究。近年来，这种类型的藏族习惯法整体研究有逐步发展之趋势。刘艺工指出，甘南藏族聚居区居于汉藏之间，即受到中原法律文化的影响，又保留了藏族部落习惯法，因此甘南藏族聚居区的习惯法研究更加注重该地区法制建设面临的困境，主要是对策性研究。⑤陈玮的调查主要是根据社会形态对青海藏族游牧部落社会的习惯

---

① 李虹. 整合藏族地区多元化法律制度的理念基础 [J]. 鸡西大学学报, 2011, 11 (7): 43-44; 从系统论角度看藏族地区多元化法律制度的整合 [J]. 甘肃高师学报, 2009, 14 (4): 128-130.

② 张洁. 藏族习惯法在现代化立法上重构的理论探讨 [J]. 江西青年职业学院学报, 2013, 23 (4): 51-53.

③ 周世中, 周守俊. 藏族习惯司法适用的方式和程序研究——以四川省甘孜州地区的藏族习惯法为例 [J]. 现代法学, 2012, 34 (6): 64-75.

④ 九玛草. 藏族习惯法的可再生性研究——以其渊源为视角 [D]. 兰州: 西北师范大学, 2013.

⑤ 刘艺工. 试论甘南藏区的法制环境 [J]. 贵州民族学院学报（哲学社会科学版), 2005 (1): 64-68; 吕志祥. 青藏区新农村建设中的村规民约论析 [J]. 西藏研究, 2007 (3): 112-114; 沈艳萍. 甘南藏族自治州藏区习惯法研究 [D]. 兰州: 兰州大学, 2008; 才让扎西. 甘南州法制建设状况与对策研究 [D]. 兰州: 西北民族大学, 2012.

法，特别是部落征兵和械斗的习惯法进行介绍。①

果洛藏族自治州和玉树藏族自治州，由于其封闭的地理环境，部落习惯法保留较完好，成为研究者追逐的热点地区。李明香认为，"果洛藏族部落习惯法内容十分广泛，涉及部落政体、军事、赋税、财产、婚姻等多方面，且具有混合性、严厉性、简约性和任意性"②。与其他藏族地区相比，果洛藏族"习惯法"有特殊的规范。陈文仓认为，"玉树藏族部落习惯法除具有混合性、简约性和任意性"等藏族习惯法的共同特征外，还在政权组织方式、社会调控机制和军事方面具有明显的地域性特征。③

四川的甘孜藏族、木里藏族以及色达部落和白马藏族在保留藏族特色的同时，往往又形成自己的特色，其习惯法也是丰富多彩的。丁国艳、刘中正将甘孜藏族习惯法的特点总结为起源的本土性、内容的生活性、鲜明的宗教性、规范不成文性、管辖的地域性、诉讼的简易非完整性。④ 冉翠的论文分析了四川省凉山彝族自治州木里藏族自治县习惯法，"以其特有的方式长期存在，并与国家法形成长期的互动"，因此应该理性地看待国家法在民族地区基层社会中的有限性，灵活适用民族习惯法。⑤ 益邛的论文则从权力结构、法典与法书、司法制度与司法程序、具体制度等方面介绍色达部落习惯法。⑥ 苏发祥及其团队对木里藏族社会，特别是其习惯法进行了比较深入的调查。⑦ 白马藏族历史悠久，居住在甘肃省文县铁楼白马藏族乡和四川省平武县、松潘县、九寨沟县境内，白马藏族的习惯法也有自己的特点，因而引起了研究者的注意。刘娟认为，白马藏族"在处理人与自然、人与人之间关系的过程中，形成了一套天地统一、和谐自足的习惯法则，长期以来一直被很好地遵守"⑧。

---

① 陈玮.青海藏族游牧部落社会习惯法的调查[J].中国藏学，1992（3）：36-46.
② 李明香.果洛藏族部落习惯法浅议[J].青海师范大学学报（哲学社会科学版），2004（1）：100-106.
③ 陈文仓.玉树藏族部落习惯法初论[J].青海民族研究，2004（1）：116-120.
④ 丁国艳，刘中正.甘孜州藏族习惯法的特征与功能分析[J].内江师范学院学报，2008（S1）：101-103，119.
⑤ 冉翠.川滇毗邻藏区习惯法对国家法的影响及启示：以凉山州木里藏族自治县为例[J].民族学刊，2011，2（2）：14-20，84.
⑥ 益邛.色达部落习惯法述略[J].中国藏学，1996（2）：69-79.
⑦ 苏发祥，王妍，格桑翁姆.四川木里藏族自治县社会治理调查[J].北方民族大学学报（哲学社会科学版），2018（1）：50-55.
⑧ 刘娟.现代化进程中白马藏族习惯法的变迁[J].法制与社会，2014（24）：1-2.

②刑事习惯法的研究

与现代法律制度相比，藏族习惯法的法律理念、处罚方式和司法程序都有自己的特点，尤其以刑事习惯法为最。藏族刑事习惯法中侵犯人身权利方面的"赔命价""赔血价""赔奸价"，侵犯财产权利的"罚赎制度"往往会令第一次进入藏族聚居区的法律人感到震惊，因为它们会颠覆我们学过的法律知识。藏族刑事习惯法的独特性，以及它与国家形式制定法在司法实践中的冲突导致的问题成为研究者关注的焦点。

"赔命价"（或曰"赔命金""命价""命金"）是藏族刑事习惯法中最具民族特色的，自1984年以来一直受研究者关注，而且长期成为研究的热点。在"中国知识资源总库"（CNKI）上，以"命价"或"命金"为关键词，搜索结果如表1-1所示。

表1-1　CNKI"赔命价"研究文献统计表（1984—2020）

| 年份 | 1984 | 1985 | 1986 | 1987 | 1988 | 1989 | 1990 | 1991 | 1992 | 1993 | 1994 | 1995 | 1996 |
|---|---|---|---|---|---|---|---|---|---|---|---|---|---|
| 篇数 | 1 | 3 | 2 | 3 | 3 | 3 | 3 | 4 | 2 | 4 | 6 | 4 | 2 |
| 年份 | 1997 | 1998 | 1999 | 2000 | 2001 | 2002 | 2003 | 2004 | 2005 | 2006 | 2007 | 2008 | 2009 |
| 篇数 | 4 | 5 | 3 | 1 | 2 | 4 | 7 | 10 | 9 | 16 | 18 | 26 | 24 |
| 年份 | 2010 | 2011 | 2012 | 2013 | 2014 | 2015 | 2016 | 2017 | 2018 | 2019 | 2020 | | |
| 篇数 | 26 | 36 | 28 | 26 | 21 | 30 | 15 | 18 | 5 | 5 | 3 | | |

考诸各篇论文，笔者发现，在1984年仁青拉姆撰写的论文《吐蕃法律初探》中虽然提到"命价"，但并不是专门研究命价的论文，1985年至1986年的5篇论文也是如此。真正认识到"命价"对藏族聚居区国家刑事法制产生影响，并对此进行专门研究的是，1987年张济民发表的论文《对少数民族犯罪分子要认真实行"两少一宽"政策》[①]。1990年吴剑平的论文进一步分析"命价"制度产生的渊源和危害及其重新泛滥的原因，并提出治理对策。[②] 1993年张济民主编《青海藏区部落习惯法资料集》，介绍青海藏族聚居区各部落"赔命价"的具体情况，收集"赔命价""血价""奸价"的案例50则左右。他认为，出于历史的原因、地理条件的限制以及宗教的影响，少数民族地区在执行政策和

---

① 张济民. 对少数民族犯罪分子要认真实行"两少一宽"政策［M］//张济民. 诸说求真——藏族部落习惯法专论. 西宁：青海人民出版社，2002：1-12.
② 吴剑平."赔命价"初析［J］. 法律学习与研究，1990（2）：67-69.

法律上要注意民族的特殊性，要在"两少一宽"的刑事政策下，对藏族聚居区的人命案件制定变通规定，除了判刑外，还可以处以"罚金""没收财产"或"赔偿损失"，这样效果会好些，而且符合当地人民群众的诉求。

专门研究"赔命价"的论文有 100 多篇，占研究藏族习惯法论文总数的三分之一。除了前面在藏族习惯法的历史研究中提到的少量专门考释"赔命价"的文献外，其余的研究基本上是对"赔命价"的现状研究。虽然有些研究文献会涉及"赔命价"的历史，但其写作目的仍然是指向现实的，对"赔命价"的历史追溯也不是论文的重要组成部分，因此这些论文不被视为历史研究文献，而应被视作现状研究文献。根据对藏族"赔命价"的态度，而将这些研究文献分成四组分别叙述。

第一组，主张"改良论"或"改造论"的研究文献。所谓"改良论"或"改造论"，即持有该观点者认为藏族"赔命价"有其历史原因、现实基础和合理成分，因此应对其进行改良或改造，形成新的制度，以发扬其合理成分，消除其不利因素。持"改良论"或"改造论"的研究者除了前面提到的张济民以外，还大有人在。索瑞智也较早看到了藏族"赔命价"与国家刑事制定法的冲突，在分析了"赔命价"的诸多弊端后，他提出要在坚持国家法制统一的前提下，照顾民族地区的特殊性，因势利导，对"赔命价"进行改造、引导，使其步入社会主义法治轨道。[①] 辛国祥、毛晓杰则认为，"赔命价"有悖于我国现行的法律，损害了我国法制的尊严和统一，干扰了司法机关的正常执法活动，给社会带来了不安定因素，因而这种部落习惯法与我国现行法律在处罚的指导思想、处罚方式、诉讼程序、刑事管辖以及法制原则上相冲突。但它在客观上适应了少数民族的心理，起到了化解矛盾、平息纠纷、抑制暴力冲突和稳定社会的作用，因此在现行的宪法、民族区域自治法、刑法和刑事诉讼法的框架内，制定地方立法是解决"赔命价"与刑事法律冲突的有效方式。[②]

孔玲认为，"赔命价"习惯法虽然有干扰国家司法机关的正常活动、损害国家法制尊严与统一等消极影响，但仍有解决民族内部纠纷、稳定民族地区社会秩序和加强民族团结的积极因素，因此应从尊重民族文化的角度出发暂时予以照顾和

---

① 索瑞智. 关于"赔命价"与现行法律相协调的探讨 [J]. 青海民族研究，1993 (1)：61-63.
② 辛国祥，毛晓杰. 藏族赔命价习惯与刑事法律的冲突及立法对策 [J]. 青海民族学院学报（社会科学版），2001 (1)：33-36.

认可，同时积极进行自治变通立法。① 杨鸿雁提出："首先应加强各民族之间的沟通，互相理解隐藏在规则背后的立法本意；其次面对习惯与法律的冲突，司法人员必须坚持这样一个原则：对于属于公法调整范围内的案件，国家司法必须介入，并且必须依国家制定法的规定进行审理，不得以照顾民族习惯为由对抗国家制定法。"② 华热·多杰阐释了"命价"的含义，即一种针对侵犯人身权利的财产性惩罚措施，并根据现代民法和刑法理论分析"赔命价"不符合现代刑法发展的规律，但并不能因此而简单粗暴地予以废除，而应充分考虑民族地区的特殊民情和社会关系的复杂性，在"两少一宽"政策的指导下制定变通立法。③

张熹微从"赔命价"的现实价值出发分析其转化的基础和可能性。④ 程雅群、景志明认为，藏族聚居区"赔命价"习俗具有恢复正义和经济伦理两大价值取向，因此决定其具有强大的生命力，应对其合理成分加以借鉴。⑤ 董朝阳认为，出于对"赔命金"习惯法的认同、宗教文化的影响、公平正义的不同理解、法律存在漏洞且供给不足、藏族习惯法文化和司法腐败的影响六方面的原因，"赔命金"习惯法与国家制定法发生冲突，但通过对其改造，"赔命金"习惯法能够适应社会主义法治建设的需要。⑥

仁青拉姆认为，因为特殊的自然环境与粗放的生产方式、生死轮回、因果报应和和谐的价值理念、高效低廉的解决纠纷能力、国家法供给的无力等，藏族聚居区"赔命价"习惯法虽然有诸多问题，但仍然可以改良为刑事和解制度，实现"赔命价"习惯法与国家制定法的对接。⑦ 王林敏指出"赔命价"既有与国家法相冲突的一面，也有与国家法相沟通的一面，其实质是一种以调解为核心特征的纠纷解决机制，因此可以将其纳入国家倡导的调解制度，为刑事和解

---

① 孔玲."赔命价"考析 [J]. 贵州民族研究，2003（1）：102-105.
② 杨鸿雁. 在照顾民族特点与维护国家法律统一之间——从"赔命价"谈起 [J]. 贵州民族研究，2004（3）：36-40.
③ 华热·多杰. 浅谈藏族习惯法中"命价"的意义及其适用原则 [J]. 青海民族研究，1993（1）：48-54；用现行法解决"赔命价"问题的几点思考 [J]. 青海民族研究，2004（3）：112-117.
④ 张熹微. 少数民族刑事习惯法的现实价值分析——以藏族"赔命价"为例 [D]. 武汉：中南民族大学，2012.
⑤ 程雅群，景志明. 藏区赔命价习俗价值考析 [J]. 西藏民族学院学报（哲学社会科学版），2006（5）：38-41，107.
⑥ 董朝阳. 藏族赔命金习惯法与国家制定法的冲突与调适 [D]. 北京：中国政法大学，2011.
⑦ 仁青拉姆. 藏区赔命价习惯法运行实证考察 [D]. 成都：西南财经大学，2013.

政策服务。① 周欣宇认为，由于地理环境、宗教影响、历史传统和民族心理等，"赔命价"习惯法在与国家法的博弈中，虽然处境尴尬却充满活力，因此应在现行政策和法律的框架范围内，摒弃"赔命价"习惯法的弊端，对其进行创造性转化，实现国家制定法与民族习惯法的协调，以发挥它在加强民族团结、维护社会稳定方面的积极作用。②

第二组，主张"补充论"的研究文献。所谓补充论，即认为藏族"赔命价"习惯法具有自己的独立价值，它可以修补国家制定法的漏洞，作为国家制定法的补充。淡乐蓉认为，"赔命价"民间规则是藏族在长期的部落冲突和战争中用血换来的生存理性选择，目前"赔命价"与国家法的关系紧张源于刑事被害人损害赔偿制度方面的漏洞，因此在一定程度上导致了"赔命价"习惯法的"回燃"适用。③ 南杰·隆英强认为，"藏族'赔命价'具有藏族独特的伦理文化属性，对青藏高原的人伦关系和道德文化起着保护的作用，属于中国古代刑法的'伦理刑法'，对整个中华民族的法律文化制度具有重要的补充和指导作用"④。邹敏认为，在维护国家法制统一的前提下，"赔命价"习惯法在很大程度上发挥着现实的作用，因此"赔命价"习惯法与国家法律也存在相

---

① 王林敏. 藏区赔命价习惯法与国家刑事法制的冲突与消解［J］. 甘肃政法学院学报，2014（6）：31-41；无须官方参与的"刑事司法"——藏区赔命价运作机制的法社会学解读［J］. 山东科技大学学报（社会科学版），2015，17（5）：31-39；论藏区社会控制与赔命价习惯法的治理［J］. 湖南警察学院学报，2015，27（4）：13-19.

② 周欣宇. 藏区赔命价习惯法与国家法的冲突与协调［J］. 河南财经政法大学学报，2015，30（4）：42-50.

③ 淡乐蓉. 藏族"赔命价"与国家法的漏洞补充问题［J］. 中国藏学，2008（3）：147-152；藏族"赔命价"——一种民间规则对国家法漏洞补充的范例［J］. 民间法，2008，7（0）：253-260. 淡乐蓉在藏族"赔命价"习惯法研究方面着力甚多，对其运作基础、与藏传佛教的关系、特征和属性、与国家法的互动及其与日耳曼民族赎罪金制度的比较都有深入的研究，具体参见：淡乐蓉. 论藏族"赔命价"习惯法与日耳曼民族"赎罪金"制度的比较研究［J］. 中国藏学，2010（1）：84-88；藏族"赔命价"习惯法研究［J］. 济南：山东大学，2011；藏族"赔命价"习惯法与藏传佛教之关系及其流变［C］//外国法制史研究会. 全国外国法制史研究会学术丛书——法与宗教的历史变迁. 北京：法律出版社，2010：35；论藏族"赔命价"习惯法的特征和属性［J］. 民间法，2011（0）：330-350；行动中的法——现当代藏族"赔命价"习惯法之实证分析［J］. 民间法，2013，12（0）：242-259；藏族"赔命价"习惯法运作之基础及其批判［J］. 山东科技大学学报（社会科学版），2014，16（4）：1-12；藏族"赔命价"习惯法研究［M］. 北京：中国政法大学出版社，2014.

④ 南杰·隆英强. 藏族习惯法中的"赔命价"与伦理刑法的关系［J］. 江苏警官学院学报，2009，24（1）：84-90；藏族习惯法中的"赔命价"制度——兼论原生态藏族"赔命价"习惯法与中国的死刑存废问题. 原生态民族文化学刊，2010，2（4）：48-54.

容的一面，可以补充国家法律之不足。① 张古哈认为，我国现行的死亡赔偿制度存在缺陷，而流行在藏族、彝族和瑶族的"赔命价"习惯法，因实行个别化的考虑死者年龄、职业和身份的死亡赔偿方式，能够极大地满足民众的诉求，因此可以起到补充死亡赔偿的作用。②

第三组，主张"废除论"的研究文献。所谓废除论，即认为藏族"赔命价"是封建农奴制的残余，没有任何价值，给藏族聚居区司法带来很多问题，因此应该严厉打击并予以废除。较早对藏族"赔命价"习惯法进行专门研究的吴剑平就持"废除论"，他认为"赔命价"具有干扰司法机关的正常司法活动、混淆罪与非罪的界限、严重危害他人正常生活秩序、助长旧势力抬头等消极影响。③ 张致弟指出，"赔命价"引发了许多治安问题，助长了血亲复仇这一原始残余习俗的沿袭与发展，引发了新的刑事案件，增加了新的不安定因素；助长了宗教干预法律、干预行政行为的死灰复燃，造成了法律秩序的混乱，淡化了人们的法制观念，使社会治安综合治理的各项措施无法落实。④ 建议从维护社会秩序的角度出发把"赔命价"问题列入普法内容，编成教材，进行经常性的宣传教育，淡化群众的旧法制观念，增强群众的新法制观念，使广大藏族牧民群众普遍认识到，"赔命价"与社会主义制度和国家法律格格不入，必须予以废除⑤。徐澄清也认为必须对"赔命价"予以否定，因为它是"落后的、不文明的，同社会主义法制不相容的"⑥。有研究者认为死亡者的亲属不问案件事由，不管致害人有无过错、是否违反国家制定法，只要致人死亡、伤害，就要"赔命价""赔血价"，从而混淆了罪与非罪、违法犯罪行为与合法行为的界限，损害了国家法律的尊严和权威，"赔命价"在当今藏族聚居区产生的后果相当严

---

① 邹敏. 少数民族习惯法与国家制定法的调适——以藏族"赔命价"习惯法为例 [J]. 西北第二民族学院学报（哲学社会科学版），2007（4）：79-83.
② 张古哈. 我国少数民族习惯法中"赔命价"的特色与启示——以藏族、彝族、瑶族为样本 [J]. 西南民族大学学报（人文社会科学版），2013，34（10）：97-103.
③ 吴剑平. 对藏族地区"赔命价"案件的认识和处理 [J]. 法律科学（西北政法学院学报），1992（4）：82-85.
④ 张致弟. 浅析"赔命价"及其引发的治安问题和防治对策 [M]//张济民. 诸说求真——藏族部落习惯法专论. 西宁：青海人民出版社，2002：182-184.
⑤ 张致弟. 新时期藏族赔命价方式及治理对策 [J]. 青海民族学院学报（社会科学版），1998（4）：63-65.
⑥ 徐澄清. 关于"赔命价""赔血价"问题的法律思考和立法建议 [J]. 人大研究，1999（8）：32-33.

重。①"废除论"者的观点虽然失之偏颇，但从实践的层面提醒了研究者在思考"赔命价"习惯法时应当视野开阔。

第四组，主张"整合论"或"会通论"的研究文献。所谓"整合论"或"会通论"，即看到两种规范各自的利弊，吸收二者的优点，创制出新的规则。"整合论"或"会通论"与"改造论"或"改良论"的最大不同在于，前者认为两者规范各有利弊，因此需要超越，并在此基础上整合出新规则；后者认为原有规则存在弊端，需要比照现行的通行规则对原有规则进行改造或改良。"整合论"或"会通论"与"补充论"也不同，其最大的不同为前者不分主次，不做价值位阶的判断，其法哲学基础是文化相对论；后者首先把国家法作为判断的标准，"习惯法"在规则体系中居于次要地位，只能作为补充。

"整合论"或"会通论"的持有者，或在西方刑事和解和恢复性司法的理论框架下，或从法律人类学的文化平等论角度入手重新考量"赔命价"习惯法，提出要寻求"赔命价"习惯法与国家法的对话方式，让二者在博弈中共生，最终形成符合当前世界潮流的刑事司法模式，以真正实现诉讼中的人权保障和具体落实宪法规定的民族平等原则。曹廷生认为，"赔命价"习惯法在理念上和机制上都与恢复性司法存在着诸多的整合之处，国家刑事法律应当深刻反省其在理念上的主观性和虚妄性，更理性和更宽容地对待"赔命价"习惯法，以建立符合我国国情的多元法治生态。② 苏永生认为，尽管"赔命价"等少数民族刑事习惯法确实存在着诸多不尽如人意之处，但在补偿被害人、限制死刑和贯彻刑法的谦抑性等方面却发挥着国家刑事制定法难以发挥的作用。通过强制适用国家刑事制定法来革除或破除少数民族刑事"习惯法"的做法是不合适的，也是危险的，应当在构建社会主义和谐社会和国家宽严相济刑事政策的大背景下，采取多元化的犯罪控制方式。这样"赔命价"就具有重要的启示意义，它不仅为通过当事人双方达成的"交易契约"终局性地解决纠纷提供了合法渠道，而且也为国家刑事制定法对少数民族刑事习惯法的有效渗透与整合提供了样本。苏永生还指出，"'赔命价'习惯法在强调减少死刑的适用、刑事和解的积极意义以及赔偿刑事被害人方面，与刑事法制具有一定的契合之处"，因此"应当通

---

① 高其才. 中国少数民族习惯法研究［M］. 北京：清华大学出版社，2003：259.
② 曹廷生. 博弈中共生：赔命价与恢复性司法的对话［J］. 内蒙古农业大学学报（社会科学版），2007（3）：83-85，88；恢复性司法视角下的赔命价——以民间法为研究立场［J］. 湖南公安高等专科学校学报，2008（2）：19-24.

过刑事和解制度来实现刑事制定法对'赔命价'习惯法的规范化诱导"①。

刑事和解为一些研究者提供了新的"赔命价"转化方案。尚海涛认为,中国藏族的"赔命价"制度与西方恢复性司法在追求目标、对犯罪的认识、处罚手段、纠纷解决方式、参与纠纷的主体方面一致,存在会通的基础,通过二者的会通,既可以使"赔命价"制度摆脱原始落后的帽子,又使恢复性司法适合中国的国情,可以促进刑事纠纷的更好解决。② 刘蕊通过对案例的考察,发现现代藏族聚居区"赔命价"已经与将其作为实体性规则的古代藏族聚居区"赔命价"不同,是一种与刑事和解类似的纠纷解决方式,它在形式上、价值上与刑事和解有契合之处,因此应对"赔命价"进行合法化改造,从程序、内容、效力上予以规范,实现其现代转型。③ 王海聪以果洛藏族"赔命价""赔血价"为例,主张以刑事和解方式推动国家法与习惯法的良性互动,这样不仅有利于更好地维护被害人及其家属的合法权益,而且有利于矫正犯罪,改善犯罪嫌疑人与被害人的关系。④

杜文忠采用人类学"从文化持有者的内部的眼界"⑤ 来观察"赔命价",在理性分析其产生的历史基础、存在的现实价值后,提出"不能单纯地从法理的逻辑,而要从现实和历史的逻辑出发进行相关的立法考量,有条件地承认并予

---

① 苏永生. 国家刑事制定法对少数民族刑事习惯法的渗透与整合——以藏族"赔命价"习惯法为视角 [J]. 法学研究,2007(6):115-128;"赔命价"习惯法:从差异到契合——一个文化社会学的考察 [J]. 中国刑事法杂志,2010(7):3-14. 苏永生倡议对民族地区的法律,特别是刑法进行文化解释,以民族法文化视域研究刑事习惯法,具体参见:苏永生. 文化的刑法解释论之提倡:以"赔命价"习惯法为例 [J]. 法商研究,2008(5):49-56;正义的妥协:民族法文化视域的刑法思考 [M]. 北京:法律出版社,2009. 苏永生还是建立民族地区刑事和解制度的倡议者,他认为藏族聚居区的刑事"习惯法"与国家刑事司法之间存在冲突,为解决冲突,应以维护刑法规范的有效性和彻底性为功能向度,建立包括刑事案件发现制度、诉讼外和解确认制度、诉讼内和解制度在内的刑事和解制度,具体参见:苏永生. 中国藏区刑事和解研究:以青海藏区为中心的调查分析 [J]. 法制与社会发展,2011,17(6):3-22.
② 尚海涛. 会通赔命价制度与恢复性司法之可能性 [J]. 北京政法职业学院学报,2007(1):54-57.
③ 刘蕊. 论藏族"赔命价"习惯法的现代化转型——以刑事和解的民族化为视角 [J]. 贵州民族研究,2016,37(10):4.
④ 王海聪. 以刑事和解方式推进藏族习惯法与国家法的互动:以果洛藏族习惯法中的"赔命价""赔血价"为例 [J]. 青海师范大学学报(哲学社会科学版),2011,33(5):51-54.
⑤ 克利福德·吉尔兹. 地方性知识——阐释人类学论文集 [M]. 王海龙,张家瑄,译. 北京:中央编译出版社,2004:70.

以规范"①。赵天宝通过对"赔命价"理性分析后,得出结论,由于"赔命价"习惯法与国家制定法的理念不同,再加之藏族传统文化和"实用理性",二者的冲突在所难免,提出解决冲突的有效路径是"变通立法和灵活司法,而且两者不断地冲突和博弈的过程不仅是产生使双方满意的'新规则'的源泉,而且可能是推动藏族聚居区法治现代化的必由之路"②。熊晓彪从法律经济学的视角分析藏族聚居区"赔命价"中的理性,指出"赔命价"能够最小化侦查起诉和审判执行成本,促进司法资源的有效配置,在犯罪威慑方面有其独特的机制与效能,当然它也存在不足之处,这就为其与现代刑事司法相互配合提供了空间,在此基础上,可以探索出最优的犯罪威慑手段与刑罚组合。③

另外,也有研究者认为"赔命价"习惯法虽然在对犯罪本质的界定和纠纷裁判方式上与国家法存在相互排斥的一面,但它又与国家法在法的生成初形式和社会功效上相协调一致。"赔命价"习惯法的实质是"和解契约",是一种通过交易方式解决极端矛盾的过程。此外,它还包含十分深刻的人文精神,它以人为本,保全人命,温和了活着的人们的欲念,消除怨冤,比国家法奉行的"杀人者死"原始本能逻辑更进步。④"和解契约"是一个新颖而具有启发意义的观点,它使研究者从"刑民二分"的窠臼中摆脱出来,超越它们形式上的对立,进入对人类纠纷更深层次的理解:个人之间可以经由自由意志达成纠纷解决的合意,这种合意应该得到国家、集体和其他个人的适度尊重。

在"赔命价"对策研究的热潮中,也有一些冷静的思考,关注"赔命价"习俗背后更深层次的因素。熊征指出,所有关于藏族"赔命价"回潮原因的研究文献都忽视了对个体行动者情感维度的分析,他"以科林斯的情感能量理论为依托,通过阐释情感能量驱动个体决策的运作机理,展现藏族传统'赔命价'仪式中产生的情感流和长期情感状态","赔命价"存在"自信""热情""成员归属感"等高端情感能量,而这正是当前刑事司法体制缺失的东西。熊征通过田野调查发现,经过半个多世纪的国家法制建设,国家法对藏族民众的影响在不断加强,但"由于刑事司法功能失调,基层组织的协同治理能力不足,传统

---

① 杜文忠."赔命价"习惯的司法价值及其与现行法律的会通[J]. 法学, 2012(1): 64-70.
② 赵天宝. 困境与超越: 藏族赔命价习惯规范的理性分析[J]. 西北民族大学学报(哲学社会科学版), 2014(1): 67-74.
③ 熊晓彪. 中国藏区"赔命价"的理性之维: 基于法律经济学视角[J]. 研究生法学, 2015, 30(3): 11.
④ 衣家奇."赔命价": 一种规则的民族表达方式[J]. 甘肃政法学院学报, 2006(3): 6-11.

31

'赔命价'依然占据权威认同的重要领域，命案处理的'司法乱象'问题随着功利主义取向的加深变得愈发复杂、突出"①。

张锐智、黄卫认为，"深受藏传佛教影响的'赔命价'制度，因其自身所蕴含的人文关怀精神以及基于藏族群众对其的敬仰，在藏族地区发挥着独特的社会整合功能。"但由于"赔命价"具有不可克服的积弊，导致藏族聚居区司法混乱，因此需要对其进行现代化改造，使之顺应现代法治发展潮流。改造的方法为"重构其模式，从以往宗教人士—被害人（家属）—加害人的模式向宗教人士—司法机关—被害人（家属）—加害人模式转变；确立藏传佛教宗教人员在法律监督中的地位；将'赔命价'的新型运作模式通过民间规约的形式固定下来"②。总之，要使这一具有宗教底蕴的习惯法将宗教精神和司法权威很好地结合起来，为民族地区的法治建设贡献力量。研究者普遍认为"赔命价"的产生与发展与藏传佛教有密切关系，但孔俊玲通过考证发现"'赔命价'的产生与佛教教义的'十善法''不杀生''众生平等'理念没有直接联系……但'赔命价'制度的产生仍然是为藏族聚居区统治者服务的"③。

西藏高级人民法院课题组在广泛调查的基础上，写成《青海藏族地区"赔命（血）价"习惯法情况的统计与分析》一文，描述"赔命（血）价"习惯法的基本情况，分析"赔命（血）价"习惯法存在的原因，科学评估"赔命（血）价"习惯法对社会和法律的影响，提出"应当主要从刑事司法审判环节对青海藏族聚居区'赔命（血）价'习惯法进行整合"的合理建议，主张通过死刑政策、宽严相济刑事政策、刑事附带民事诉讼、建立刑事和解制度四方面对"赔命（血）价"习惯法进行整合。④ 这是司法实务界对理论界多年研究和

---

① 熊征. 藏族"赔命价"回潮的情感能量探源 [J]. 青海社会科学，2012（4）：110-114；"藏区赔命价"认同现状调查：基于个体行动的视角 [J]. 西北民族大学学报（哲学社会科学版），2014（4）：149-154.

② 张锐智，黄卫. 论藏传佛教精神与司法权威的结合——藏族"赔命价"处理模式改革探析 [J]. 中国政法大学学报，2011（6）：104-111.

③ 孔俊玲. 藏族"赔命价"制度与藏传佛教教义关系探讨 [D]. 成都：西南民族大学，2016.

④ 西藏高级人民法院课题组. 青海藏族地区"赔命（血）价"习惯法情况的统计与分析（之一）青海藏族地区"赔命（血）价"习惯法 [N]. 法制日报，2013-08-07（12）；（之二）青海藏族地区"赔命（血）价"习惯法存在的原因与总体评价（上）[N]. 法制日报，2013-08-14（12）；（之三）青海藏族地区"赔命（血）价"习惯法存在的原因与总体评价（下）[N]. 法制日报，2013-08-21（12）；（之四）对青海藏族地区"赔命（血）价"习惯法的意见和建议 [N]. 法制日报，2013-08-28（9）.

呼吁的回应,标志着司法实务界已经从长期的"废除论"中走出来,客观理性地看待包括"赔命(血)价"在内的藏族习惯法。但遗憾的是,他们虽然提出了四方面的具体整合措施,但并未对这四个措施,特别是后两个措施进行比较选择,也未能发现其中存在的冲突与矛盾。

虽然对"赔命价"习惯法的研究已经非常深入,但该领域仍然不时地出现新的研究文献。淡乐蓉运用布迪厄的习性和场域理论阐释分析藏族聚居区"赔命价"习惯法,她认为"赔命价"行为"是一种法社会学现象,更是一种社会冲突的法律文化表现形式,其与藏民族开放的性情系统和习性有关;在这个场域中文化资本、经济资本和社会资本交织在一起,构成游戏和博弈的要素"[①]。王林敏认为,虽然"赔命价"对藏族聚居区司法造成了极大困扰,但它在藏族聚居区却有深厚的法文化基础,因此必须寻求它进入司法制度的途径。王林敏提出,要"区分'赔命价'规则和'赔命价'协议,确认'赔命价'以证据的方式进入正式制度,并通过正式制度整合'赔命价'的各种要素,消解'赔命价'的责任观念造成的障碍,最终促进裁判的可接受性,达致真正的案结事了"[②]。王亚妮、李志伟认为,虽然"赔命价"的研究文献甚多,但有关"赔命金"产生的地理、社会环境以及其与国家制定法的真实关系还付之阙如,他们分析"赔命价"产生的地理、社会环境后,结合西藏自治区昌都市的刑事档案,探讨"赔命价"与国家法律的真实关系。[③] 旦珠扎西以德格藏族聚居区为例,考察"赔命价"在该地区的历史沿革和现实情况,提出德格藏族聚居区"赔命价"习惯法与国家司法的融合可以为二者的互通架起一座桥梁。[④] 这些新研究文献使用新方法、新理论,使人们对"赔命价"的认识更加深入,对实践产生了一定影响。

藏族刑事习惯法的另一个研究热点为非常具有民族特色的"罚赎"制度,或曰"惩罚性赔偿规范"。所谓"罚赎"制度,即对侵犯人身权利和财产权利的犯罪,不适用诸如死刑、自由刑等刑事处罚,而是采用赔偿钱财的方式处理,例如,对抢劫和盗窃实行"偷一罚九"的惩罚性赔偿,这体现了藏族习惯法还

---

[①] 淡乐蓉.藏族"赔命价"习惯法的法社会学分析[J].原生态民族文化学刊,2018,10(3):61-71.
[②] 王林敏.藏区赔命价司法运用的方法诠释[J].法律方法,2019,26(1):242-253.
[③] 王亚妮,李志伟."赔命金"习惯法与国家制定法关系的理路分析——以西藏昌都地区"赔命金"为例[J].西藏民族大学学报(哲学社会科学版),2020,41(4):97-102.
[④] 旦珠扎西.德格藏区"赔命价"习惯法研究[D].拉萨:西藏大学,2022.

处于比较原始的"民刑不分"状态。王向萍发现藏族习惯法赔偿规范具有等级性、严厉性和多样性三个突出特征，而且赔偿标准还因部落或地区不同而有差异。① 匡爱民、黄娅琴则认为，藏族习惯法中的惩罚性规则具有民事处罚和刑事处罚并存、较强的等级性、严厉性、不考虑主观状态和损害程度这四个鲜明特点，同时还分析了惩罚性赔偿具有赔偿、制裁和遏制三方面的功能。②

少数研究者在"赔命价"和"罚赎"这两个热点之外，研究藏族刑事习惯法与刑事政策或刑法在藏族地区的适用问题。杨华双对嘉绒藏族聚居区的刑事习惯法进行田野调查，发现"整个法律体系呈现'以刑为主，诸法合体'的局面，刑罚制度远远发达于其他法律制度，其中肉体刑罚又是最主要的刑罚方式"，并分析肉刑盛行的原因以及"以罚代刑"现象对今日嘉绒藏族聚居区司法的影响。③ 张建军以甘南藏族自治州犯罪现状为视角，指出该地区的犯罪案件具有明显的地域特征和民族特点，即自然犯罪比重大、突发性犯罪多、法外调解普遍存在，因此在执行"两少一宽"政策时，应充分考虑藏民族的特殊性。④ 张谦元、刘明发现国家刑事法制在藏族聚居区的适用过程中遇到民族习惯法的阻力，这时需要从"法理念上的融合与发展，藏族地区刑事和解制度的构建，完善和落实民族区域自治立法"三方面来解决冲突，实现制定法与习惯法的融合。⑤

③民事习惯法的研究

与刑事习惯法相似，藏族民事习惯法也具有浓厚的民族特色，因而受到研究者的关注与厚爱。学界对藏族民事习惯法的关注主要集中在财产权利、婚姻、与国家制定法的关系及其司法适用等方面。

首先来看财产权利方面的研究。藏族人民居于青藏高原，生产力水平较低，个人能够积聚的财富有限，再加之游牧的生活方式、部落式的社会组织形式、宗教的影响和"尚力"的民族心理，未能形成清晰的产权制度。这种产权现象

---

① 王向萍. 藏族习惯法赔偿规范的特征 [J]. 经营管理者, 2009 (8): 52-54.
② 匡爱民, 黄娅琴. 藏族习惯法中的惩罚性赔偿规则研究 [J]. 中央民族大学学报（哲学社会科学版）, 2012, 9 (1): 109-113; 黄娅琴. 惩罚性赔偿研究：民族习惯法与国家制定法双重视角下的考察 [D]. 北京：中央民族大学, 2012.
③ 杨华双. 嘉绒藏区刑事习惯法分析 [J]. 甘肃政法学院学报, 2006 (1): 7-11.
④ 张建军. 少数民族刑事政策的内涵及适用——以甘南藏族自治州犯罪现状为视角 [J]. 犯罪研究, 2008 (3): 7-12, 20.
⑤ 张谦元, 刘明. 刑法在藏族地区的适用问题探讨 [J]. 西北民族大学学报（哲学社会科学版）, 2012 (5): 159-166.

常常让外来的、经过现代产权思想与制度洗礼的访问者感到震惊和困惑。苏力在震惊之余，认识到"就藏族牧人来说，他们现在的生产生活方式注定了他们至少现在不需要这个法律概念和与这个法律概念相关的一系列法律原则和实践"①，并在此基础上对法律移植理论进行反思。

牛绿花通过研究发现，藏族家庭中妻子和女儿享有财产继承权，但存在不平等的现象，需要通过加快经济发展、发展教育和进行法制宣传等方法来加以改善。②彭毛卓玛、更太嘉探讨了财产继承权的形成背景和继承形式，认为藏族继承"习惯法"中男女享有平等继承权，养子、继子、私生子在家庭中不受歧视，享有和其他子女平等的财产继承权，给人留下深刻印象。③

其次来看婚姻家庭习惯法方面的研究。一些研究文献选取某个地方，对其婚姻家庭习惯法进行调查，并对其进行总结归纳，提出问题并找出解决方案。④

藏族聚居区的"一夫多妻"或"一妻多夫"，因与现代婚姻制度格格不入，受到的关注最多，成为婚姻习惯法研究的重点。仁真洛色较早地关注到康区（甘孜藏族自治州）的"一妻多夫"婚姻。⑤欧潮泉根据史料梳理了"一妻多夫

---

① 苏力. 这里没有不动产：法律移植问题的理论梳理［J］. 法律适用，2005（8）：24-28.
② 牛绿花. 对藏族部落习惯法中妇女地位及财产继承权问题的探讨［J］. 西北民族大学学报（哲学社会科学版），2004（6）：46-50，65.
③ 彭毛卓玛，更太嘉. 藏族部落习惯法中的财产继承权问题探析［J］. 西藏民族学院学报（哲学社会科学版），2008（3）：31-34，122.
④ 刘利卫. 甘南藏族婚姻家庭习惯法调查研究［D］. 兰州：西北民族大学，2009；乐岚. 目标或路径：统一婚姻法与民族习惯法的交互发展——兼论四川藏区婚姻法变通补充规定之完善［J］. 西南民族大学学报（人文社科版），2009，30（8）：47-54；祁选姐措. 藏族婚姻家庭习惯法研究——以青海安多藏区为例［D］. 北京：中央民族大学，2011；周毛措. 安多藏族婚姻习惯法与国家法的冲突与融合［D］. 成都：西南财经大学，2016；汪隽海. 天祝藏族传统婚姻家庭法律文化的调查研究——以抓喜秀龙乡为例［D］. 兰州：兰州大学，2017.
⑤ 仁真洛色. 试论康区藏族中的一妻多夫制［C］//中国民族学会. 民族学研究第七辑：中国民族学会第三届学术讨论会论文集. 北京：民族出版社，1984：12. 介绍康区"一妻多夫"习俗的还有：吕昌林. 浅论昌都地区一夫多妻、一妻多夫婚陋习的现状、成因及对策［J］. 西藏研究，1999（4）：54-58；张建世. 康区藏族的一妻多夫家庭［J］. 西藏研究，2000（1）：78-82；王文长. 对藏东藏族家庭婚姻结构的经济分析［J］. 西藏研究，2000（2）：56-60；坚赞才旦. 论兄弟型限制性一妻多夫家庭组织与生态动因——以真曲河谷为案例的实证分析［J］. 西藏研究，2000（3）：9-22；坚赞才旦，许绍明. 论青藏高原和南亚一妻多夫制的起源［J］. 中山大学学报（社会科学版），2006（1）：54-62，126；坚赞才旦. 再论兄弟共妻制的成因和妇女的出路——来自对青藏高原东南部六个乡村的研究［J］. 青海民族大学学报（社会科学版），2014，40（2）：7-14.

制"的历史，通过实地调查发现"一妻多夫制"的比例为7%～25%，运用马克思主义分析共存的原因，并将其与古希腊、喜马拉雅山下的其他民族和印度保留该制度的民族进行比较。① 马戎在认可美国学者戈尔斯坦结合藏族土地继承制度和劳役制度分析藏族婚姻形式的研究成果的同时，认为藏族"一妻多夫"婚姻的产生与婚姻禁忌，与妇女社会地位也有因果关系。②

鉴于藏族聚居区婚姻"习惯法"存在的问题及其与国家婚姻法的矛盾和冲突，司法实务部门也开展了调查，了解了藏族聚居区贯彻"婚姻法"的现状，总结了藏族婚姻习惯法在婚姻自由、婚姻登记、非婚生子女抚养的义务与权利等方面产生的问题以及由此引起的暴力和犯罪事件，分析了其问题的成因，提出了比较切实可行的建议和对策。

最后来看藏族民事习惯法与国家制定法的关系及其适用方面的研究。王楚云、贺蕙荵认为，"藏族民事习惯法以古代制定法、藏传佛教教义和民间传统道德为历史渊源，具有调整对象的私域性、地域差异性和神权性的特征。封闭的地理环境和落后的生产力水平等因素导致近年来藏族民事习惯法在藏族聚居区回潮，并与国家制定法发生一定冲突。建立习惯法甄别机制，推动习惯法成文化，建立司法中的习惯法援引机制，加强对民间调解的引导等措施可以消解二者的冲突"③。李生梅以果洛藏族自治州为例，对藏族民事习惯法的司法适用状况及其机制进行调查研究，发现虽然藏族民事习惯法存在一定的合理性，但其司法适用现状却不容乐观。因此，她建议确立民事习惯法的收集、查明与识别、整理机制，确立"习惯法司法适用的启动路径"，明确习惯法证明责任的承担，建立健全民事习惯法进行诉讼调解的机制。④

最近研究者开拓了藏族民事"习惯法"研究的新领域，李福民的《藏区非物质文化遗产的法律保护：以藏族习惯法与知识产权法为视角的考察》一文可谓是对新领域的一次有益尝试。李福民认为，"本土的法治传统文化扎根于本地，源于生活，有广泛的民众信同基础，故习惯法的传承有利于少数民族非物质文化遗产的保护。就少数民族非物质文化遗产的知识产权保护而言，不仅与

---

① 欧潮泉. 论藏族的一妻多夫 [J]. 西藏研究，1985 (2)：80-83, 22.
② 马戎. 试论藏族的"一妻多夫"婚姻 [J]. 民族研究，2000 (6)：33-44, 106.
③ 王楚云，贺蕙荵. 藏族民事习惯法与现代制定法的冲突及其消解 [J]. 湖北民族学院学报（哲学社会科学版），2016, 34 (5)：97-102.
④ 李生梅. 藏族民事习惯法司法适用状况研究：以果洛藏族自治州为例 [D]. 北京：中央民族大学，2014；果洛地区建立健全民事习惯法司法适用机制的思考 [J]. 青海师范大学民族师范学院学报（哲学社会科学版），2014, 36 (2)：45-48.

国家法的制定和完善程度有关，也与民族、非物质文化遗产部族群众、传承人的当地整体法文化、本土知识产权习惯法相连"。利用藏族习惯法，特别是利用其中的和平主义、人性主义、利他主义等慈悲和谐的精神，可以培育民族群众的知识产权观念，更好地保护藏族聚居区的非物质文化遗产。①

④环保习惯法的研究

藏族人民居于青藏高原，地理环境恶劣、生态脆弱，加之宗教的影响，藏族人重视对环境、生态以及动植物的保护，形成了比较全面的环境和生态保护习惯法。大部分研究者对藏族环保"习惯法"的研究着重其内容，并进行事实描述。《藏族环境习惯法文化与环境保护》一文从思想基础、生态规律、渊源、违法处罚等方面介绍藏族环境习惯法。②屈献鹏、杨平的论文介绍了藏族环保习惯法的渊源，即官方的命令、宗教教义、民族禁忌和部落规定，总结出环保习惯法具有保护民族传统文化、指导环境保护实践的价值。③

牛绿花、刘强和熊敏的论文论述了藏族环保习惯法对保护藏族聚居区生态，甚至是保护西部生态环境的积极意义。牛绿花的研究分吐蕃时期制定的法律、部落的规定和寺院的规定三方面介绍藏族环保习惯法的内容，她认为"自然崇敬观念、自然禁忌机制、道德、规范与世俗法令共同构成了保护自然环境的网络""在国家实施西部大开发的进程中，应积极地鼓励藏族群众继承发扬这种有益的习惯法传统，使其在保护和建设生态环境中起到积极的作用"。④刘强认为，"青藏高原——这个自然条件极差、生态环境极为脆弱的高寒地带，在过去的十几个世纪中能够保持相对完好的自然生态环境，在很大程度上得益于藏民族特有的宗教信仰和禁忌、部落习惯法、生活习俗等多种生活方式。藏族的环境习惯法对于现在藏族聚居区生态环境保护有积极的借鉴意义"⑤。熊敏认为，藏族习惯法是藏族人民在长期生活中形成的人与自然关系的法文化形态，体现藏族人民和自然抗争与妥协的法律智慧，基于藏族聚居区生态文化建设的新形势，应当从宗教戒律、传统成文法典、民族生活习惯中挖掘环保习惯法，为民

---

① 李福民. 藏区非物质文化遗产的法律保护：以藏族习惯法与知识产权法为视角的考察（英文）[J]. China Legal Science, 2019, 7 (1)：90-122.

② 郭武，高伟. 藏族环境习惯法文化与环境保护 [J]. 甘肃政法学院学报, 2005 (5)：33-37.

③ 屈献鹏，杨平. 藏族环保习惯法探析 [J]. 西部法学评论, 2011 (3)：115-118.

④ 牛绿花. 藏族部落习惯法对西部生态环境的保护 [J]. 社科纵横, 2005 (2)：22-23.

⑤ 刘强. 藏族生态习惯法对环境的积极影响 [J]. 学理论, 2011 (4)：123-124.

族地区法治建设服务。①

甘措、彭毛卓玛专门考察藏族环保习惯法的思想渊源，他们认为藏族环境保护习惯法的思想源远流长：原始的万物有灵与灵魂崇拜观念让人们自愿保护动植物和山川、湖泊；苯教的宇宙观将世界分为天、地和地下三界，禁止人们随意挖掘土地、污染泉水河流，随意砍伐树木，怕触怒鲁神；佛教的因果报应、生死轮回和众生平等规则使藏族人能以慈悲心对待一切动物，使动物得到保护和繁衍，从而使生态得以健康有序的发展。所以"藏族的环保习俗和环保法体现了藏族法律文化独特性和科学性的一面，千百年来对青藏高原生态的有序发展产生了积极的影响"②。

李磊的论文对藏族环境保护习惯法的研究更全面，涉及其渊源、表现形式、发展历程、内容、特征和启示。他认为，藏族环境保护习惯法来自民族禁忌、宗教戒律、宗教领袖和各个政权颁布的法律以及部落制定的关于草地、农田、森林保护和狩猎、采集等方面的规定；藏族环境保护习惯法的内容丰富，包括土地、水源、湖泊、山林和动植物；藏族环境保护习惯法的特点为历史性、地域性、民族性和义务性。他还指出："对国家制定法而言，藏族环境保护习惯法可以成为国家环境保护法的立法来源，可以弥补国家制定法的缺陷，可以帮助国家制定法的实施。"③

常丽霞以拉卜楞地区为例，对藏族生态法文化的传承和变迁进行研究，既有对藏族生态习惯法的静态描写，即部落族源、生计方式、自然崇拜与禁忌、宗教信仰中的生态习惯法文化、生态习惯法文化的传承与特质等方面的阐释，又把藏族生态习惯法作为一个不断更新、成长的法律文化体系，对其在藏族聚居区民主改革和改革开放后的发展变化进行深描，希望以此发现藏族牧区生态习惯法文化的未来走向及其对当代生态法治的可能贡献。④

⑤纠纷解决机制的研究

除了吐蕃时期建立过统一的政权外，藏族地区在其他时期处于部落形态，因此未能形成强大而系统的司法机关与司法制度。正如《易经》中所说的"饮食必有讼"，即只要有人的地方就有纠纷，有纠纷就必须解决，才能维护正常的

---

① 熊敏. 藏族环保习惯法与现代民族法治 [D]. 北京：中国人民公安大学，2019.
② 甘措，彭毛卓玛. 论藏族民间环保习惯法之思想渊源 [J]. 青海民族研究，2008（3）：33-36.
③ 李磊. 西藏地区藏族环境保护习惯法研究 [D]. 拉萨：西藏大学，2016.
④ 常丽霞. 藏族牧区生态习惯法文化的传承与变迁研究 [D]. 兰州：兰州大学，2016.

社会秩序，族群和个人才可得以生存与繁衍。受苯教与藏传佛教的影响，藏族发展出内敛且与其社会组织形式、生产力水平相适应的纠纷解决机制。关于对藏族纠纷解决习惯法的研究，主要集中在介绍纠纷解决机制运作实践和藏族聚居区高发的草场纠纷两方面。

韩雪梅通过微观分析和实地调研，发现藏族民众创设了维护自身凝聚力和化解矛盾的多元纠纷解决机制，维护了社会的稳定，确保了民族的发展进步。[①] 后宏伟认为，调解纠纷解决机制在藏族习惯法中占有突出地位，受到藏族民众的偏爱并优先适用，原因有三，即偏重秩序、追求效率和宗教的影响。[②] 后宏伟还提出在藏族习惯法回潮的大背景下，应当利用民众对调解的偏爱，将其纳入人民调解的范围内，使其能够更好地推动藏族聚居区法治建设。[③] 周晓露、李雪萍关注藏区基层纠纷调解的运作逻辑——运用以情动人、以理服人、"双法共用""宗教仪轨"的"摆平"策略，即"面对矛盾纠纷，基层政府采取了一系列非正式策略，希冀不同民族成员能和谐相处以及平衡国家制定法和民族习惯法"[④]。

一些研究者以某个地区或村落为例，对藏族聚居区纠纷解决机制及其运行、发展变化进行个案研究。李虹以甘南藏族自治州下的一个村落为例，对习惯法在化解纠纷中的作用进行实证分析，发现藏族习惯法对解决当地民间纠纷仍然起着不容忽视的作用，但也面临着与国家法冲突和"二次司法"的困境，建议建构适应藏族聚居区实际情况的多元化的纠纷解决机制。[⑤] 熊征全面地介绍了甘南牧区传统纠纷解决机制，分析该地区民间纠纷解决的现状与存在的问题，他指出"司法的主导性缺位是造成问题的一个重要原因，确立'一极多元'纠纷解决机制有助于现状的改善。应从推进能动司法、完善大调解模式、强化'中间团体'组织调解、提高村级治理水平等方面入手，还要结合牧区纠纷解决的

---

[①] 韩雪梅. 藏族社会纠纷化解机制的法哲学思考与实践运作 [J]. 法学杂志, 2011, 32 (8): 131-133.

[②] 后宏伟. 藏族习惯法中的调解纠纷解决机制探析 [J]. 北方民族大学学报（哲学社会科学版），2011 (3): 59-64.

[③] 后宏伟，刘艺工. 人民调解法视野下的藏族习惯法调解 [J]. 西北民族大学学报（哲学社会科学版），2014 (1): 57-66.

[④] 周晓露，李雪萍. 摆平：藏区基层政府纠纷调解的运作逻辑——以四川省甘孜藏族自治州G县大调解团解决牦牛纠纷为例 [J]. 中南民族大学学报（人文社会科学版），2017, 37 (2): 66-69.

[⑤] 李虹. 和谐社会视角下的藏族习惯法化解纠纷作用的实证分析——以甘南藏族自治州某村的个案为例 [J]. 辽宁行政学院学报，2011, 13 (12): 56-57, 61.

传统文化"①。杨雅妮通过对夏河县多元纠纷解决机制中的"群体械斗""民间调解""吃咒"与"诉讼"的"浅描"和"深描"进行文化人类学式的阐释，分析当前纠纷解决机制中存在的问题，提出"国家法建构起来的诉讼，应当在适用过程中尊重和考虑夏河藏族的传统文化，以减少和缓解其在纠纷解决实践中所遭遇的'文化冲突'"②。来君通过社会调查发现，"目前青海藏族聚居区社会矛盾纠纷处于高发期，呈现出纠纷主体多元化、纠纷类型多样化、利益诉求复杂化等特点。因此，应该在藏族聚居区建立一套以诉讼为核心、以各种非诉讼方式为补充的多元化纠纷解决机制"③。

虽然前面提到的文献也涉及藏族纠纷解决模式的现代转型，但都未能就此问题进行深入的研究，拉毛杨错的论文在介绍藏族内部的纠纷解决模式的基础上，总结出藏民族内部纠纷的特点为"多以争夺生存空间为主，纠纷突发性强，纠纷私了性突出，纠纷掺杂宗教因素，纠纷呈现民刑混杂性"，并对其转型提出了四种方案，即"甄别部落习惯法，吸收合理部分完善民族地方立法；引导宗教优势，在民族地区树立司法权威；清理村规民约，发挥法外纠纷解决能力；重视人民调解工作，完善藏族地区非讼解纷机制"④。

在藏族聚居区所有的纠纷类型中，草场纠纷最频繁，冲突最激烈，而且往往由民事纠纷转化为群体械斗，使案件性质从根本上发生变化。同时，草场纠纷也颇复杂，持续时间长，牵连人员众多，故学界和司法实务界对此问题有着持续投入的关注和研究。一些研究重视草场纠纷的成因和解决办法，一些研究重视习惯法或历史经验在解决草场纠纷中的作用，还有一些研究重视草场纠纷的现代治理。玉·秦措和华热·多杰、扬多才旦分别撰文分析藏族聚居区草场纠纷形成的原因和解决办法。玉·秦措和华热·多杰认为，引起草场纠纷的主要原因为草场界限不明确、资源紧张、民众商业意识增强，解决办法为实行包草场到户的政策和发展多种经济。⑤ 扬多才旦认为，引发草场纠纷的主要成因为地界不明、权责不清、发展生产与资源不足的矛盾日益突出、勘界引起更多的

---

① 熊征. 甘南牧区藏族民间纠纷的解决研究 [D]. 兰州：兰州大学, 2013.
② 杨雅妮. 夏河藏族纠纷解决方式研究 [D]. 兰州：兰州大学, 2016.
③ 来君. 多元化纠纷解决机制在青海藏区的初步实践 [J]. 攀登, 2015, 34 (6)：119-124.
④ 拉毛杨错. 藏民族内部纠纷及解纷模式之转型 [D]. 重庆：西南政法大学, 2011.
⑤ 玉·秦措, 华热·多杰. 浅议我省的草原纠纷及其解决办法 [J]. 青海民族学院学报（社会科学版），1994 (3)：35-38, 31.

矛盾冲突、管理力度不够、长期放松对群众的思想政治教育、对违法犯罪查处不严,草场纠纷会造成群众财产损失、社会治安恶化、草场资源受到破坏、耗费政府大量精力等危害,建议从加强领导、依法全面勘界、严格枪支弹药爆炸品管理、加强思想政治教育、严厉打击各类违法犯罪活动和加强对公务员的管理——严禁他们干预纠纷解决六方面入手。①

旦增遵珠、多庆、索南才让从习俗惯例的视角考察藏族聚居区草场纠纷行为后认为,"改革后,牧民的行为模式在很大程度上回归于传统习俗与惯例的规约之下,有时与国家的行政法规发生抵触,并且在当下的勘界与草地产权改革中也存在一些沟通与理解的障碍,因此,需要建立以国家正式组织系统为代表的制度权威与以民间社会组织系统为代表的民间权威之间的良性互动关系"②。李虹探讨藏族习惯法在处理草场纠纷中的作用与面临的困境,她认为"藏族聚居区草山纠纷的解决方式中存在着各种法律资源、文化传统和知识体系的博弈争斗的流动场域,同时也是各种纠纷解决方式和制度进行博弈争斗的过程"。各种纠纷解决机制皆有利弊,而传统的调解机制,尤其是藏族习惯法在解决藏族聚居区草山纠纷时仍然具有一定的优势,应让其与其余各种解决纠纷的方式相互协调和分工合作,从而形成有效的多元化纠纷解决的运行机制。③ 范庆芝主张借鉴历史上运用习惯法成功解决草场纠纷的经验,在政府的主导下,形成符合现行法律的纠纷解决方法。④

扎洛和杨继文对藏族聚居区草场纠纷解决机制的关注重点落在对其的现代治理上。扎洛以川西、藏东两起草场纠纷为例,发现藏族聚居区草场纠纷调解机制正处于从传统向现代转型的时期,出现了两难困境:传统机制有充分协商的优点,但存在强制力不够、难以执行的弊端;现代机制突出政府权威和国家法则,却缺乏民意的充分表达,常出现毁约和反复的情况。扎洛建议现代国家纠纷解决机制应借鉴传统机制中的充分协商和宗教伦理约束手段。⑤ 杨继文在

---

① 扬多才旦. 藏区草山纠纷的成因、危害及对策 [J]. 西藏研究, 2001 (2): 96-101.
② 旦增遵珠, 多庆, 索南才让. 从习俗与惯例中考察藏区草场纠纷行为 [J]. 中国农村观察, 2008 (2): 59-68, 81.
③ 李虹. 藏族习惯法在藏区草山纠纷解决中的作用与困境 [J]. 甘肃高师学报, 2011, 16 (4): 136-139.
④ 范庆芝. 以史为鉴的藏区草场纠纷调解机制管窥 [J]. 西北民族大学学报 (哲学社会科学版), 2013 (2): 140-144.
⑤ 扎洛. 社会转型期藏区草场纠纷调解机制研究——对川西、藏东两起草场纠纷案例的分析 [J]. 民族研究, 2007 (3): 31-41, 108.

41

"依法治藏"的背景下，指出"藏族聚居区草场法律管理相关制度的完善、环境公共利益制度的构建、习惯法与国家法的良性互动以及多元化解决机制的构建，构成了我国藏族聚居区解决草场纠纷等法律适用问题的应对出路，这丰富和发展了'依法治藏'的内容和表现"①。

2. 国外研究情况

藏族法制或习惯法，特别是其"赔命价"和婚姻习惯法，因其异域色彩、与现代法律理念和法律制度格格不入，也让外国学者着迷。

对"赔命价"进行研究的学者主要有美国学者罗伯特·艾克威尔（Robert Ekvall）和日本学者小林正典。罗伯特·艾克威尔以社会文化学的视角，考察了"赔命价"在藏语中的意义及其文化内涵，梳理了"赔命价"产生和发展的历史轨迹，对其社会功能进行了分析。② 小林正典通过对藏族聚居区法院处理"赔命价"案件的实证分析，指出因为经济上的差序格局，"赔命价"金额会逐步增高；国家权力强行消灭"赔命价"的做法，只会使其转入地下，增加不可控的风险；若赋予当地一些活佛或有威信的民间人士一定的调解"赔命价"的权力可以提高效率。他认为，要解决藏族"赔命价"与现行国家刑事法律之间的矛盾和冲突，需要注意以下五方面的问题：（1）赔偿的"命价"的金额在何种程度上可以减轻加害人的刑罚；（2）根据刑事附带民事诉讼制度，设定"命价"的金额，以减轻赔偿负担；（3）谁是"命价"金额的评定者；（4）"赔命价"执行手续依据何种方式进行；（5）在其转化为地方性法规之际，如何避免其与国家制定法发生冲突。③

与国内一样，国外有关藏族婚姻习惯法的研究也是众声喧嚣。早在20世纪20年代，英国政府驻锡金行政官贝尔引用库学真得隆的统计数据，认为"大概卫省每二十家中，采一夫一妻制者十五家，多夫制者三家，多妻制者两家。北方平原，多夫制占十，一夫一妻制占七家，多妻制占三家"④。与贝尔关注"一夫多妻"或"一妻多夫"这个重心不同，法国学者石泰安（R. A. Stein）和美国学者梅·戈尔斯坦（Melvyn C. Goldstein）关注的重心在婚姻与经济类型和所

---

① 杨继文. "依法治藏"背景下的藏区草场纠纷治理［J］. 贵州民族研究，2016，37（3）：17-21.
② EKVALL R. Mis Tong: the Tibetan Custom of Life Indemnity［J］. Sociologus, Ns. 4: 2.
③ 小林正典. 青海藏族的赔命价——今天的意义和课题［A］//西村幸次郎. 中国少数民族的自治和习惯法. 东京：成文堂，2007：112-156.
④ CHARLES B. 西藏志［M］. 董文学，傅勤家，译. 上海：商务印书馆，1936：237.

有制之间的关系。石泰安认为藏族的"一妻多夫"存在于除安多地区以外的所有农民和牧民中。① 戈尔斯坦根据 1965—1967 年对定居在印度的江孜藏族群众进行田野调查的结果,他认为由于"一夫多妻"这种婚姻形式主要出现在拥有大量土地和财产的贵族和"差巴"阶层中,而"一夫一妻制"是作为农村主体的"堆穷"阶层的基本形式,因此"一妻多夫"是维系家庭权力和财富的手段,当他调查的江孜藏族群众到印度后,原来的土地制度不复存在,他们就抛弃了原来的"一妻多夫制"。② 美国人类学家 B. 米勒(B. Miller)则关注"一妻多夫制"和"一夫多妻制"的内部结构及其具体组成形式,她认为藏族婚姻"最普遍的安排是萨松(Sasum),它是一个由三位配偶组成的单元,而不论其中是两位女性一位男性,还是更普遍的两位男性一位女性"③。美国学者辛西亚·M. 比尔(Cynthia. M. Bill)与梅·戈尔斯坦运用生物社会学理论研究尼尔利米峡谷的兄弟共妻现象,发现"共妻制可能会增强丈夫自身适应环境的能力,从而提高家庭抵御风险的能力"④。

美国人类学家巴伯若·尼姆里·阿吉兹(Barbera Nimri Aziz)和法国人类学家南希·列文(Nancy E. Levine)基于大量的田野调查资料,对藏族婚姻习惯法展开更深入、系统的实证研究。阿吉兹在中印边境的定日县进行社会调查,发现藏族人在选择性伴侣或配偶时有非常严格的血缘限制,凡具有血缘关系的人都被排除在选择之外,而"父子共妻""母女共夫"等在其他文化中绝对排斥的婚姻形式,在藏族"外婚制"的原则下则可以接受。阿吉兹所调查的 430 起婚姻中,有 122 起为"一妻多夫"和"一夫多妻",占 28%。阿吉兹认为,"多配偶观念是一种与居住形态有关的潜在意识孕育出来的,即兄弟应当在一起,父子不应分开;住在一起的人应当为这个单位的共同繁荣贡献力量并分享这种繁荣。"⑤ 南希·列文以生活在尼泊尔北部同中国接壤的边境地区的宁巴人(Nyinba)为研究对象,发现宁巴人最显著的特征就是"兄弟共妻",并对其进

---

① 石泰安. 西藏的文明 [M]. 耿昇, 译. 北京:中国藏学出版社, 1999:93.
② MELVYN C G. Stratification, Polyandry and Family Structure in Central Tibet [J]. Southwest Journal of Anthropology, 1971(27):64-74.
③ B. 米勒. 西藏的妇女地位(国外藏学研究译文集第三辑)[M]. 吕才, 译. 拉萨:西藏人民出版社, 1987:328-344.
④ 辛西亚·M. 比尔, 梅·戈尔斯坦, 坚赞才旦. 西藏的兄弟共妻:社会生物学理论的试验 [J]. 西藏研究, 2015(6):54-62.
⑤ 巴伯若·尼姆里·阿吉兹. 藏边人家:关于三代定日人的真实记述 [M]. 翟胜德, 译. 拉萨:西藏人民出版社, 1987:150.

行分析，她并未否定梅·戈尔斯坦等人的"功能主义"和"经济决定论"的解释，她强调的是制度的文化方面，即宁巴人自己看待"一妻多夫制"的方式、他们彼此理解的语言。她首先解释关于藏族血统观念的两个基本概念："骨"（ru、rus）的概念来自父亲；"血"（t'ak——藏人更多的是说"肉"，sha）的概念来自母亲。近亲是指那些同时分享其"骨"与"肉"的亲人，"骨"的概念也在部分方面支配等级集团的划分。然后转而叙述家庭组织情况，宁巴人的社会是一种"家庭至上"的社会：有统一的群体——氏族、家族——存在，但它们不大在集体生活中显示出来并没有"团体精神"。① 总之，列文开创了一种新的角度——从文化类型、亲属的种类、亲缘关系及居住情况——来分析藏族多偶婚制的方法。

在研究藏族"赔命价"与婚姻习惯法的热潮之外，一些外国学者的研究视野更广阔。耶鲁大学女学者弗伦齐（Rebecca Redwood French）是西方最早开始系统研究藏族法律文化的学者之一。弗伦齐认为，西藏的法律制度建立在佛教哲学的基础上，体现了佛教思想在法律实践和决策中的作用。对西藏人来说，法律是一种宇宙论，是一种千变万化的关系模式，即使它将宇宙和个人整合成一个永恒的曼荼罗式的整体，它也在不断地变化、循环和再形成。弗伦齐建议，以西藏的法律来重新思考美国的法律文化。② 弗兰达·皮埃尔（Fernanda Pirie）认为，1958年后，西藏的法律具有复杂性，既有国家制定的法律，又有藏族固有的习惯法，存在两种法律制度冲突的情况，因此要在法律多元理论的指导下，和谐地化解不同规范之间的冲突，建构权力的正当性。③ 苏珊·阿兰卡·杜士卡（Susanne Aranka Duska）以散居印度的藏族人为田野调查对象，以法律多元理论为视角，研究藏族人的和谐意识对争议解决的功能与意义。杜士卡发现藏族非正式的争端解决机制是有效的，并有效地支持印度的执法系统。与法律中心主义和法院正义的支持者相反，支撑诉讼程序的自由主义价值观破坏了社会期望，有可能加剧而不是缓解社会的紧张局势。④

---

① NAVINE E N. The Dynamics of Polyandry: Kinship, Domesticity and Population on the Tibetan Border [M]. Chicago: The University of Chicago Press, 1988.
② FRENCH R R. The GoldenYoke: The Legal Cosmology of Buddhist Tibet [M]. New York: The Cornell University Press, 1995.
③ PIRIE F. Legal Complexity on the Tibetan Plateau [J]. Journal of Legal Pluralism, 2006, 38 (53).
④ DUSKA S A. Harmony Ideology And Dispute Resolution: A Legal Ethnography of the Tibetan Diaspora in India [D]. Vancouver: The University of British Columbia, 2008.

### 三、研究中存在的问题

通过对以藏族为中心的少数民族习惯法研究文献的梳理，笔者发现当前的少数民族习惯法研究中存在下列三个问题。

一是缺乏全面系统性的研究。当前对少数民族习惯法的现实研究，没有系统的规划，没有深入全面的调查，往往通过文献查阅或浮光掠影的调查，以一两个突出、显眼的习惯为研究主题。如藏族习惯法的研究大多集中在"赔命价""一夫多妻"或"一妻多夫"，以一种猎奇的眼光来解读分析民族"习惯法"，而没有认识到少数民族习惯法是少数民族的规范系统，涵盖社会生产生活的各方面，不能从其中抽出一两个习俗简单了解后，就对其进行分析评价，然后提出对策方案。对少数民族习惯法背后的文化因素及其社会功能不了解，那所谓的对策方案就有指手画脚之嫌疑。因为对少数民族习惯法没有进行长期深入的调查，所以很多研究者把历史上的习俗作为现实的法律生活，没有看到少数民族习惯法强大的生命力和适应能力。因为调查的不深入，所以直到今天，少数民族习惯法研究看似热闹，却很少有有分量的研究作品，更不用说高水平的法律民族志的问世。法律民族志能够体现民族习惯法研究的水平，还反映了对民族习惯法系统深入地研究。好的法律民族志能够为民族地区法治建设提供智力指导，不会让民族地区法治建设陷入"头痛医头，脚痛医脚"的尴尬境地。

二是在理论上奉行拿来主义。多数研究者不是从田野调查收集的资料和历史中去构建符合我国少数民族习惯法发展情况的理论，只是把少数民族习惯法作为材料，简单地用西方的理论对其进行解释分析，未能深入发掘少数民族习惯法的文化意义及其可能存在的价值。一些研究者追逐新的理论，不断用西方的新理论来解释少数民族习惯法，用西方的市民社会理论来附会少数民族社会，认为古代少数民族地区不受中央法律控制，完全"因俗而治"；引入法律多元主义，把少数民族的习惯视为法律，形成"习惯法"这样一个概念，认为国家法和少数民族习惯法存在二元对立关系；用刑事和解、恢复性司法等西方现代法律理论来附会藏族"赔命价"习俗，而忽视"赔命价"习俗中根深蒂固的等级制、重视经济效益的价值取向等负面因素。理论的创新固然困难，但拿来主义也不是解决问题的方法，少数民族习惯法研究中真正有意义、有价值的理论一定要植根于少数民族习惯法的历史和现实实践中，只有深入少数民族丰富多彩的法律生活中去，才能发现问题、思考问题，才能在思考问题的过程中形成自己的理论。

三是研究者提出的对策缺乏现实关怀和国家情怀。少数民族习惯法研究主要集中在对事实的描述和分析方面，这样的研究具有较高的学术价值，是对策研究的前提和基础，可以说没有好的学术研究就没有好的对策研究，因此不能否认学术研究的价值和意义。但少数民族习惯法研究中很少有纯粹的学术研究，大部分研究都涉及对策。因为一些研究者未进行深入的田野调查，对少数民族习惯法的现实情况并不了解，也未能对少数民族习惯法进行深入的理论思考，因此提出的对策就缺乏现实针对性。实际上，好的对策研究一定是好的学术研究，所以必须有问题意识，带着问题进入田野进行深入的调查，在调查、收集案例和个案的基础上进行认真的理论思考，方能提出好的对策。另外，有一部分研究者未注意到我国的少数民族大多居住在边疆，少数民族习惯法就不仅仅是其内部规范，它还涉及国家法制统一、国家领土完整、边疆稳定与安宁等关系到中华民族命运共同体存续的重大问题，因此少数民族习惯法研究，特别是少数民族"习惯法"的现代化不是一个单纯的学术问题。少数民族习惯法的现代化关系到中华民族法律共同体的构建，关系到超越族群的国家法律认同的构建，关系到法律凝聚力的建构，关系到民族地区的法治社会建设，因此它不能是一个自然进化的过程，而是一个在国家主导下的规划的制度变迁。当然，国家主导并不意味着不给少数民族存在了几百上千年的习惯法留下制度空间，而是说少数民族习惯法必须经过筛选和转化才可进入国家主导的秩序体系中。

由于笔者学力有限，对第一个问题仍无力解决，但在田野调查所搜集资料的基础上，在对前人研究的反思中，尝试寻求解决第二和第三个问题的方法。

# 第二章

# 主要概念的界定与厘清

## 一、"民族"概念辨析

"民族"乃意义复杂之"大词",人们在不同的意义上使用该词,甚至在同一篇文章的不同地方使用的"民族"一词的意思也不尽相同,因此厘清"民族"的概念就成为科学研究的起点。关于汉语"民族"一词的来源,学界有西方舶来说、日本传入说和固有概念说三种不同观点,下面对"民族"一词的概念加以溯源性探讨。

### (一)西方语言文字中的"民族"概念

在西方,虽然"民族"作为独立的研究对象迟至十八九世纪才发生,但其词源却可以追溯到西方文明的起点——古希腊。拉丁文(ethnos)、英文(ethnic、ethnicity、ethnology、people)、法文(peuple)、德文(volk)、俄文(Народы)等欧洲表示"民族"相关概念的词语的词根均源自古希腊文——ethnos。

希腊语言文字中具有汉语"民族"含义的词共有两个,即ethnos和genos。Ethnos译为"某一个城邦的公民群体",如希罗多德就将阿提卡人称为"ethnos";或"某一建有若干城邦的人口群体",如希罗多德将建有多个城邦的伊奥奈斯人也视为一个ethnos;ethnos还可用于外邦人群体,如米底人和波斯人也被叫作"ethnos"。另外,ethnos的范围可大可小,它既可以用来指称某个公民群体的整体,也可以用来指称某一个组成部分,如斯基泰人全体与其组成部分之一的阿利佐奈斯人均可称为ethnos。由此可见,古希腊人使用ethnos这个概念比较随意,其意思兼有现代语言中的"民族""部族",乃至"国民"等多种含义。ethnos被视为一个地理、政治或文化统一的群体。

Genos则被视为一个由共同血缘来维系的群体,即血缘共同体。多利斯人部族的科林斯人和其他多利斯人被叫作 genos，其原因就在于他们拥有共同的多利斯血缘。genos 具有"出身""血缘""后代"等含义。

随着古希腊社会的发展，特别是一系列旨在打破血缘关系纽带的政治改革，使古希腊社会由血缘共同体向地域共同体过渡，ethnos 逐渐取代 genos，用以表示"族类共同体"，并成为后世欧洲表示"民族"相关词语的词根，用以表示"人种""种族""民族"等相关含义。

拉丁文中还有 nation 一词也与"民族"相关，其本意为 birth（出生）或 race（种族），表示 tribe（部族）或 social group（社会集团），强调具有相同的血缘关系和共同的语言。但 17 世纪以来，随着欧洲民族国家的出现，"nation"一词被法学家用来指称主权国家内的统一民族，即汉语所谓的"国族"或"人民"，甚至直接用其称呼作为政治实体的民族国家。

19 世纪，为了不使 nation 的上述两种意思混淆，在其基础上又创制出 nationality 一词，用以泛指作为"族类共同体"的"民族"，包括构成国族的各种"族群"（ethnic group）。①但 nationality 同时还有"国籍""独立国地位"等义项，所以仍没有完全脱离 nation 作为"民族、国家"的意义干扰。

1851 年至 1852 年，瑞典法学家布伦奇里（Bluntschli）在其所著的《普通国家法》一书中概括民族为"民俗沿革所生之结果也。民族最要之特质有八：1. 其始也同属一地；2. 其始也同一血统；3 同其肢体形状；4. 同其语言；5. 同其文字；6. 同其宗教；7. 同其风俗；8. 同其共计。由这八种因素相结合，并传之子孙，久而久之，则成为民族"②。布伦奇里认识到"民族"必须具有共同特征，但未认识到"民族"的阶级性、历史性。只有随着马克思主义经典作家进入"民族"领域，"民族"研究才进入一个新的阶段。

（二）马克思主义经典作家的"民族"概念

西方对"民族"理论做出重大发展的是马克思主义经典作家，他们在继承

---

① ethnic group 的含义更复杂而且极具场景性。ethnic 由希腊文 ethnos 演变而来，14 世纪进入英语世界，根据 Collins English Dictionary，其意为"野蛮人或异教徒，或既非犹太人又非基督徒的异邦人"。ethnic group 侧重人的文化背景，不受时空限制。美国英语中的 ethnic groups 主要与文化、语言、习俗相关，与民族没有关系；法语中的 ethnic 仅指白人中讲法语的人，包括瓦隆人、讲法语的瑞士人、魁北克人，但不包括非洲讲法语的人。具体参见：周旭芳. 1998 年民族概念暨相关理论问题专题讨论会综述 [J]. 世界民族，1999（1）：78-81.

② 《中国大百科全书》总编辑委员会民族编辑委员会. 中国大百科全书（民族卷）[M]. 北京：中国大百科全书出版社，1986：302.

西方传统"民族"观点——具有共同语言和风俗习惯的"族类共同体"——的同时,升华了对"民族"的认识,明确界定了"民族"的概念。

1. 马克思、恩格斯关于"民族"的论述

马克思、恩格斯没有对"民族"下定义,但在他们的著作中明确指出"民族"的许多特征,早在 1842 年马克思写的《评普鲁士最近的书报检查》中就使用了"民族感"这个词。此后,在他们的著作中更是多次使用到"民族"以及相关词汇。

马克思、恩格斯经常使用的意为"民族"的德语词为 Volk（Völker）、Nation 和 Nationalität。马克思、恩格斯在 1848 年发表的《共产党宣言》这一划时代的名著中,首次并多处使用"Volk（Völker）"这个词,其意为原始社会到社会主义社会各个阶段各种各样的"人的共同体"。① 显然,这里的"民族"在最广泛的意义上被使用,没有特殊的含义,只是人们结成的共同体,可以基于职业划分,如 Jagervölker（打猎民族）、Hirtenvölker（游牧民族）、Bauernvölker（农业民族）和 Handelsvölker（商业民族）等;可以基于阶级划分,如 Bourgeoisvolker（资产阶级民族）;可以基于国别或分布地区划分,如德意志民族、英吉利民族、法兰西民族、高卢民族、斯堪的纳维亚民族;可以根据文明程度划分,如蒙昧民族、野蛮民族、半开化的民族、文明民族;可以根据政治属性划分,如革命民族、反革命民族、征服民族、被征服民族、被压迫民族;还可以根据文化宗教划分,如天主教民族、基督教日耳曼民族、哥特民族、拉丁民族;等等。

马克思、恩格斯已经意识到语言、地域和共同的文化与生活方式对构建 Volk（Völker）的重要性。马克思认为语言是集体的产物,他说:"语言本身——这是一定共同体的产物……这种集体的成员,除了只有语言等之外,并没有什么共同的。"② 恩格斯认为在民族的形成过程中,人们对血统方面的记忆越来越淡薄,"余下来的仅仅是共同的历史和共同的语言"③。

关于共同地域,马克思在论述原始的狩猎民族和畜牧民族时,强调其共同

---

① 中共中央马克思恩格斯列宁斯大林著作编译局. 马克思恩格斯全集：第 4 卷 [M]. 北京：人民出版社,1958：469-470,487-488.
② 马克思. 资本主义生产以前各形态 [M]. 北京：人民出版社,1956：26.
③ 具体分别参见：中共中央马克思恩格斯列宁斯大林著作编译局. 马克思恩格斯全集：第 16 卷 [M]. 北京：人民出版社,1964：176；中共中央马克思恩格斯列宁斯大林著作编译局. 马克思恩格斯全集：第 19 卷 [M]. 北京：人民出版社,1963：540.

防守和利用的区域,他说:"在美洲、在蒙昧的印第安部落中,狩猎地区便是这一类的财产;部落把某一地区认为是自己的狩猎范围,并用强力保护它以反对其他部落或者企图把其他部落从他们所占有的范围内赶出去。在游牧的畜牧部落中,公社事实上往往聚集在一起……在这里,被占有的和再生产的事实上只是畜群而不是土地,但是,土地在每一个停留地上都暂时为共同利用。"① 恩格斯在论述易洛魁部落之间的中立地带时说:"这种并不是有一定界限划分开来的地区,乃是部落的共有土地,而为相邻部落所承认。"②

马克思还认为作为"人的共同体"的 Volk（Völker）具有共同的文化和生活方式。他在论述游牧民族时,提到他们共有的生活方式。他认为即使在原始时代各民族都已经有自己共同的历史传统、经济活动和文化生活方式,每个民族在风俗习惯、艺术、神话传说和宗教仪式方面都有自己的共同性,原始民族的这种共同性主要表现在共同体内部。

简言之,马克思和恩格斯把原始时代的,包括氏族部落在内的人们共同体称为"民族"（Völker）,把后来阶级社会形成的人们共同体也通称为"民族"（Völker）,这是因为从一般的特征来说,它们在不同的程度上都具有语言、地域和生活方式等的共同性。③

马克思、恩格斯提到"民族"时,经常使用的其他德语词为 Nation 和 Nationalität。如"古代人一致认为农业是适合于自由民的唯一事业,是训练士兵的学校。从事农业,使民族（Nation）的古老部落基础得以保存;而在那居住外来商人和工业者的城市里,民族（Nation）便起了变化"④。再如《共产党宣言》中写道,"共产党人同其他无产阶级不同的地方只是:一方面,在无产者不同的民族的斗争中,共产党人强调和坚持整个无产阶级共同的不分民族（Nationalität）的利益"。

恩格斯在其著作《家庭、私有制和国家的起源》中也用到 Nation 和 Nationalität,如"不论这四百年看起来多么像白白度过。可是留下了一个重大的成果,这就是一些现代的民族（Moderne Nationalität）,亦即西欧人类为了未来的历史而实现的新的形成和新的组合。……使统治者和被统治者都显得同样滑

---

① 马克思. 资本主义生产以前各形态［M］. 日知,译. 北京：人民出版社,1956：27.
② 恩格斯. 家庭、私有制和国家的起源［M］. 中共中央马克思恩格斯列宁斯大林著作编译局,译. 北京：人民出版社,1986：87.
③ 林耀华. 关于"民族"一词的使用和译名的问题［J］. 民族研究,1963（2）：171-190.
④ 马克思. 资本主义生产以前各形态［M］. 日知,译. 北京：人民出版社,1956：12.

稽可笑的这方面的最新成就，就是俾斯麦民族（Nation）的新德意志帝国"。

根据上述马克思和恩格斯的文本，可以看出虽然德文的 Nation 和 Nationalität 都被译作"民族"，但实际上二者的差异还是比较大的。恩格斯所使用的德语词 Nation 和 Nationalität 与其对应的英语词 nation 和 nationality 的传统用法一致。恩格斯著作中使用的德语词"Nation"相当于英语中的"nation"，德语词"Nationalität"相当于英语中的"nationality"。Nation 的含义与国家紧密相连，译作"民族"时也强调的是"国族"，即属于某一国家的"族类共同体"。Nationalität 的意思则是"Nation 的一个组成部分"；或指具有一种某 Nation 的身份地位（国籍）；或指有建立 Nation 的可能但事实上还未建立 Nation 的"人的共同体"（Volk）。① 简言之，Nationalität 指较小、较落后的民族，是 Nation 的组成部分。只有在单一民族（Nationalität）组成民族国家（Nation，nation-state）时，Nation 与 Nationalität 才是重合的概念。

恩格斯经常用 Volk（Völker）表达"民族"的意思，但他也偶尔采用 Völkerschaft（Völkchen）这个德语词，如"在荷马的诗中，我们发现，希腊的各部落，在多数场合之下，已联合为不大的部族（Völkerschaft）；在这种部族内部，氏族、胞族及部落，还完全保存他们的独立性……各个部族（Völkchen）为了占有最好的土地及掠夺战利品，进行不断的战争，以军事俘虏充作奴隶，已成为公认的制度了"②。此段文字中"Völkerschaft""Völkchen"两个德语词意思一样，可以通用，指从原始部落（Hauptstämme）分裂发展出来的人的共同体。Völkerschaft（Völkchen）一般译作"部族"，但也含有"民族"之意，特别是列宁、斯大林在使用其俄语相应文字"национальность"时，它的意思就是"民族"，特指那些较落后的"民族"，或是殖民地、被压迫的"民族"。③

马克思、恩格斯虽然未对"民族"做出明确的界定，但他们对"民族"的概念做出了精辟的论述，如"民族"是人的共同体，语言、地域是"民族"的必备条件，"民族"的划分不应以血缘为基础。这为后来无产阶级的"民族"观，特别是斯大林的"民族"概念提供了理论基础。

---

① WAHRIG G. Deutsches Worterbuch [M]. Berlin: Bertelsmann, 1972.
② 恩格斯. 家庭、私有制和国家的起源 [M]. 中共中央马克思恩格斯列宁斯大林著作编译局，译. 北京：人民大学出版社，1986：100.
③ 林耀华. 关于"民族"一词的使用和译名的问题 [J]. 民族研究，1963（2）：174.

2. 列宁、斯大林对"民族"的界定[①]

在列宁的著作中,"民族"一词频频出现。按地域划分的民族有法兰西民族、德意志民族、奥地利民族、挪威民族、俄罗斯民族、(俄国境内的)非俄罗斯民族、巴尔干民族、波兰民族、犹太民族、图瓦什民族、格鲁吉亚民族、东方民族等;按政治属性划分的民族有独立民族、被压迫民族、压迫民族、革命民族、反动民族、统治民族、被统治民族、殖民地民族等;按社会阶层和职业划分的民族有工人民族、农民民族、庄稼汉民族、资产阶级民族等;按历史和发展程度划分的民族有历史民族、现代民族、未开化民族、落后民族、先进民族等;还有大(小)民族、多数(少数)民族、有(无)生命力的民族、边疆民族等各种各样的民族。

列宁使用的"民族"对应的俄语词有四个,即нация、Народ、Национальность、Народность。杨须爱认为列宁使用最频繁的词为"нация",如"从马克思主义的观点来看……'祖国、民族(нация)'——这是历史的范畴"[②],又如"民族(нация)是社会发展到资产阶级时代的必然产物和必然形式"[③]。列宁在最广泛意义上使用"нация"一词,它既指现代社会以前的民族,又可以指现代社会的民族,类似于马克思和恩格斯著作中使用的 Volk (Völker)。

列宁使用的"民族"一词的第二个俄语对应词为"Народ"。杨须爱在对列宁著作进行梳理后发现,"Народ"一词在列宁的著作中有两层含义:一层含义与нация基本相同;一层含义与中文的"人民"相同,其单数形式"Народ"被译为"人民",其复数形式"Народы"则有时被译为"人民",有时又被译为"民族"。

---

[①] 因为笔者不谙俄语,列宁、斯大林关于"民族"的研究以俄文写成,这些俄文著作对中国的"民族"概念以及"民族"理论均产生了重大影响,因此不能缺漏,此部分较多地参考:杨须爱. 马克思主义经典作家"民族"概念及其语境考辨——兼论"民族"概念的汉译及中国化 [J]. 民族研究, 2017 (5): 1-16, 123. 在此特别申明并表示感谢。

[②] 中共中央马克思恩格斯列宁斯大林著作编译局. 列宁全集: 第28卷 [M]. 北京: 人民出版社, 1990: 303. 转引自: 杨须爱. 马克思主义经典作家"民族"概念及其语境考辨——兼论"民族"概念的汉译及中国化 [J]. 民族研究, 2017 (5): 1-16, 123.

[③] 列宁专题文集·论马克思主义 [M]. 北京: 人民出版社, 2009: 30. 转引自: 杨须爱. 马克思主义经典作家"民族"概念及其语境考辨——兼论"民族"概念的汉译及中国化 [J]. 民族研究, 2017 (5): 1-16, 123.

列宁使用的"民族"一词的第三个俄语对应词为"Национальность"。列宁使用该词表达两方面的意思：一是一国境内的某个"族类共同体"；二是泛指一国境内的"一切民族"。两者是包含与被包含的关系，前者是后者的一个组成部分，用俄语的词来说就是нация是Национальность的一种。那么，列宁著作中使用的词Национальность就类似于马克思、恩格斯著作中使用的德语词Nation。

列宁所使用的"民族"一词对应的俄语词出现频率最低但含义最明确的是"Народность"，它主要指的是苏联境内除俄罗斯族之外的其他民族，如他写道："反对人为的俄罗斯化，也就是说，反对把非俄罗斯民族俄罗斯化。"①

列宁并未对"民族"一词下过确切的定义，而且在使用"民族"的四个对应俄语词时也未做严格的区分，四个词的"意涵交集明显，界限并不清晰"②。但列宁提出"民族"的构成需要共同的地域和语言，1902年在《崩得在党内的地位》一文中，他引用卡尔·考茨基的话说："一个民族没有一定的地域是不可想象的"，接着又说："民族这个概念要以一定的条件为前提……民族应当有它发展的地域……一个民族应当有它共同的语言。"③

斯大林承袭并发展了马克思、恩格斯、列宁的民族思想，他丰富了民族的一般理论、民族问题及其解决方法的理论体系，他是马克思主义经典作家中唯一对"民族"概念进行完整科学界定的无产阶级理论家。1913年，斯大林在《马克思主义与民族问题》一文中在分析近代欧洲民族现象、民族运动之后，提出"民族（нация）是什么呢"的问题，接着回答道："民族是人们在历史上形成的一个有共同语言、共同地域、共同经济生活以及表现于共同文化上的共同心理素质的稳定的共同体。"④

---

① 中共中央马克思恩格斯列宁斯大林著作编译局. 列宁全集：第20卷［M］. 北京：人民出版社，1958：20.
② 杨须爱. 马克思主义经典作家"民族"概念及其语境考辨——兼论"民族"概念的汉译及中国化［J］. 民族研究，2017（5）：1-16，123.
③ 中共中央马克思恩格斯列宁斯大林著作编译局. 列宁全集：第7卷［M］. 北京：人民出版社，1959：83.
④ 中共中央马克思恩格斯列宁斯大林著作编译局. 斯大林全集：第2卷［M］. 北京：人民出版社，1953：294.

斯大林在提出"民族"概念时使用的俄语词为"нация",结合其前期的论述①与后来在其他场合的辨析②,读者不难发现虽然斯大林与列宁一样,均使用 нация 表示"民族",但与列宁在广泛意义上使用 нация 不同,斯大林使用的 нация 有前提条件,其存在以资本主义生产方式的确立为基础,这里的"民族"指的是现代民族,这样斯大林就给 нация 这个普通的俄语词赋予了新的现代意义。

与列宁一样,斯大林还使用"Народ""Народность""Национальность"三个俄语词来表示"民族"之意。与列宁不加区别混用这三个词不同,斯大林在使用时虽然也存在交集,但指向是比较清晰的:Народ 是指"落后民族""原始民族";Народность 是指"部族"或资本主义社会以前的"民族";Национальность 是指抽象意义上的"民族",即"民族性"。③

斯大林的民族定义,一方面,强调民族的历史性,沿袭了马克思、恩格斯和列宁关于民族特征的论述,继承了他们使用辩证唯物主义和历史唯物主义分析民族现象和民族问题的方法论;另一方面,批判当时盛行的伦纳尔和鲍威尔的唯心主义民族观,明确指出民族是社会发展到一定历史阶段的产物,有其自身的产生发展和消亡的运动轨迹,不与人类社会相伴相生,也不会永恒存在。另外强调民族特征的整体性,他指出:"把上述一个特征单独拿来作为民族的定

---

① 在提出"民族"概念之前,斯大林写道:"这个共同体不是种族的,也不是部落的。现今的意大利民族是由罗马人、日耳曼人、伊特拉斯坎人、希腊人、阿拉伯人等组成的……英吉利民族、德意志民族也是如此,都是由不同的种族和部落的人们组成的。但无疑地不能称为民族(нация),这不是民族,而是偶然凑合起来的、内部缺少联系的集团的混合物,其分合是以某一征服者的胜败为转移的。"具体参见:中共中央马克思恩格斯列宁斯大林著作编译局.斯大林全集:第 2 卷 [M].北京:人民出版社,1953:292.据此可以看出斯大林在给"民族"下定义时,除了强调民族的内在凝聚力外,还强调他所谓的"民族"与以往诸概念不同。

② 斯大林在1913年以后,又通过信件的方式提醒注意,他所谓的"民族(нация)"与人们通常的理解不同,在信中他写道:"你们的严重错误之一就是:你们把现有的一切民族都搅在一起,看不见它们之间的原则差别。世界上有各种不同的民族,有一些民族是在资本主义上升时期发展起来的,当资产阶级打破封建主义和封建割据而把民族结合为一体并使它凝固起来了。这就是所谓'现代'民族(нация)。"具体参见:斯大林.民族问题和列宁主义(答梅仕科夫、科瓦里楚克及其他同志)[M]//中国社会科学院民族学与人类学研究所民族理论室.马克思主义经典作家民族问题文选·斯大林卷.北京:社会科学文献出版社,2016:413.

③ 杨须爱.马克思主义经典作家"民族"概念及其语境考辨——兼论"民族"概念的汉译及中国化 [J].民族研究,2017(5):1-16,123.

义是不够的……实际上并没有唯一的民族特征,而只有各种特征的总和……民族是由所有这些特征结合而成的。"① 斯大林民族特征整体性的观点,从根本上否定了"民族文化自治"或根据文化实行"民族自决"的可能性。另外,斯大林还认为"民族之间还存在旧的资产阶级制度遗留下来的事实上的不平等……这种形势要求规定一些措施来帮助各落后民族和部族的劳动群众在经济、政治和文化上繁荣起来"②,因此,必须在坚持民族平等的前提下来解决民族地区存在的问题。正如金炳镐所言:"斯大林的民族定义既有马克思主义民族理论的依据,也有客观的科学基础,同时还有明显的针对性。"③

(三)中国传统固有"民族"观溯源

十月革命给中国送来了马克思列宁主义的同时,马克思列宁主义的"民族"观念,特别是斯大林的"民族"概念也开始在中国传播,但任何外来的思想要在中国生根发芽,必然受到中国固有传统的影响甚至改造,也就是今日所谓之"中国化"。马克思列宁主义的民族观也不能不受中国固有民族观念与思想的浸染,才能形成今日中国反复强调的"民族"概念。

我国传统文化对概念并不孜孜以求,没有出现对"民族"概念进行界定的文献。但博大精深的中国文化中出现了一些与"民族"近义的字与词。前者如"族",后者如"华夷""五方之民""族类""民族"等。

"族"最早出现在甲骨文中,乃一象形文字,根据《说文解字》的释义,其左边为一面旗帜,右边为箭头,是指以家族氏族为单位的军事组织。④ 后来随着国家的出现,国家组织垄断军事,"族"的军事性质逐渐减弱消亡,右边的"矢锋"之意淡化,"标众"之意渐显,"族"演变为一个分类概念。⑤ 此后,附以"族"表示人的类别的词逐渐增多,如确定亲属关系的"九族""宗族""家族""父族""母族""舅族""妻族""姻族""亲族";区别社会地位的"皇族""王族""公族""贵族""豪族""士族""庶族""望族""贱族";区分华夷和姓氏的"氏族""部族""种族""异族"等。⑥ 确定亲属关系、社会地

---

① 中共中央马克思恩格斯列宁斯大林著作编译局. 斯大林全集:第2卷[M]. 北京:人民出版社,1953:295-298.
② 中共中央马克思恩格斯列宁斯大林著作编译局. 斯大林全集:第5卷[M]. 北京:人民出版社,1957:35.
③ 金炳镐. 有关民族定义的一些问题[J]. 民族研究,1985(4):12-16.
④ 周策纵. 原族[J]. 读书,2003(2):99-106.
⑤ 郝时远. 先秦文献中的"族"与"族类"观[J]. 民族研究,2004(2):36-46,108.
⑥ 郝时远. 中文"民族"一词源流考辨[J]. 民族研究,2004(6):60-69,109.

位和姓氏的词语中的"族"表示某一类"人的共同体",与今日"民族"之意蕴不同;但区别华夷的"部族""种族""异族"与今日之"民族"概念类似,含义存在交集。

古代"大一统"秩序体系之下,"华夷"之别、"夷夏之辨"表明古人已经具有明确的族别意识,"诸夏"为同族,南蛮、北狄、东夷、西戎的称呼也具有族属分类的性质。"修其教,不易其俗;齐其政,不易其宜"① 在表达一种开明的政治态度的同时,也诉说着正统文化的优越感。与西方"民族"概念强调"人的共同体"不同,古代中国的"内诸夏而外夷狄"观念乃以文化作为划分华夷的标准。魏晋南北朝时期,北方少数民族政权称自己为"夏",而贱称南方汉族"岛夷",这正是文化民族观的体现。

与"华夷"观相映成趣的是"五方之民"的观念。"五方之民"最早见于《礼记·王制》:

> 凡居民材,必因天地寒暖燥湿,广谷大川异制,民生其间者异俗;刚柔轻重迟速异齐,五味异和,器械异制,衣服异宜。修其教,不易其俗;齐其政,不易其宜。
>
> 中国戎夷,五方之民,皆有其性也,不可推移。东方曰夷,被发文身,有不火食者矣;南方曰蛮,雕题交趾,有不火食者矣;西方曰戎,被发衣皮,有不粒食者矣;北方曰狄,衣羽毛穴居,有不粒食者矣。中国、夷、蛮、戎、狄,皆有安居、和味、宜服、利用、备器;五方之民,言语不通,嗜欲不同。达其志,通其欲:东方曰寄,南方曰象,西方曰狄鞮,北方曰译。

这段话虽未出现"族""民族"等字眼,但以今日之"民族"观视之,则颇符合民族划分之标准,如共同的地域(东方曰夷、南方曰蛮、西方曰戎、北方曰狄)、共同的语言(五方之民,语言不通)、共同的风俗习惯(东方被发文身、不火食,南方雕题交趾、不火食,西方被发衣皮、不粒食,北方衣羽毛穴居、不粒食)以及表现于共同文化上的共同心理素质(达其志、通其欲)。

"族类"也常见于我国古文献中,是一个内涵不清晰的分类概念。"族类"

---

① 郑玄,注,孔颖达,疏. 十三经注疏·礼记正义·王制 [M]. 北京:北京大学出版社,1999:398.

最初用来指"同一氏族的人",如"非我族类,其心必异"①"人民不聊生,族类离散,流亡为仆妾者,盈满海内矣"②;后引申为指"同一条心的人",如"莽曰:'宗属为皇孙,爵为上公,知宽等叛逆族类,而与交通'"③。"族类"还可以用来指汉族以外的其他民族或包括汉族和少数民族在内的国族。前者如明代方孝孺在《正俗》中写道:"宋亡,元主中国者八十余年……然而暴戾贪鄙,用其族类以处要职,黩货紊法,终以此乱。"此处的"族类"即指蒙古族,这里的"族类"就具有族别属性。后者如洪仁玕在《诛妖檄文》中所写的"事事坏我纲常,条条制我族类",这里的"族类"乃"民族"之意,指中华民族。

在中国古代文献中,"民族"一词的确少见,但检诸"古代经史子集检索系统",还是发现一些文献中出现"民族"两字,将意思不明确、指称百姓或宗族的义项排除,共有四例,兹列于下:

例1 舟以济川,车以征陆。佛起于戎,岂非戎俗素恶邪(耶)?道出于华,岂非华风本善邪(耶)?今华风既变,恶同戎俗,佛来破之,良有以矣。佛道实贵,故戒业可遵;戎俗实贱,故言貌可弃。**今诸华士女,民族弗革,而露首偏踞,滥用夷礼**,云于剪落之徒,全是胡人,国有旧风,法不可变。④

例2 太古之时,人不识其父,蒙如婴儿。夏则居巢,冬则居穴,与鹿豕游处。圣人以神任四时,合万物于无形而神知之矣!过此以往非,神不足以见天地之心,非心不足以知胜败之术。夫心术者,尊三皇,成五帝。贤人得之,以伯四海,王九州;智人得之,以守封疆、**挫勍敌;愚人得之,以倾宗社、灭民族**。故君子得之固穷,小人得之倾命。

是以,兵家之所秘而不可妄传,否则殃及九族。⑤

例3 草茅臣日休见**南蛮**不宾,天下征发,民力半毙,乃为赋以见其志。词曰:上有太古,粤有**民族**。颛若混冥,愚如视肉。当斯时也,

---

① 左丘明,传,杜预,注,孔颖达,疏.十三经注疏·春秋左传正义·成公四年[M].北京:北京大学出版社,1999:717.
② 司马迁.史记·春申君列传[M].北京:中华书局,1963:2391.
③ 班固.汉书·王莽传[M].北京:中华书局,1964:4153.
④ 萧子显.南齐书·高逸传[M].北京:中华书局,1972:934.
⑤ 李筌.神机制敌太白阴经·序[M/OL].汉程网,2016-08-26.

虽三王之道不能化，五帝之泽不能沐。迨乎混沌起，觇视瞻分，其形也有精有神，其心也有伪有真。既凋其质，又秀其纯。有智有机，有义有仁。有怨有怼，有悲有辛。①

例4 臣闻汉王都关中而曰：游子悲故乡。是山川闾里故旧未忍忘也。陛下曾念**中原之民族**、故国之宫阙乎！②

例1中的黑体字部分"今诸华士女，民族弗革，而露首偏踞，滥用夷礼"可译为现在那些汉族成年女子，她们的族别还未改变，却抛头露面，滥用胡人的礼仪。本句华夷相对，此处的"民族"具有族属之分。邸永君认为"这里'民族'一词之含义，与当前我们经常应用的'民族'的含义几乎相同……南北朝时期在区别不同民族时，已运用以文化本位为基础的'华夷之辨'的认同标准"③。

例2中的黑体字部分"愚人得之，以倾宗社、灭民族"，意为愚蠢之人因此而亡国灭族。这里的"民族"既可以作为"宗族""家族""九族"等具有亲属等级或姓氏意义的词，也可以理解为包括统治者与被统治者的"国族"，与今日"民族"的含义有交集的可能性。

例3中的"民族"与前面提到的"南蛮"结合起来，可以理解为"南蛮之民"，译成现代汉语即"南方的民族"，其族别意味甚浓。

例4为宋高宗绍兴三十一年（公元1161年）和州进士何迗（一说为"廷"）英给赵构上书之一部分，其上书痛陈失去京都洛邑动摇"诸夏之根本"之悲情。黑体字部分"中原之民族"指沦陷于金政权统治之下的平民百姓，包括中原各族民众，但其主体为汉族民众。此处的"民族"指"民众之族类"，主要基于身份地位而划分，具有类似于"宗族"的属性。由此可见，"民族"可以用来指称汉族民众，乃古代汉语的固有用法。④

综上所述，中国固有文字中有"族""族类""种族""异族""民族"等

---

① 皮日休. 皮子文薮·忧赋 [M]. 上海：上海古籍出版社，1981：23.
② 徐梦莘. 三朝北盟会编：卷二二七 [M]. 上海：上海人民出版社、迪志文化出版有限公司，2006：3392.
③ 邸永君."民族"一词见于《南齐书》[J]. 民族研究，2004（3）：99.
④ 近代以来，关于汉族能否称之为"民族"和"中华民族是不是一个"的问题引起激烈争论，因为若严格按照斯大林的"民族"概念，将汉族称为"民族"和"中华民族是一个"的观点确实有可商议之处，但揆诸中国固有民族文化传统，就不称其为问题。具体讨论参见：马戎."中华民族是一个"：围绕1939年这一议题的大讨论 [C]. 北京：社会科学文献出版社，2016.

字词，虽然它们在大多数时候具有区分亲属关系和身份贵贱的分类意义，但有时又具有区分"华夷"的功能，从而与今日之"民族"概念发生交集。古代汉语中的"华夷""夷夏""五方之民"强调华夷之别，具有明显的民族意识。"族""族类""种族""异族""民族"与"华夷""夷夏""五方之民"等字词共同铸造了中国古代"民族"的"意义之林"。"民族"一词乃中文之固有词，并非舶来品，它对近现代中国民族概念的界定与民族观念和理论的形成产生较大影响。

中国传统固有"民族"观具有自己的特色：一是因"民族"的概念由"族"和"宗族"等演化而来，因此强调"族类共同体"具有共同的血缘关系，这与马克思主义经典作家强调地域共同体不同。我国的各个民族都强调在创世时期具有共同的血缘关系，甚至"四方之民"也将其血统与中原血统联系起来，编造与中原共同祖先的神话传说。之所以出现这种现象可能与早期的国家形成有关，古希腊时期血缘纽带很早就被打破，人们按照居住的共同地域来组织"人的共同体"。而中国古代在国家形成时期，血缘纽带并未打破，相反还得以强化，国不过是家的延伸和扩大，国家政权建立在宗法制度之上。二是与斯大林所预设的现代民族存在的前提是资本主义上升阶段不同，我国"民族"的形成与国家的建立相伴，随着"诸夏"政权的建立，出现了"自我"与"他者"的界分，所以我国"民族"的历史非常久远。三是在传统文化中，"民族"并非一个内涵和外延清晰的概念，它可以用来指居于中原的汉族民众（从这个意义上讲汉族是个"民族"能够成立），也可以用来指称其他的"四方之民"（今日所谓的少数民族）。"民族"在古汉语中，其范围可大可小，具有伸缩性。

（四）近代中国"民族"观念的再造

1840年以来，封闭的东亚大陆被欧美列强撕开一条一条口子，欧美的"民族"观念和思想也乘虚而入，激起晚清到民国的民族主义思潮和现代民族（Nation）的建构，在这股思潮中，国人的族别意识开始觉醒。

"民族"虽为古汉语的固有名词，但近代中国已不能置身于瀛寰之外，"民族"观念也在"欧风美雨"下得以再造，被赋予新的内涵和意义。

1. "民族"观念的发展变化

传统的"民族"观受欧美"国族主义"（state-nationalism）的影响，固有"民族"观焕发出新的生机，已经频繁地在现代意义上使用"民族"与"民族主义"等词。现将使用情况列于下：

（1）昔以色列民族如行陆路渡约耳旦河也，正渡之际，皇上帝尔主宰，令水涸犹干，江海（亦）然，则普天下之民，认皇上帝之全能，且尔恒敬畏之也。（出自德国传教士、汉学家郭实腊创办的《东西洋考每月统记传》道光丁酉年九月［1837年10月］所载《论约书亚降迦南国》一文）①

（2）上海民族繁多，其客民之聚而谋利者又率多桀黠僞巧，治民之道颇难于剂宽猛而得其平。（出自壬申年七月二十一日［1872年8月24日］《申报》所载《论治上海事宜》一文）

（3）夫我中国乃天下之至大之国也，幅员辽阔。民族殷勤，物产饶富，苟能一旦奋发自雄，其坐致富强，天下当莫与颉颃。（出自1874年王韬所撰《洋务在用其所长》一文）

（4）窃惟东西各国之所以致强者，非其政治之善、军兵炮械之精也。在其举国军民，合为一体，无有二心也。夫合千百万之人为一身，合数千百万人心为一心，其强大至矣。不必大国，虽比利时、荷兰、丹麦、瑞典之小，而亦治强也。近者欧美，尤留意于民族之治，凡语言政俗，同为国民，务合一之。（出自1898年6月康有为给光绪皇帝上的奏折《请君民合治满汉不分折》一文）

（5）自《帝系》《世本》推迹民族，其姓氏并出五帝之臣属。（出自1900年章太炎所写《序种姓上》一文）②

（6）今日之欧美，则民族主义与民族帝国主义相嬗之时代也；今日之亚洲，则帝国主义与民族主义相嬗之时代也。专就欧洲而论之，则民族主义全盛于十九世纪，而其萌达也，在十八世纪之下半；民族帝国主义全盛于二十世纪，而其萌达也在十九世纪之下半。今日之世界，实不外此两大主义话剧之舞台也。（出自1901年10月梁启超所撰《国家思想变迁异同论》一文）

---

① 受斯大林现代民族理论影响，黄兴涛认为此例中的"民族"还不是现代意义上的民族，具体参见：黄兴涛."民族"一词究竟何时在中文里出现？[J]. 浙江学刊，2002（1）：168-170. 笔者不赞同该观点，虽然斯大林的民族定义有极高的理论价值，但也存在缺陷，关于现代民族产生的前提条件——处于资本主义上升时期——基于欧洲单一民族国家是成立的，但若将其理论拓展到历史悠久的多民族国家则未必恰当。

② 这里的"民族"还未摆脱固有"民族"概念的干扰，仍具有"宗族"之含义，但因章太炎先生站在革命党"排满"的民族立场上撰写该篇文章，此处的"民族"意为汉族政权，具有"国族"的性质，所以仍然是在现代意义上使用"民族"一词。

<<< 第二章 主要概念的界定与厘清

(7) 日本人十年前，大率翻译西籍……其自叙乃至谓东方民族，无可厕入于世界史中之价值。(出自1902年梁启超所撰《东籍月旦》一文)

(8) 欧夫所谓民族帝国主义者，与古代之帝国主义迥异。昔者有若亚历山大，有若查理曼，有若成吉思汗，有若拿破仑，皆尝抱雄图，务远略，欲蹂躏大地，吞并弱国。虽然，彼则由于一人之雄心，此则由于民族之涨力。(出自1903年梁启超所撰《论新民为今日中国第一急务》一文)

(9) 五洲社会之历史，其繁浩不翅北部之森林也，使无裁制，以先定其论述之义法，将宇宙之大，民族之多，言无统纪，轻重失宜，而卒同于无述，则义法之裁制尚矣。(出自1903年严复所译《社会通诠》一书)

(10) 欧美人常扬言曰：全世界三分之二，为无智无能之民所掌握，不能发宣其天然之富力，以供全球人类之用，此方人满为尤，彼乃货弃于地。故优等民族，不可不以势力压服劣等者，取天地之利而均享之。其甚者以为世界者，优等民族世袭之产业也，优等人斥逐劣等人而夺其利，犹人之斥逐禽兽，实天演强权之最适当而无惭德者也。兹义盛行，而弱肉强食之恶风，变为天经地义之公德，此近世帝国主义成立之原因也。(出自1903年杨度著《游学译编》一书)

(11) 欧美之进化，凡以三大主义，曰民族、民权、民生。罗马之亡，民族主义生，欧洲各国以独立。(出自1905年孙中山所撰《民报发刊词》一文)

这样的文献还很多，限于篇幅，兹不一一列举。

据此，在古代汉语中少见的"民族"一词，到了近代，特别是十九、二十世纪之交，使用却有井喷之势。究其原因，乃近代以来外有西方列强强势文化的强制输入，内有重塑"民族"观念以强国保种的现实需要，一批仁人志士在观照西方"民族"观念的基础上，发现西方的"国族"（nation）观念就是将语言、文化、人民和国家整合为一个有机整体，以利于国民认同的建构，于是他们积极引入经过日本学者改造的汉语"民族"概念①，给"民族"这个存在上

---

① 日本学者用汉语的"民族"翻译西方学者所使用的 Volk、Nation 等词，赋予"民族"新意，具体参见：郝时远. 中文"民族"一词源流考辨 [J]. 民族研究，2004 (6): 60-69, 109.

61

千年的词语赋予新的含义——"国族"（nation）。

词侨"民族"意义的变化在梁启超和孙中山两人的论述中表现得非常明显。梁启超运用瑞士政治学家布伦奇里（Bluntchli Johann Caspar）的民族理论，宣扬"合汉合满合蒙合回合苗合藏，组成一个大民族"的"国族主义"。① 受日本的"民族"（nation）影响，孙中山改变了原来狭隘的"民族主义"（大汉族主义，体现在"驱除鞑虏，恢复中华"的口号中），而上升为"五族共和"的新"民族（nation）主义"，即孙中山所说的："我说民族就是国族……我说民族主义就是国族主义。"② 孙中山还设计了打造"国族"的具体方案："即汉族当牺牲其血统、历史与夫自尊自大之名称，而与满、蒙、回、藏之人民相见以诚，合为一炉而冶之，以成一中华民族之新主义，如美利坚之合黑白数十种之人民，而冶成一世界之冠之美利坚民族主义，斯为积极之目的也。"③ 孙中山第一次在"国族"（Nation）的意义上使用"中华民族"这个概念④，赋予其新的意义。自此以后，"中华民族"就被称为居住在中国的包括汉族在内的各"民族"（Völker）群众的共同认同（identity）。

2. "民族"概念的明确界定

就如在《论语》中找不出"礼"或"仁"等能反映孔子思想精髓的定义一样，"民族"虽为汉语固有词，但翻遍古代典籍，却难觅"民族"定义的蛛丝马迹。对概念的具体含义不做明确界定，正好反映了古代学者对待概念的态度、传统思维方式和中国学术的表达方式，这给学者留下了很大的空间，可以按照需要自由地使用概念。

近代以来，西方的学术范式也随着帝国主义列强的坚船利炮进入他们所至之处。西方学者在进行研究时，为了使自己的研究有明确的范围和建立在科学的基础上，概念界定就成为当务之急。西方学者重视概念界定的研究范式逐渐影响到近代中国学者，如在瑞士政治学家布伦奇里和其他学者、政治家"民族"概念的影响下，近代中国学人与政治家也对"民族"做出了不同的界定，如：

---

① 梁启超. 政治学大家伯伦知理之学说［A］//饮冰室合集（文集第十三册）［M］. 北京：中华书局，1989：76.
② 孙中山. 三民主义［M］. 长沙：岳麓书社，2000：2.
③ 孙中山. 三民主义［M］. 长沙：岳麓书社，2000：220.
④ 虽然梁启超在1902年撰写的《中国学术思想变迁之大势》一书中和1905年撰写的《历史上中国民族之观察》一文中最早并多次使用"中华民族"一词，但任公所谓的"中华民族"就是汉族或其前身华夏族，并不是中国境内各民族的统称。

（1）吾国人皆一汉族而已，乌有所谓满洲人者哉！凡种族之别，一曰血液，二曰风习。彼所谓满洲人者虽往昔有不与汉族通婚姻之制，然吾所闻见，彼族以汉人为妻而生子甚多，彼族妇女及业妓而事汉人者尤多……彼之语言文字、起居行习，早失其从前朴鸷之气，而为北方稗士莠民之所同化，此其风习消灭之证明也。由是而言，则又乌有所谓满洲人者哉？然而满洲人之名词，则赫然揭著于吾国，则亦政略上占有特权之一记号焉耳。（出自1903年4月11—12日《苏报》连载的蔡元培所撰《释仇满》一文）

（2）民族云者，人种学上之用语也……其条件有六：一同血系（此最要者，然因移住婚姻，略减其例）；二同语言文字；三同住所（自然之地域）；四同习惯；五同宗教（近世宗教信仰自由，略减其例）；六同精神体质。此六者皆民族之要素也……民族之结合，必非偶其历史上有相沿之共通关系，因而不可破之共同体，故能为永久的结合。偶然之聚散，非民族也。（出自1905年《民报》所载汪兆铭撰写的《民族的国民》一文）

（3）凡是血裔风俗语言同者，是同民族；血裔风俗语言不同者，就是不同民族。（出自1907年《复报》第9期所载柳亚子撰《民族主义与民权主义》一文）

（4）血缘、语言、信仰，皆为民族成立之有利条件，然断不能以此三者之分野，径指为民族之分野。民族成立之唯一的要素，在"民族意识"之发现与确立。何谓民族意识？谓他人而自觉为我。凡遇一他族即有我中国人浮于脑际，此中华民族之一员。（出自1923年4月梁启超在《史地丛刊》上连续两期发表他在清华大学等题为《中国历史上民族之研究》的演讲稿）

（5）我们研究许多不同的人种，所以能结合成种种相同民族的道理，自然不能不归功于血统、生活、语言、宗教和风俗习惯这五种力。这五种力，是天然进化而成的，不是用武力征服得来的。（出自1924年孙中山的演讲《民族主义》）①

（6）民族形成的重要条件为：一是种族纯一，上溯至相当的年

---

① 孙中山民族概念的"五种力"说，对中华民国时期的民族理论与民族实践都产生了很大影响，1937年出版的《辞海》一书对"民族"一词的阐释就采用了孙中山的观点。

代,不能感觉其种族上之差异,则此等纯一的种族,占民族中的大多数;二是语言,语言为民族构成的要素,其重要,却远在种族之上,虽亦有少数例外,然通常,大都以一个民族,有一种语言——此语言即为此民族所独有为原则;三是风俗,惟风俗统一,然后民族统一,风俗固亦有其成因,然既成之后,则不易骤变;四是宗教,宗教是规定道德、伦理的趋向,及其规范的,其作用,似乎和风俗相类,然宗教能深入人心,而鼓舞其精神,则其力量,非普通的社会规范所及;五是文学,文学是民族的灵魂;六是国土,一群人民,必须有一片土地,为其栖息之所。地理上各处的情形,是不同的,其及于人的影响,也自然不同。所以一群人民,居住在一片土地上,持续到相当的时间,自能发生一种特殊的文化;七是历史,不论什么事,总是时间造成的。惟时间,能使事物成为如此性质;惟时间,能使具有一定性质之物,达于一定的分量。所以无历史的人民,很难说会成为一个民族。一个民族而自弃其历史,也可以说是等于自杀。八是外力,使一民族自觉其为一民族的,是异民族相当的压力。民族的团结,固因外力而促成;即团结既成之后,亦因外力的压迫,而更形坚固。所以外力虽为外的条件,而实是民族构成重要的条件。(根据1935年上海亚细亚书局出版的吕思勉所著《中国民族演进史》一书缩写)

上述近代学者或政治家对"民族"概念的界定,虽有二要素说(蔡元培)、三要素说(柳亚子)、四要素说(梁启超)、五要素说(孙中山)、六要素说(汪兆铭)、七要素说(吕思勉)之别,但近代民族"概念"还是有一些共同的特征的。

第一,上述学说均直接或间接受到西方学者"民族"定义的影响,在对"民族"概念界定时,均强调民族为具有自己特征的稳定的共同体,超越单一"族类共同体",特别是传统的"族类"观强调"宗族"的狭隘视角,逐渐走向构建"国族"的自觉。

第二,近代的"民族"定义中都特别重视共同体的血缘(或曰"血裔""血统""血液""血系""种族",称谓各异,不一而足)。究其原因大致有三:(1)受中国固有"民族"观的影响,强调"非我族类,其心必异",重视"族类共同体"血缘的纯洁性;(2)受西方传统"民族"思想的影响,将

"血缘"作为"民族"识别的重要因素；(3)近代以来，由天朝独尊进入万国杂陈的时代，在华洋共处中重新确立了"我—他"的身份差异，激起了重视血缘的意识。

第三，这些定义虽然大都强调"民族"构成要素中血缘的重要性，但均未采用种族人类学的生物学定义，而是使用文化人类学的文化学定义，重视语言、风俗习惯、宗教等文化要素在形塑"民族"中的重要作用。梁启超关于"民族"的定义则进一步认为"血缘、语言、信仰，皆为民族成立之有利条件"，但他又认为"民族意识"是民族成立之唯一要素。

第四，这些定义均未像前面提到的马克思主义经典作家那样注意到"民族"形成过程中经济因素或生产方式的影响。唯物主义"民族"观作为思想意识形态的组成部分，当然会受到经济或生产方式的影响，因此，斯大林的民族经典定义中把"共同的经济生活"作为"民族"的构成要件。鸦片战争以来的中国正处于传统的农业经济凋敝、自给自足的自然经济解体的时代，新的生产方式还没有建立起来，面对满目疮痍的经济形势，具有强烈民族自尊心与文化优越感的近代学者和政治家是不愿意去揭开心里的伤疤的，他们有意无视民族构成的经济要素，而希望利用几千年的文化优势提振民族自信心和民族自豪感，以"民族"(Nation)作为旗帜来凝聚人心，共同反抗西方列强侵略。

第五，近代"民族"概念与"民族主义"观念具有鲜明的政治性，表现出浓郁的排外色彩。清政府的腐败无能、西方列强的入侵，在亡国灭种的危急时刻，国人的族别意识和国族（种族）意识在与"他者"的碰撞中重新被激活，无论是孙中山所号召的"驱逐鞑虏，恢复中华"，还是魏源所提出的"师夷长技以制夷"，皆未脱离"华夷之辨"的传统排外叙事手法，不同的是此时"夷夏"被置于更广阔的范围。

(五) 中国特色"民族"概念的形成

1. 中共成立后的早期探索（1921—1948）

1921年7月23日，中国共产党成立后，共产党人引入马克思主义经典作家的民族理论，并结合中国固有"民族"观和近代在西方与日本影响下形成的"民族"概念，形成具有中国特色的"民族"概念和民族理论。

在中国共产党成立后的早期文献中，虽然"民族"或"民族主义"等词语经常出现①，但并"没有对民族概念做出界定"，也"没有专门论述民族定义和民族特征的文章"。②"民族"与"种族"的概念一直在混同使用。中国共产党早期对国内少数民族的称谓也经常变化，"二大"称"异种民族"，"三大"称"各该民族"，"四大"称"弱小民族"和"小民族"，直到1926年11月在《中共中央关于西北军工作给刘伯坚的信》中才首次使用"少数民族"。③

这一时期斯大林的"民族"概念开始在中国传播并产生影响。1923年，李大钊在《平民主义》中指出："许多国家的民族间，因为感情、嗜性、语言、宗教不同的原（缘）故，起过多年多次的纷争。"④ 李大钊对民族特征的论述可能就受到斯大林民族定义的影响。1929年，郭真翻译介绍斯大林的"民族"概念，即"民族是历史所形成的'常住的人们共同体'，而且是由于有'共同的言语''共同的居住地域''共同的经济生活'，以及于共同文化中所发现的共

---

① 1922年，党的二大宣言中强调"真正的统一民族主义国家和国内的和平，非打倒军阀和国际帝国主义的压迫是永远建设不成功的"，具体参见：中央档案馆. 中共中央文件选集（第1册）[M]. 北京：中共中央党校出版社，1989：10. 党的二大宣言还提出"民族自治""民族自决"，认为"应该尊重民族自决的精神，不应该强制经济状况不同、民族历史不同、语言不同之人民和我们同受帝国主义侵略及军阀统治的痛苦"，并声明"实行民族自决是对工人、农民和小资产阶级都有利益的，是解放他们脱出现在压迫的必要条件"，具体参见：中共中央统战部. 民族问题文献汇编[M]. 北京：中共中央党校出版社，1991：19-25. 1928年召开的党的六大承认民族自决权，并就国内民族问题做出专门决议，认为"中国境内少数民族的问题（北部之蒙古、回族、满洲之高丽人，福建之台湾人，以及南部苗、黎等原始民族，新疆和西藏）对于革命有重大意义"，具体参见：中共广西壮族自治区委员会党史研究室. 中国共产党与少数民族人民的解放斗争[M]. 北京：中共党史出版社，1999：47. 这一时期，中国共产党的早期领导人也非常关注"民族"问题，在他们的讲话和文章中，"民族"和"民族主义"等字眼也经常出现，陈独秀在《我们的回答》一文中提出了两种民族主义："一是资产阶级的民族主义，主张自求解放，同时却不主张解放隶属自己的民族，这可称作矛盾的民族主义；一是无产阶级的民族主义，主张一切民族皆有自决权……这可称作平等的民族主义"；瞿秋白提出："各民族因之而日益趋于同化各自消灭他的特殊性；这种过程实足以造成将来世界社会主义经济之物质上的前提""应当以苏联为模范，来组织革命的政权——就是使中国境内蒙古、西藏、满洲、回回等民族，完全以自由平等的原则，加入革命的中国"（注：此处"回回"为原资料引文，未修改），具体参见：中共中央统战部. 民族问题文献汇编[M]. 北京：中共中央党校出版社，1991：60-63.

② 祁进玉. 国内近百年来民族和族群研究评述[J]. 广西民族研究，2005（2）：71-81.

③ 中共中央统战部. 民族问题文献汇编[M]. 北京：中共中央党校出版社，1991：45. 但"少数民族"一词最早见于1924年1月发布的《中国国民党第一次代表大会宣言》，宣言中写道："于是国内诸民族因以有机阱不安之象，遂使少数民族疑国民党之主张亦非诚意。"当然这里的"少数民族"与今日所谓"少数民族"含义不同。

④ 中共中央统战部. 民族问题文献汇编[M]. 北京：中共中央党校出版社，1991：56.

同的'心理的能力'而结合的人类共同体"①。

1938年时任中共中央宣传部副部长杨松做"民族殖民地讲座"第一讲"论民族"时才对"民族"做出明确界定，他说："民族不是原始共产社会、奴隶社会的部落、氏族，也不是封建社会的宗族、种族，而是一个历史的范畴，是随着封建主义的崩溃与资本主义的发展过程，从各种不同的部落、氏族、种族、宗族等结成为近代的民族。"② 但比照斯大林的"民族"概念，不难发现杨松的"民族"定义不过是斯大林定义的翻版，无论是构成民族的四要素说还是民族存在的前提条件都有明显的斯大林色彩，但在这个定义中，杨松也有自己的创造，那就是将中国固有的"氏族""宗族"作为构成近代民族的元素。

2. 新中国成立初期的转折（1949—1977）

1949年10月1日，中华人民共和国宣告成立，笼罩在中国人头顶的一百多年的"国族"（nation）危亡的危机消失，"民族"概念从近代以来的"民族—国家"范式内解放出来，国内的"民族"（Volk，即"族群共同体"）问题在社会主义改造和建设中凸显出来，"民族"概念的探讨在马克思主义经典作家，特别是列宁、斯大林为代表的苏联模式框架内展开。如1950年，中国科学院近代史研究所研究员荣孟源就认为："斯大林说的民族特征，是共同语言、共同地域、共同经济生活以及表现于共同文化上的共同心理状况。但是好多民族未来得及踏入资本主义，有些民族还完全没有踏入资本主义，还没有或者差不多还没有自己的工业无产阶级，大抵还保存着牧畜经济和家长式的民族生活……或者还未脱离半家长式半封建生活的原始方式……也可称为民族。"他弱化了民族的经济特征，拓展了斯大林的民族概念，并将其用来指称中国境内的少数民族，他说："用这个理论来观察中华民族，那么我们可以看到汉族及回、藏、彝各民族均可称为'民族'"③。

这一阶段对"民族"概念的讨论主要集中在以下三方面：一是民族形成的时间问题，民族能否在前资本主义社会形成，如苏联学者格·叶菲莫夫依据斯大林的民族理论得出汉族形成于19世纪下半期外国资本主义入侵和本国资本主义发展阶段的结论，范文澜却认为汉族形成于秦汉；二是与"民族"相关的德语词和俄语词的译名问题；三是如何对待斯大林的"民族"定义问题，对斯大林的民族定义开始提出不同的看法。但整体上讲，这个阶段是马克思民族理论

---

① 郭真. 现代民族问题［M］. 上海：上海现代书局，1929：8-15.
② 杨松. 论民族［J］. 解放，1938，47. 转引自：周传斌. 论中国特色的民族概念［J］. 广西民族研究，2003（4）：19-30.
③ 荣孟源. 关于斯大林的民族定义问题［J］. 学习，1950（12）：57.

和斯大林民族定义占统治地位的时代。①

20世纪60年代后期至1978年以前,党中央没有明确地对"民族"概念加以界定,虽然斯大林的"民族"经典概念具有重要地位与作用,但在中央民族工作实践中,还是注重与中国民族的国情相结合。1953年开始的民族识别工作,以斯大林民族构成四要素为主要依据进行民族识别,但考虑到中国少数民族的具体情况,又"增加了民族意愿、历史依据、就近认同三个重要原则"②,这是一次马克思主义民族概念中国化的伟大实践。

3. 改革开放后的重兴（1978至今）

1978年,党的十一届三中全会召开迎来学术的春天。学术上又出现百家争鸣的繁荣景象,对"民族"概念的研究和探讨进入一个新阶段。这个阶段对民族概念讨论的范围更宽广,认识更深刻,成果更丰富。

（1）对斯大林经典民族概念的反思

20世纪八九十年代对"民族"概念的研究,主要围绕斯大林的经典民族概念展开,或辩证地分析斯大林民族概念的积极意义及其局限性,或对斯大林的民族构成要素进行适当增删,或将斯大林的民族概念与其他民族概念、中国传统民族观念进行比较。在关于斯大林民族定义的争论中,有肯定、修正和否定三派不同意见。金天明与王庆仁、马寅、王明甫、杨堃、孙青、金炳镐等研究者认为斯大林的民族概念具有科学性和正确性。金天明与王庆仁建议"根据当前民族学界实际情况,并按约定俗成的原则"将"历史上形成的不同类型的人们共同体定名为氏族、部落、民族（资产阶级民族、社会主义民族）"③。

---

① 周传斌. 论中国特色的民族概念［J］. 广西民族研究, 2003（4）: 19-30.
② 李鸣. 新中国民族法制史论［M］. 北京: 九州出版社, 2010: 27.
③ 具体研究文献参见: 金天明, 王庆仁. "民族"一词在我国的出现及其使用问题［J］. 社会科学辑刊, 1981（4）: 89-94; 马寅. 关于民族定义的几个问题——民族的译名、形成、特征和对我国少数民族的称呼［J］. 中央民族学院学报（哲学社会科学版）, 1983（3）: 3-11, 58; 王明甫. "民族"辨［J］. 民族研究, 1983（6）: 1-23; 金炳镐. 试论马克思主义民族定义的产生及其影响［J］. 中央民族学院学报, 1984（3）: 64-67; 杨堃. 论民族概念和民族分类的几个问题［J］. 中国社会科学, 1984（1）: 49-57; 孙青. 对斯大林民族定义的再认识［J］. 民族研究, 1986（2）: 4-12; 金炳镐. 马克思主义民族形成理论及其在中国的传播［J］. 内蒙古社会科学, 1984（6）: 20-27; 金炳镐. 有关民族定义的一些问题［J］. 民族研究, 1985（4）: 12-16; 金炳镐. 试论斯大林民族定义的特点［J］. 广西民族研究, 1987（1）: 95-98; 陈克进. 关于民族定义的新思考［J］. 云南社会科学, 1992（6）: 65-69; 闵昊. 论民族的产生及民族概念［J］. 黑龙江民族丛刊, 1993（1）: 34-38; 金炳镐. 民族理论通论［M］. 北京: 中央民族大学出版社, 1994.

敬东、彭英明、李振锡、熊锡元、都永浩、陈克进、张达明、董强等学者则认为总体上讲,斯大林的民族定义是科学的,但并不意味着它是普世的,应该看到中国和欧洲的不同,中国的民族概念可以做适当修正。敬东指出马克思主义经典作家的民族定义均不把血缘作为必备要素,与中国传统民族概念有明显不同。彭英明指出西欧与中国不同,我国的民族并不完全具备斯大林所谓的"四大特征"。李振锡认为需要重新认识斯大林的民族定义,并对民族定义做出修改,即"民族是随着统一地域、统一经济联系、统一文学语言及文化、心理和自我意识的某些统一特点的产生而形成的一种特殊形式的稳定的社会集团"。熊锡元认为斯大林的民族概念是比较完整、科学的,但考虑到中国的具体国情,应该增加"共同的风俗习惯"作为中国民族构成的一个要素。都永浩则指出斯大林民族定义是为了政治斗争的需要,而非科学的定义,斯大林所谓的民族四特征,也不科学;其中语言、地域、经济是条件,而非特征。他给出的民族定义为"民族是在氏族、部落(联盟)的基础上形成的。民族是历史上在共同地域及各种联系(社会的、政治的、经济的、文化的等)的基础上形成的,受传统文化制约的有共同自我意识的人们共同体"。陈克进认为"斯大林对民族内涵的界说,只能绳之于一定的历史时代和一定的国度"。张达明指出斯大林民族定义的主要缺陷是没有把"民族意识"作为其要素,建议在民族定义中增加"民族意识"。董强认为斯大林的民族定义丰富了马克思主义民族理论,但在斯大林民族概念中关于"表现于共同文化上的共同心理素质"的描述过于抽象和晦涩,未能对第二国际机会主义者所提的"民族文化自治"观念进行有力批判;其民族概念未能穷尽不同类型、不同时期民族的特点,因此不能简单套用斯大林的民族概念,尤其不能用它来指导中国民族工作的实践。[①]

蔡富有、华辛芝、马戎等学者主张摒弃斯大林的民族定义。蔡富有认为斯大林的民族定义出于政治考量,与汉语"民族"的原意有很大出入,不是科学

---

[①] 具体研究文献参见:敬东.关于"民族"一词的概念问题[J].民族研究,1980(4):7-12;彭英明.关于我国民族概念历史的初步考察——兼谈对斯大林民族定义的辩证理解[J].民族研究,1985(2):5-11,36;李振锡.论斯大林民族定义的重新认识和修改[J].民族研究,1986(5):4-12;熊锡元.对斯大林民族定义的一点看法[J].民族研究,1986(4):17-18;陈克进.关于"民族"定义的新思考[J].云南社会科学,1992(6):65-69;张达明.论斯大林民族定义的历史地位、局限性及其修改问题[J].东北师范大学学报(哲学社会科学版),1996(5):47-52;都永浩.论民族概念与国民概念的关系[J].满族研究,2003(1):28-30,35;董强.斯大林民族理论的贡献和局限:基于历时性的分析[J].民族研究,2017(6):23-33,123-124.

的民族学上的定义,建议我国民族学界不要据守。华辛芝认为斯大林关于民族四个特征的定义对揭穿鲍威尔的唯心主义民族定义有重大意义,但并非终极理论,而且随着时代的发展显得更不妥当。马戎主张突破马克思主义经典作家关于"民族"概念和"社会发展形态"概念等的人为思维定式范畴的束缚。①

(2) 对中国传统与特殊性的回应

20世纪80年代以来,特别是21世纪初,"民族"概念研究的一个重要变化是强调汉语"民族"概念的原创性、发展历程的特殊性与民族国情的复杂性。一些研究者力图发现"民族"一词在中国的演变历程,这是一个循序渐进的过程。这些研究者通过对中国古代典籍与近代文献的梳理和考证,渐次发掘出"民族"一词的生发历史,建构了"民族"一词的演进史并对其意义进行阐释。②

更多的研究者则从概念入手,强调中国传统的"民族"概念与斯大林的经典民族概念存在巨大差异,并尝试重构中国"民族"概念和界定其构成要素。早在1978年,费孝通提出要以斯大林经典民族理论的四个构成要素来进行民族识别,但同时必须根据中国各族群的历史和现实国情对其加以灵活运用,不能将其作为教条。

阮西湖认为"中国式的民族概念,既不同于苏联,也不完全同于西方",他指出,"构成民族的四个要素是共同的民族意识、共同的文化、共同的语言和共同的历史渊源",其中共同的民族意识是最主要的。杨庆镇给"民族"下的定义为"是人类发展到现代人科之智人(Homo Sapiens)阶段,由于生活地域、自然环境、地理环境的差异而产生的,具有不同人种或相同人种特点、文化传统

---

① 具体研究文献参见:蔡富有.斯大林的нация定义新析[J].中国社会科学,1986,1:193-203;华辛芝.斯大林民族理论评析[J].世界民族,1996(4):1-11;马戎.关于"民族"定义[M]//马戎.民族与社会发展.北京:民族出版社,2001:103-129.

② 具体研究文献参见:韩锦春,李毅夫.汉文"民族"一词的出现及其初期使用情况[J].民族研究,1984(2):36-43;韩锦春,李毅夫.汉文"民族"一词考源资料[C].中国社会科学院民族研究所民族理论研究室,1985;彭英明.关于我国民族概念的初步历史考察——兼谈对斯大林民族定义的辩证理解[J].民族研究,1985(2):5-11;茹莹.汉语"民族"一词在我国的最早出现[J].世界民族,2001(6):1;黄兴涛."民族"一词究竟何时在中文里出现[J].浙江学刊,2002(1):168-170;周策众.原族[J].读书,2003(2):99-106;邸永君."民族"一词见于《南齐书》[J].民族研究,2004(3):98-99;郝时远.先秦文献中的"族"与"族类"观[J].民族研究,2004(2):36-46,108;郝时远.中文"民族"一词源流考辨[J].民族研究,2004(6):60-69,109.

与心理特点、语言特点、生产方式特点、生活方式特点、风俗习惯特点的稳定发展的或急剧变化的正在同化或异化过程中发展或消亡的人类共同体"。何叔涛认为汉语"民族"概念的模糊性和含混性并没有随着斯大林民族概念的传入而得到最终解决,在对"民族"一词进行狭义、次广义和广义划分后,他对"民族"一词的超广义——复合民族——的特征进行总结。他反对将民族视为一个完整的经济实体和政治实体,他认为"民族是从文化的角度来区分的人们共同体,同时又是具有凝聚力的利益集团,构成民族的要素和进行民族识别的标志是共同的历史渊源和语言文化。一定程度的经济联系和大致共同的经济模式,以及建立在共同体经济文化基础上并受到族际关系所制约而强调共同起源、反映共同利益的民族感情和自我意识"。近年来,何叔涛认为虽然汉语的"民族"具有模糊、含混的特点,但其灵活性和包容性也是欧美语言文字不能比拟的,能充分展现不同层次、不同层面民族共同体的内涵及其相互关系。他提出一定要坚持民族研究的中国话语权,完善马克思主义民族理论的中国化。

纳日碧力戈从文化人类学的角度对"民族"的概念进行辨正,认为"民族是在特定历史的人文和地理条件下形成的,以共同的血统意识和先祖意识为基础,以共同的语言、风俗或其他精神和物质要素组成系统特征的人们共同体",并指出"在民族特征中,唯有民族自我意识和民族自称是最为稳定的了"。此后纳日碧力戈进一步将民族概念界定为"是家族的全符号扩展,是对族群文化要素的重组和政治利用","是在家族符号结构和家族符号资本的基础上形成的超族群的政治——文化体"。①

彭英明和徐杰舜二位学者通过合作研究,对中国"民族"的概念及其构成要素都提出不同见解。此后,他们并没有停下脚步,而是借助丰富的史料,复原中国从原始群、氏族、胞族、部落、部族直至民族等类型人类共同体独特的

---

① 具体研究文献参见:费孝通.关于我国民族识别的问题[M]//费孝通.民族研究文集.北京:民族出版社,1988;阮西湖.关于民族概念的几个问题[J].云南社会科学,1987(1):62-66;杨庆镇.民族的概念和定义[J].民族研究,1990(6):17;何叔涛.民族概念的含义与民族研究[J].民族研究,1988(5):17-24;何叔涛.略论民族定义及民族共同体的性质[J].民族研究,1993(1):19-23;何叔涛.汉语"民族"概念的特点与中国民族研究的话语权——兼谈"中华民族""中国各民族"与当前流行的"族群"概念[J].民族研究,2009(2):11-20,108;费孝通.中华民族多元一体格局[M].北京:中央民族大学出版社,1989;纳日碧力戈.民族与民族概念辨正[J].民族研究,1990(5):11-17,38;纳日碧力戈.民族与民族概念再辨正[J].民族研究,1995(3):9-16.

形成发展历程。①

自1949年中华人民共和国成立以来,党中央就非常重视民族工作,形成具有中国特色的民族概念与理论。十一届三中全会以来,中共中央召开了四次民族工作会议,表明中央对民族工作的重视,中央对民族概念的认识逐渐深入完善。在2005年召开的第三次中共中央民族工作会议上,中央对"民族"概念提出了新的观点和见解,认为"民族是在一定的历史发展阶段形成的稳定的人们共同体。一般来说,民族在历史渊源、生产方式、语言、文化、风俗习惯以及心理认同等方面具有共同的特征。有的民族在形成和发展过程中,宗教起着重要作用"②。

总之,通过对斯大林经典"民族"概念的反思和对中国"民族"传统与特殊性的回应,"民族"概念在扬弃马克思主义经典作家民族概念和中国传统民族概念的基础上,实现了质的飞跃和升华。

(六)本书的"民族"概念及其内涵

本书在"民族"概念上采用第三次中共中央民族工作会议对民族含义的界定,在"族类共同体"和"国族共同体"两个人们共同体的意义上使用"民族"一词。前者指包括汉族和少数民族在内的各个具体的民族,在此意义上汉族也是民族;后者指汉族和少数民族形成的超越族群的共同体,即通常意义上的"中华民族",此时各族就像附着在一起的石榴籽。一般情况下,为了防止混淆,本书不特别注明的"民族"指前者;使用后者会特别注明。

本书将"民族"作为一个历史和现实的表述单位。它既是主权者的政治性表述,也是一种地域性的文化言说,同时还是民族共同记忆和认同的呈现。这三个层面的表述有三种位置关系:重叠、并列和冲突。作为主导地位的主权者应领导并协调表述的一致性,减少冲突,增加重叠和并列的价值。

本书所采用的"民族"概念具有下列意涵:1. 民族的形成和发展是历史的产物,既不是从来就有,也不会永恒存在,具有阶段性,少数民族发展滞后有历史的原因,问题的解决不能一蹴而就,需要一定的时间;2. 民族作为稳定的

---

① 具体研究文献参见:彭英明,徐杰舜. 民族新论 [M]. 南宁:广西人民出版社,1987;彭英明,徐杰舜. 从原始群到民族——人们共同体通论 [M]. 南宁:广西人民出版社,1991.

② 吴仕民,俸兰,金炳镐. 中国民族理论新编 [M]. 北京:中央民族大学出版社,2006:30.

人们共同体,一旦形成,其在历史渊源、生产方式、语言、文化、风俗习惯以及心理认同、宗教等方面形成的共同特征便不会轻易消亡;3. 民族之间的差异将长期存在,各民族之间应平等对待、互相尊重、取长补短、共同发展进步。

## 二、"习惯法"的谬用与厘正

"习惯法"是英文 customary law 的汉译,严格说来,"习惯法"概念是西方舶来品。该概念最早在中国出现是在 20 世纪 50 年代开始的民族大调查中①,当时进行民族大调查的学者用其指称少数民族中具有类似法律规范的习惯或习俗。

20 世纪以来,国家法律的陆续制定和逐渐完善并未带来理想的法治秩序的建立,相反却破坏了自生自发的传统秩序,出现费孝通所谓的"法治秩序的好处未得,而破坏礼治秩序的弊端却已经发生了"②的现象,法学研究也出现"以国家权力为核心,以官方法典为依据,但却忽视了中国社会存在多层次的习惯规范和多元的权力体系"③的问题,一些研究者从法律多元主义立场出发,认识到民间社会中类似于法律的规范对解决该问题可能产生的积极意义,重拾起西方舶来的"习惯法"概念,对存在于全国各地各民族中的习惯法进行逐渐深入的研究,改变苏力所谓的"轻视习惯法是在野者和在朝者的一种共识"④的结论,习惯法在当今的法学研究中虽不是显学,但也占有一席之地。笔者认为有必要对法学研究从轻视习惯法到重视习惯法这种一边倒式的转换保持清醒。

(一)学界对"习惯法"的定义

关于"习惯法",至今尚无统一的、公认的定义,每个研究者都会根据自己研究的需要给"习惯法"下定义,可谓见仁见智、众说纷纭。综观目前学界对"习惯法"的定义,可以将其分为两大类:法律一元论下的"习惯法"定义和法律多元论下的"习惯法"定义。

1. 法律一元论下的"习惯法"定义

法律一元论下的"习惯法"定义虽然有共同特征,但也可谓千姿百态,不

---

① 周勇. 法律民族志的方法和问题——1956—1964 年中国少数民族社会历史调查对少数民族固有法的记录评述 [M] //王筑生. 人类学与西南民族. 昆明:云南大学出版社,1998:321.

② 费孝通. 乡土中国·生育制度 [M]. 北京:法律出版社,1998:58.

③ 刘黎明. 契约·神裁·打赌:中国民间习惯法习俗 [M]. 成都:四川人民出版社,1993:2.

④ 苏力. 道路通向城市 [M]. 北京:法律出版社,2004:101.

一而足，下面举几例加以说明：

（1）习惯法是一种已获得法律权力的成立已久的习惯，特别是某一特定地区、贸易、国家等所成立的习惯。①

（2）一国之风尚礼俗，为法律所承认，不必有条文之制定者，谓之习惯法。②

（3）经国家承认，具有法律效力的社会习惯。③

（4）统治阶级对有利于本阶级统治的习惯，通过国家机关加以确认，并赋予法律效力的，叫习惯法。④

（5）是指国家认可和由国家强制力保证实施的习惯，是法的渊源之一……在国家产生以前的原始习惯并不具有法的性质。它是氏族社会全体成员共同意志的体现。⑤

（6）不成文法的一种，指国家认可并赋予法律效力的习惯。⑥

（7）源于习惯并由国家认可的法律。⑦

（8）习惯法是经国家认可并赋予国家强制力的完全意义上的法。⑧

（9）所谓习惯法是指国家认可并赋予法律效力的习惯。⑨

（10）习惯在18世纪的英国无疑是一个好词……习惯沿着一条路线则与普通法发生非常密切的关系。这种法律源于乡村的习惯和平常的习俗：习俗可以简化为规则和惯例，它在某种情况下被编纂成法典

---

① Oxford Dictionary［M］. London：Oxford University Press，1970：135.
② 广东、广西、湖南、河南修订组，商务印书馆编辑部. 辞源（修订本）［M］. 北京：商务印书馆，1979：1198.
③ 中国社会科学院语言研究所词典室. 现代汉语词典［M］. 北京：商务印书馆，1978：1221.
④ 《辞海》编辑委员会. 辞海（第4版）［M］. 北京：中华书局，1980：1368.
⑤ 《中国大百科全书》法学编辑委员会. 中国大百科全书·法学卷［M］. 北京：中国大百科全书出版社，1984：817.
⑥ 《法学辞典》编辑委员会. 法学辞典［M］. 上海：上海辞书出版社，1986：769.
⑦ 北京大学法律系法学理论教研室. 法学基础理论［M］. 北京：北京大学出版社，1984：37.
⑧ 孙国华. 法律基础理论［M］. 北京：人民出版社，1987：41；沈宗灵. 法律基础理论（新编本）［M］. 北京：人民出版社，1988：89.
⑨ 朱愚. 试论我国的习惯法［J］. 齐齐哈尔师范学院学报（哲学社会科学版），1994（1）：97-100.

并可以当作法律来实施。①

……

类似的习惯法定义还很多,它们之间有两个共同特点:一是无论中西,法律一元论下的"习惯法"概念都由"国家法"或通称的"法律"概念演化而来;二是都承认由习惯发展到法律的演化过程,均认为习惯演变为法律有一个被国家承认、认可或编纂成法典,并被赋予强制力或效力的过程。

在我国盛行的"法律"概念受苏联法学家安德烈·雅奴阿列维奇·维辛斯基(Андре́й Януа́рьевич Выши́нский)的影响非常大,把"法律"这种规范与国家和强制力或效力密切联系起来。该概念认为"法律"是国家出现之后的产物,其他社会规范要成为"法律",必须经过国家承认或认可,否则就不称其为"法律"。

维辛斯基的法律观基本符合马克思和恩格斯关于"法律"产生于"习惯"的历程的论述。马克思和恩格斯认为"在社会发展某个很早的阶段,产生了这样一种需要,把每天重复着的生产、分配和交换产品的行为用一个共同规则概括起来,设法使个人服从生产和交换的一般条件。这个规则首先表现为习惯,后来便成了法律。在社会进一步发展的进程中,法律便发展成或多或少广泛的立法"②。但马克思和恩格斯并未断言法律的产生是阶级斗争和国家的产物。

马克思和恩格斯并不认为强制力只能来自国家,更不能将其作为判断一个社会规范是否"法律"规范的唯一标准,哈耶克(F. A. Hayek)曾明确指出:"那种在强制性行为规则意义上的法律,无疑与社会相伴而生;因为只有服从共同的规则,个人才能在社会中与他人和平共处。早在人类的语言发展到被人们用来发布一般命令之前,个人便只有在遵循某个群体的规则的前提下,才会被接受为该群体的一员。"③ 由此可见,一个社会规范在国家形成前就已经具有强制力了,强制力来自被排斥出群体的恐惧。E. 博登海默(Edgar Bodenheimer)也未明示强制力与国家之间明确的逻辑关系,他说:"(当某一特定群体成员)

---

① 爱德华·汤普森. 共有的习惯 [M]. 沈汉,王加丰,译. 上海:上海人民出版社,2002:2.
② 中共中央马克思恩格斯列宁斯大林著作编译局. 马克思恩格斯选集:第2卷 [M]. 北京:人民出版社,1972:538-539.
③ 弗里德利希·冯·哈耶克. 法律、立法与自由(第一卷)[M]. 邓正来,张守东,李静冰,译. 北京:中国大百科全书出版社,2000:113-114.

开始普遍而持续地遵守某些被认为具有法律强制力的惯例和习惯时，习惯法便产生了。"①

2. 法律多元论下的"习惯法"定义

（1）西方法律多元论者对"法律"概念的拓展

不满于法律一元论者对"法律"概念的界定，19世纪下半叶，随着研究范围的扩大和研究视野的拓展，国家中心主义法学观（或曰法律一元论）遭受到来自持法律多元论的人类学和社会学两个领域学者的猛烈冲击。国家中心主义法律观无力解释非中心化（de-centralized）社会秩序井然的现象②，不能回应人类学（尤其是法人类学）的挑战；国家中心主义法律观对于基层那些无须求助国家法律机构而形成的社会合作熟视无睹，引起社会学家（特别是法社会学家）对法律及其概念的重新思考。

19世纪60年代，由法的历史研究派生出法人类学的研究。③ 巴霍芬（Johann Jacob Bachofen）、梅因（Sir Henry James Summer Maine）和摩尔根（Lewis Henry Morgan）等早期进化论法人类学家不满于"自然法的非历史性谬论"④，开始对部落社会的法律制度进行比较研究。这些持"单线进化论"观点的学者⑤都为法学家出身，他们认为人类的进化与法律的进化都遵循由低级到高级的发展路径，因此，西方的法律是所有社会法律进化的样本和目标，全世界只有一种法律的历史，非西方法是西方法的早期形态。⑥ 另外一些具有法学教育背景的法人类学家，如霍贝尔（E. A. Hoebel）、卡尔·卢埃林（Karl Llewelyn）、莱博德·博思比西（Leopold Pospisil）和马克思·格拉克曼（Max Gluckman）等人继承了法律进化论的研究模式。他们探讨法律在不同发展阶段的共性和异性，如霍贝尔认为法律可以分为原始法律、古代法律和现代法律几个阶段，原始法

---

① E. 博登海默. 法理学——法哲学及其方法[M]. 邓正来，姬敬武，译. 北京：华夏出版社，1987：131.
② M. FORTES, E. E. EVANS-PRITCHARD. African Political System [M]. London: Oxford University Press, 1940: 10-11. O. OKO ELECHI. Doing Justice Without the State: the Afikpo (Ehughbo) Nigeria Model [M]. New York: Routledge Press, 2006.
③ ROULAND N. Legal Anthropology [M]. translated by Philippe G. Planel, London: The Athlone Press, 1994: 19.
④ 梅因. 古代法[M]. 沈景一，译. 北京：商务印书馆，1959：序言.
⑤ ROULAND N. Legal Anthropology [M]. translated by Philippe G. Planel, London: The Athlone Press, 1994: 26.
⑥ SACK P, ALECK J. Law and Anthropology [M]. New York: New York University Press, 1992: Introduction.

律和现代法律在特殊的强制力、官吏的权力和规律性三方面相同。无论原始社会还是文明社会，法律存在的真正必备条件是社会授权的当权者合法地使用物质强制，对违反规则的人进行身体上的胁迫。①

进化论法人类学家虽然在方法论上有简单化和模式化的嫌疑，而且由于其"致力于绘制非常详尽的社会和法律发展阶段的进化序列表"而未能"寻求交互作用的动态情况"②，但他们的观点却对法学研究，特别是"法律"的定义产生很大影响：一是它使法律的起源摆脱长期以来受到国家神话束缚的羁绊，突破传统法律概念的界限，扩展了其外延与内涵；二是它主张法律研究应当探讨真实的法律现象，而不是具体的法条、实然的法律规范和应然的法律，这就在法条主义、分析实证主义和自然法理论的研究范式之外开辟新的法学研究方法。

正如英国法哲学家赫伯特·哈特（Herbert Hart）所言："在与人类社会有关的问题中，没有几个像'什么是法律'这个问题一样，如此反反复复地被提出来并且由严肃的思想家们用形形色色的、奇特的甚至反论的方式予以回答。"③尽管法律的概念如此复杂，但在西方法律传统中，实然的法律总是与国家联系在一起的，因此，法律只能是国家出现之后的产物。进化论法人类学家以研究部落社会制度起家，在研究中，他们发现国家中心主义法律观不能解释初民社会和现存非中心化国家的规范和秩序，提出法律多元的观点④，他们认为无论原始社会还是文明社会都存在法律，法律是社会生活需要的产物。⑤

进化论法人类学将法学研究的范式由重视法典转向探究社会和法律的历史，梅因首次提出法律研究不能从法典开始，因为在它们后面"存在许多法律现象，这些法律现象在时间上是发生在法典之前的"⑥。梅因的主张影响其后法人类学

---

① E. 霍贝尔. 原始人的法 [M]. 严存生，等译. 贵阳：贵州人民出版社，1992：23.
② E. 霍贝尔. 初民的法律 [M]. 周勇，译. 北京：中国社会科学出版社，1993：32-33.
③ 哈特. 法律的概念 [M]. 张文显，郑成良，译. 北京：中国大百科全书出版社，1996：1.
④ 进化论法人类学家的法律概念不尽相同，分别有"法的四属性说""暴力论"等概念，这些"形式"论者主张以西方的法律概念来阐释原始人的法律。博思比西提出的"法的四属性说"影响甚大，他认为法律包括四个基本属性，即威权（authority）、普适的意图（intention of universal application）、双方之间的权利义务关系（obligation）和制裁（sanctions）。而且不同文化的法具有某些共同的属性，这些属性更确切地界定法的范围，并是区分法律现象与其他非法律的社会范畴的标准。具体参见：POSPISIL L. The Anthropology of Law [M]. New York: Harper & Row, 1971: 40-91.
⑤ E. 霍贝尔. 原始人的法 [M]. 严存生，译. 贵阳：贵州人民出版社，1992：5-6.
⑥ 梅因. 古代法 [M]. 沈景一，译. 北京：商务印书馆，1961：1.

的研究方法，此后的法人类学家将眼光转向法条之外，法学研究的界域得以进一步拓展，方法得以创新。

巴霍芬、梅因和摩尔根等进化论法人类学家在开创新的法学研究方法上筚路蓝缕，功劳甚巨，但真正使法人类学在理论上趋于成熟的却是英国著名人类学家马林诺夫斯基（Bronislaw Malinowski）。马林诺夫斯基于1926年发表了研究部落社会中社会控制的经典之作《初民社会的犯罪与习俗》（Crime and Custom in Savage Society），"开始用功能观点来探讨初民法律的运作，人类学家才正式进入法人类学的领域，与法学家出身的学者分庭抗礼"①。

马林诺夫斯基不满于"从外部强加给整个部落生活表面呆滞的'习俗块'或'习俗饼'之类的观念"②，带着对"是什么力量构成了原始人时期的法律和秩序"③ 的追问，一头扎进特里布里安岛民（Trobriand Islander）的生活中，立足于经验事实来描述他们的法律生活④，形成对当地法律的客观认识，提出关于法律的"最低限度"定义，即"在所有社会中，都必定存在着一类规则，其因过于实际而无法由宗教制裁给予弥补，过于沉重以致被仁心良知所抛弃，过于着重抽象的人的生命存在以致真实的个体反对被一切抽象力量所钳制"⑤。马林诺夫斯基认为，初民社会总体上是有秩序的，这种秩序并不依靠警察和法庭来维持，而"来自有着自我利益的个体的不断的选择"⑥。这表明马林诺夫斯基等人已经开始对存在于非欧洲社会的其他法体系意义进行沉重思考。他们不再满足于对历史资料中记载的异文化的简单整理和表述，或阅读田野调查记录下各色各样的异文化，而是透过这些材料，特别是通过田野调查中所获得的第一手资料，采用独特的眼光，发现隐藏在这些现象背后的深层次动力。

---

① 林端. 法律人类学简介［M］//儒家伦理与法律文化：社会学观点的探索. 北京：中国政法大学出版社，2002：210-232. 林端先生的观点从侧面说明了法人类学的产生和确立经历了不同的两个时期，早期进化论法人类学是法人类学的诞生期，而真正的、完全自觉意义上的法人类学确立于20世纪20年代。

② 马林诺夫斯基. 原始社会的犯罪与习俗［M］. 原江，译. 昆明：云南人民出版社，2002：80.

③ H·李凯尔特. 文化科学和自然科学［M］. 涂纪亮，译. 上海：商务印书馆，1986：17.

④ BRONISLAW M. Crime and Custom in Savage Society［M］. London：Kegan Paul, Trench, Trubner & Co., ltd, 1926.

⑤ 马林诺夫斯基. 初民社会的犯罪与习俗［M］. 许章润，译. 桂林：广西师范大学出版社，2003：41.

⑥ 赵旭东. 秩序、过程与文化——西方法律人类学的发展及其问题［J］. 环球法律评论，2005，5：569.

20世纪五六十年代，一批非法学出身的人类学家，如美国人类学家博安南（Paul Bohannan）、奈德（Laura Nader）、格里佛（P. L. Gulliver）和英国人类学家罗伯茨（Simon Roberts）将研究原始法、部族法的模式转换成研究纠纷的方式，即将研究的焦点从"原始法"过渡到"纠纷"，从以往主要研究（主要是实体法）定式化的"规则"和裁判为主的法"制度"，变成研究纠纷及其处理"过程"方面。① 奈德及其弟子从马林诺夫斯基和拉德克里夫-布朗对维持社会秩序的受规则制约的制度描述和分析的范式转向对纠纷及其与纠纷相关联的行为的描述和分析。② 卡姆洛夫和罗伯茨将法人类学的研究总体上归结为两种范式，即"规则中心"和"过程中心"。③ "规则中心"范式逐渐式微，他们对纠纷及其解决转向"过程中心"分析的范式。

　　20世纪80年代以来，一些人类学家批判"过程中心论者"，把纠纷仅仅视作功利主义的游戏，将纠纷中的当事人看作抽象的个体，缺少对社会文化秩序足够的重视。④ 在对该危机的反思中，很多研究者尝试把纠纷纳入特定的社会历史文化进程中，去审视纠纷与社会组织、与产品的生产和分配、与政治等级及其与意识形态等因素的广泛关联。⑤

　　总之，马林诺夫斯基之后的法人类学家把法律和规范视作社会和文化系统的有机组成部分，重视法律研究中的权力关系和历史维度问题⑥，在研究中综合运用文本、历史资料、民族志资料，研究历史中的权力关系变迁及其对法律行为、过程和其他制度所产生的影响。⑦ 马林诺夫斯基及其之后法人类学的研究打破国家中心主义法律观，形成法律多元主义，其具体影响可以概括为以下三

---

① 汤浅道南，小池正行，大仲滋. 法人类学基础 [M]. 徐晓光，周相卿，译. 中国香港：华夏文化艺术出版社，2001：75.
② NADER L, HARRY F. TODDJR. The Disputing Process: Law in Ten Societies [M]. New York: Columbia University Press, 1978.
③ JOHN L, ROBERTS S. Rules and Process: The Logic of Dispute in an African Context [M]. Chicago: University of Chicago Press, 1986.
④ JOHN L, ROBERTS S. Rules and Process: The Logic of Dispute in an African Context [M]. Chicago: University of Chicago Press, 1986: 17.
⑤ 乔丽荣，仲崇建. 从博弈到认同——法人类学关于纠纷研究的旨趣、路径及其理论建构 [J]. 黑龙江民族丛刊，2005（6）：95-99.
⑥ STARR J, GOODALE M. Practicing Ethnography in Law [M]. London: Macmillan Publishers Limited, 2003: Preface.
⑦ SACK P, JONATHAN A. Law and Anthropology [M]. New York: New York University Press, 1992: 105.

方面：

首先是法律概念的拓展。这可以从奈德以"纠纷"概念取代"法律"概念的主张以及格尔兹关于法律概念的"地方性知识"洞见中体现出来。为整合法人类学家因教育背景不同而产生的分歧或冲突[1]，1969年奈德提出"纠纷"一词，并主张用"纠纷"的概念来取代"法律"的概念，她认为：

> 法律的概念被认为与文化有着十分紧密的联系，并深深地根植于西方法理学之中，因此它难以解释不同社会中的人们处理冲突和纠纷的各种不同方式。纠纷这一概念将关注，从法律条文和制度转向了行为、纠纷的社会背景以及纠纷解决的过程，从而避免了由民族中心主义所造成的偏见。现在的问题不再是是否所有的社会都有法律，而是在不同的社会条件下处各种纠纷和冲突的过程是怎样的。所有的社会都有纠纷，重要的问题是它们怎样产生、怎样被表达以及怎样解决的。纠纷具有普遍性——因为所有的社会都有纠纷——并可以做跨文化的比较研究。[2]

奈德的主张无疑是学术史上一次勇敢的探索，它把"纠纷的解决"提升到方法论的高度，使纠纷成为一个有"生命"的过程，而且避免了意识形态方面的争议。[3] 以"纠纷"取代"法律"，将初民社会的"类法律规范"从西方法律观念的束缚中解放出来，对反观法律的本质和作用有很大的启发意义。

美国人类学家格尔兹关于"法律是地方性知识"的著名论断，则进一步打破了西方法律的普世神话，他说：

> 法律，与英国上院议长在演讲中大量使用的深奥矫饰不同，实乃一地方性知识。地方在此不仅指时间、空间和阶级等各种问题，而且

---

[1] 20世纪五六十年代一些英美人类学家如博安南、罗伯茨等进入法律领域的研究，这些具有人类学教育背景的法律人类学家对具有法学教育背景的法律人类学家如E. 霍贝尔、卢埃林等处以西方法律观念来研究初民社会法律的分析框架予以批判，认为后者"削足适履"，后者则批判前者将法律与习俗等规范混为一谈。

[2] 萨利·安格尔·梅丽. 诉讼的话语——生活在美国社会底层人的法律意识 [M]. 郭星华, 王晓蓓, 王平, 译. 北京：北京大学出版社, 2007：122.

[3] 嘉日姆几. 彝汉纠纷中的身份、认知与权威：以云南宁蒗彝族自治县为例 [J]. 民族研究, 2008 (4)：40-49, 109.

指情调,即事情发生地的人对此的看法,以及可能出现的当地人对此的想象。这个看法和想象的复合体,以及人们对该事件隐含了某些原则的形象化描述,我素来称之为"法律意识"。①

格尔兹关于"法律是地方性知识"的论证逻辑虽然有着维特根斯坦式的艰深难懂和含混不清,但他的结论非常简洁明了,在研究方法上他也做了明确的提示:依据地方性知识(直觉和直接个案)来认识和了解法律;不将法律与事实对立起来,通过文化阐释的方法,寻求沟通规范与事实的可能途径;强调法律意识的历史固定性。②

其次是法律多元观念的诞生,它与法律概念的拓展相伴生。法律多元论者认为法律是人类社会赖以存在、维系和发展所需要秩序的维护力量,并不单是国家意志的反映。法律规范由多个层次组成,它不局限于一个等级结构的范围③,它打破了国家中心主义的法律神话。自马林诺夫斯基以来,法人类学家,无论他们有着法学教育的背景还是人类学的教育背景,都认为法律乃一种普遍现象,存在于一切社会中,"法律多元"成了法人类学的核心概念。④ 法律多元的思想在 20 世纪 70 年代初由 Gilissen 与 Hooker 在同名著述中首次提出,很快这种多元法学思潮渐成气候,涌现了大量相关著述。⑤ 所以阐释人类学的大师格尔

---

① GEERTZ C. Local Knowledge(Pap)[M]. Arlington:Perseus Books,1985:239.
② 克利福德·格尔兹. 地方性知识:事实与法律的比较透视[M]//梁治平. 法律的文化解释. 邓正来,译. 上海:上海三联书店,1994:146.
③ PETERSEN H,ZAHLE H. Legal Polycentricity[M]. Aldershot:Dartmouth Publish,1995:8. 持类似观点的还有博思比西和千叶正士。前者认为法律制度具有多重性,一个社会存在不同的社会集团,并存在与之相应的法律体系,这些法律构成了层次性的结构;后者认为,法律存在"三元结构",即国家制定或认可的法律(正式法);特殊集团根据公共意志确立的、具有权威、发挥作用,但未被国家认可的法律(非正式法);和作为确立和贯彻这些法律的前提的基本原则(法前提)。
④ 吴大华. 论法人类学的起源与发展[J]. 广西民族大学学报(哲学社会科学版),2006(6):2-5,205-208.
⑤ M. B. HOOKER. Legal Pluralism:An Introduction to Colonial and Neo-Colonial Law[M]. Oxford:Clarendon Press,1975;MERRY S E. Legal Pluralism[J]. Law and Society Review,1988,22(5):865-868;GRIFFITHS J. What is Legal Pluralism[J]. Journal of Legal Pluralism and unofficial Law,1986,18(24):1-55;Kayleen M. Hazlehurst. Legal Pluralism and the Colonial Legacy[M]. Sydney:Sydney University Press,1995;千叶正士. 法律多元——从日本法律文化迈向一般理论[M]. 强世功,王宇洁,范愉,等译. 北京:中国政法大学出版社,1997.

兹（Clifford Geertz）确信，法律多元已经"不是一条岔道而是现代社会的根本特色"①。

最后是在法学研究上重视规范背后的"文化逻辑"②。法律多元论者认为在法学研究中应该重视对纠纷案例叙事结构中的意义资源的挖掘，将法律的研究置于整体的社会文化系统中。法律研究应该放在一种以意义为中心的整体社会文化背景之下，只有这样规范才有意义、价值和生命。不懂得制度生发的文化机制，就可能造成对制度的误读，这会造成某种阻隔，甚至引起新的冲突和矛盾，钱穆先生曾说："一切问题，由文化问题产生。一切问题，由文化问题解决。"③ 这个论断虽然有过分夸大文化作用的嫌疑④，但通过文化来分析和解决问题的思路对理解习惯等规范的产生、发展和变迁及其与国家法的合作与冲突有着积极的指导意义。

（2）法律多元论者对"习惯法"的界定

法律多元论者坚持将国家与法律分离，主张原始社会存在法律，在现代国家形态下存在国家法之外的其他法律形式。他们指出"国家法在任何社会里都不是唯一的和全部的法律，无论其作用多么重要，它只是整个法律程序的一部分，在国家法之外、之下，还有各种各样其他类型的法律，它们不但填补国家法遗留的空隙，甚至构成国家法的基础"⑤，他们给那些所谓的原始社会的法律命名为"原始法"，给国家法之外的法律命名为"习惯法"，并对这些概念进行界定。部分研究者从法的渊源流变的角度来界定"习惯法"，如：

---

① 克利福德·格尔兹. 地方性知识：阐释人类学论文集 [M]. 王海龙，张家瑄，译. 北京：中央编译出版社，2004：293.
② JOHN L, ROBERTS S. Rules and Process: The Logic of Dispute in an African Context [M]. Chicago: University of Chicago Press, 1986: 248.
③ 钱穆. 文化学大义 [M]. 北京：九州出版社，2012：3.
④ 对于文化的作用，不同的学者看法不一：阿根廷法学家马里亚诺·格龙多纳（Mariallo-Gron）认为"文化的力量大于经济或政治"；美国社会学家丹尼尔·帕特里克·莫伊尼汉（Daniel Patrick Pat Moynihan）认为"保守地说，真理的中心在于，对一个社会的成功起决定作用的，是文化，而不是政治。开明地说，真理的中心在于，政治可以改变文化，使文化免于沉沦"，所有的学者都基本上承认文化的影响不可忽视，转引自劳伦斯·哈里森，塞缪尔·亨廷顿. 文化的重要作用：价值观如何影响人类进步 [M]. 程克雄，译. 北京：新华出版社，2002：431-433.
⑤ 梁治平. 清代习惯法：社会与国家 [M]. 北京：中国政法大学出版社，1996：32.

①原始法实际上是部落习惯的总体。①

②对原始人来说,习惯之外无法,习惯便是法。②

③这些人类早期的习惯法——如果我能称其为法律的话——其实只是人类组成社会和共同行业的习惯,它们几乎构成氏族社会生活的全部内容。③

④佤族社会仍然依靠长期的历史形成的习惯和传统,来调整人们之间的各种社会关系,维护社会秩序。佤族没有文字,这些传统习惯和道德规范没有文字固定或记录下来,所以也可称为习惯法。④

⑤所谓习惯法就是在阶级社会以前,符合全体社会成员的要求,为社会全体成员所"制定"、所认可的一种历史形成的习惯约束力量,它没有用文字规定下来,它对社会成员一视同仁且没有偏向,它为社会全体成员遵守着。⑤

⑥习惯法是人类社会形成的第一种法律形式,也是基本的法律形式,其他法律形式都是在此基础上产生的……虽然尚缺乏直接的证据,但似乎可以得出一个基本的判断:习惯法是与人类社会一起产生的。⑥

上述研究者认为法律产生于习惯,这是符合法律的发展历程与马克思主义法律观的。但这些观点将习惯法等同于习惯却值得商榷,扩大了习惯法的范围,正如霍贝尔在批评这种现象时所说,"照字义解释,这意味着陶器制造术、钻木取火术、训练小孩子大小便的方法以及另外的人们的全部习惯都是法律",并斥之为"荒唐的主张"。⑦

根据马克斯·韦伯(Max Weber)的经典理论,习惯法与习惯的一个典型区

---

① E. S. 哈特兰德. 原始法 [M]. 伦敦,1924:5. 转引自 E. 霍贝尔. 原始人的法 [M]. 严存生,译. 北京:法律出版社,2006:20.
② 张冠梓. 论法的成长——来自中国南方山地法律民族志的诠释 [M]. 北京:社会科学文献出版社,2002:533.
③ 尹伊君. 社会变迁的法律解释 [M]. 北京:商务印书馆,2003:233.
④ 田继周,罗之基. 西盟佤族社会形态 [M]. 昆明:云南人民出版社,1980:99.
⑤ 云南调查组. 云南西盟佤族的社会经济情况和社会主义改造中的一些问题 [R]. 中国科学院民族研究所. 民族研究工作的跃进 [M]. 北京:科学出版社,1958:163.
⑥ 张镭. 论习惯与法律——两种规则体系及其关系研究 [M]. 南京:南京师范大学出版社,2008:100.
⑦ E. 霍贝尔. 原始人的法 [M]. 严存生,译. 贵阳:贵州人民出版社,1992:18.

别在于有无强制力,他说:"习惯是指在没有任何(物理的或心理的)强制力,至少没有任何外界表示同意与否的直接反映的情况下做出的行为";而习惯法"在很大程度上依赖于一种类似强制性的实施机制,尽管这种强制力来自同意,而不是制定。"① 一部分研究者洞察到韦伯观点中的积极意义,为了不使习惯法与习惯混淆,他们另辟蹊径,把习惯法视为民间的准法律规范,从习惯法的效力或强制性或约束力的角度来界定习惯法的概念,如:

①当习惯、惯例和通行的做法已经相当确定并在相当一部分地区被使用,像以书面明确表述规则的法律体系一样,为人们所了解、公认并被视为具有法律约束力时,它们就可以称为习惯法。②

②习惯法是依据一定的社会权威而存在,并被保证在违反时对强制执行或对违反者予以责罚的行为规范的总和。③

③习惯法是独立于国家之外的,人们在生产和生活中根据事实和经验,依据某种社会权威和组织确立的,具有一定强制性的、人们共信共行的行为规则。④

④习惯法是独立于国家制定法之外,依据某种社会权威和社会组织,具有一定的强制性的行为规范的总和。⑤

⑤习惯法是维持和调整某一社会组织或群体及成员之间关系的习惯约束力量的总和,是由该组织或群体成员出于维护生产和生活需要而约定俗成,适用于一定区域的带有强制性的行为规范。习惯法的强制可以由国家实施,但更多的是由一定的组织或群体公认的社会权力来实施,后者或因国家认可和未明确表示不认可而合法,或因社会授权而合法。⑥

⑥习惯法是一种存在于国家之外的社会中,自发或预设形成,由

---

① 马克斯·韦伯. 论经济与社会中的法律 [M]. 张乃根, 译. 北京: 中国大百科全书出版社, 1998: 20-21.
② 戴维·M. 沃克. 牛津法律大辞典 [M]. 李双元, 等译. 北京: 法律出版社, 2003: 296.
③ 周勇. 习惯法在中国法律体系中的历史地位 [J]. 上海社会科学院学术季刊, 1991 (4): 160-166.
④ 田成有. 中国农村习惯法初探 [J]. 民俗研究, 1994 (4): 21-25.
⑤ 高其才. 中国习惯法论 [M]. 长沙: 湖南出版社, 1995: 4; 论中国少数民族习惯法文化 [J]. 中国法学, 1996 (1): 71-80.
⑥ 俞荣根. 羌族习惯法 [M]. 重庆: 重庆出版社, 2000: 7.

一定权力提供强制力来保证实施的行为规范。①

⑦习惯法是一定区域的特定人群在其长期的生产生活过程中，自然形成或逐渐养成的一些为其他成员所默认、遵守并具有约束力的行为方式和生活准则，如以禁忌、规矩、规则、碑文、规约开展体现的社会规范的总称。②

从习惯法的效力或强制性或约束力的角度来界定习惯法，这样的"习惯法"定义与"国家法"的定义在实施保障上已经基本相同，只是规范的渊源和强制力的来源不同而已。但效力或强制性或约束力真的如韦伯所言是区分习惯与习惯法的主要标志吗？换言之，习惯没有强制力吗？稍作考察，就会发现习惯之所以成为习惯，并不是偶然的行为，而是有强制性的，这种强制性来源于内心恐惧，害怕不被群体认可甚至被群体隔离。另外，具有效力或强制性或约束力的规范就一定具有法律属性吗？简单地说，假如劫匪拿着枪对着某人的头部发出"把钱交出来"的指令也能视为法律吗？答案是否定的。也就是说，从习惯法的效力或强制性或约束力的角度来界定习惯法的概念也不是成功的。

于是还有一些研究者试图从权利与义务关系的视角来给习惯法下定义。梁治平认为："习惯法乃是这样一套地方性规范，它在乡民长期的生活与劳作过程中逐渐形成；它被用来分配乡民之间的权利、义务，调整和解决了他们之间的利益冲突，并且主要在一套关系网络中被予以实施。"③ 他进一步以权利义务关系来区分习惯与"习惯法"，认为"普通习惯只是生活的常规化、行为的模式化，而习惯法则特别关系到一种权利义务关系，关系到利益冲突的处置与均衡"。李可认为权利义务是习惯法成为"法"的本质特征。④ 杜宇也认为习惯法不同习惯的原因在于它具备"法"的特征，他认为以前的习惯法概念注重它的表面现象，而未认识到习惯法规范对权利义务的分配和确认。⑤ 其实，从权利义务关系的视角来界定习惯法并非中国学者的首创，美国学者埃德加·博登海

---

① 郑永流. 法的有效性与有效的法：分析框架的建构和经验实证的描述［J］. 法制与社会发展，2002（2）：23-40.
② 冉春桃，蓝寿荣. 土家族习惯法研究［M］. 北京：民族出版社，2003：5.
③ 梁治平. 清代习惯法：社会与国家［M］. 北京：中国政法大学出版社，1996：166.
④ 李可. 习惯法——一个正在发生的制度性事实［M］. 长沙：中南大学出版社，2005：59.
⑤ 杜宇. 重拾一种被放逐的知识传统——刑法视域中的"习惯法"的初步考察［M］. 北京：北京大学出版社，2005：7.

默就曾写道:"如果社会成员没有坚信这种习惯是具有法律约束力的,并且是带有强制性的权利和义务的渊源,那么该习惯就不能被承认为法律规则。那种仅仅源于同情之感或礼仪,或仅仅源于习俗的习惯,是不能产生法律的。"① 埃德加·博登海默区分了三种习惯,即带有强制性的权利和义务的习惯、源于同情之感或礼仪的习惯、仅仅源于习俗的习惯,其中只有第一种习惯,即通常所说的习惯法才能成为法律的渊源,其他两种习惯就是一般意义上的习惯,前者是后者的子集。

(二)其他类似"习惯法"的定义

"习惯法"的定义可谓众说纷纭,然而国家以外的准法律规范研究中最让人困惑的不是对习惯法的界定,而是迄今为止这类规范还未有公认的名称。下面就对习惯法以外的概念及其用法进行简单梳理。

西方法社会学家与法人类学家较早进入国家以外准法律规范研究,他们给其取的名称各有不同。埃利希(Eugen Ehrilich)致力于研究社会中被实践广泛接受的法律,为了与国家法律相区别,将这类规范取名曰"活法"(Begriff des lebenden Rechts),并指出"即使活法未以法律命题的形式出现,但它是支配生活本身的法律"②。格兰特使用"固有法"(Indigenous law)这个概念。亨利·莱维·布律尔(Lucien Lévy-Bruhl)使用"超国家法"一词,他说:"只要对社会生活简单地观察一下就可使我们相信,除了由政权强加的法律规则外,还存在着某些法律规定或至少具有法律效力的规定。过去存在,现在仍然存在着一些并非总体社会的组织权限中产生的法律。既有超国家法,也有国家法。"③ 日本法律人类学家千叶正士反对"传统对现代"的二分法,提出"法律的三层结构",即官方法、非官方法和法律原理的概念框架,其中"非官方法"指不是由官方权威认可的规范与价值观念体系。④ 除了上述这些称谓以外,西方还将其称为非正式法、从属法、民众法、民间法、民俗法,等等。

国内学者除了大量使用习惯法称谓外,还使用民间习惯、民俗习惯、民间

---

① E·博登海默. 法理学:法律哲学与法律方法[M]. 邓正来,译. 北京:中国政法大学出版社,2004:470.
② 尤根·埃利希. 法律社会学基本原理[M]. 叶名怡,袁震,译. 北京:九州出版社,2009:1077.
③ 亨利·莱维·布律尔. 法律社会学[M]. 许钧,译. 上海:上海人民出版社,1987:22.
④ 千叶正士. 法律多元——从日本法律文化迈向一般理论[M]. 强世功,王宇洁,范愉,等译. 北京:中国政法大学出版社,1997:95-114.

规则、惯例、民间社会规范、习惯规范、民间法等不同概念。民间习惯、民俗习惯、民间规则、惯例等词，因未能将一般的习惯（惯例或规则）与类似法律规则的习惯区分开来①，相对来说，使用者都不把其作为专业名词，只是在一般意义上使用。

民间社会规范、习惯规范、民间法等词往往在法律专门词意义上被使用。范愉认为"民间社会规范"是对法律以外的社会规范一个比较准确的统称，她将"民间社会规范"界定为"各种各样共同体和社区内在的、据以自治的规则，包括传统习惯、道德和宗教，也包括商业惯例和不断形成的新规则；它们是特定社会成员的行为准则，也是解决纠纷的依据"②。她还认为民间社会规范构成了事实法律秩序的一部分，对于纠纷解决和基层司法的作用大于国家法。

"民间法"是一个可以与"习惯法"相媲美的流行的法律多元论下的概念。作为一个根植于西方的舶来概念，它有着特定的含义和独特的产生背景。"民间法"概念的一个前提是国家与社会的二元结构，在西方，特别是欧美国家，其权力结构存在"多元"或"二元"的情况，在人们组成的各种类型的共同体，如市民、商人、教会等团体中，有其内部制定或约定俗成的行为规范，这就是"民间法"的原意。由此可见，"民间法"概念的前提条件是市民社会。

但在奉行"拿来主义"的人们看来，可以简单地将其理解为与官方或国家法相对的法，即"民间的法"。谢晖就是在此意义上给"民间法"下定义的，他认为："民间法是国家法的对称，是国家法之外，用来进行社会控制和社会秩序构造的规范系统。其功能既可作为国家法的补充这一配角而存在，也可作为促进国家法进行革故鼎新的主角而存在。"③ 人们一般认为"习惯法"和"民间法"两个概念没有多大区别，但梁治平却认为"民间法"包括"习惯法"，如"民间法具有极其多样的形态……依其形态、功用、产生途径及效力范围等综合因

---

① 当然也有学者认为习惯、习俗和惯例等概念之间有很大差异，如韦森认为习惯指"个人行事与活动中所呈现出来的事态中的一致性，或者说重复出现的个人活动的一种'单元事态'"；习俗指"连续存在的群体的行动所呈现出来的诸多'单元事态'中的普遍性、同一性与延续性"；惯例则指"在人们的社会生活与交往中（尤其是在市场经济的运行过程中）较长时间驻存，并对人们行为有较强约束、规制与调控力的一种显俗"。具体参见：韦森. 经济学与哲学：制度分析的哲学基础 [M]. 上海：上海人民出版社，2005：168-174.

② 范愉. 民间社会规范在基层司法中的应用 [J]. 山东大学学报（哲学社会科学版），2008（1）：13-22；另参见：范愉. 试论民间社会规范与国家法的统一适用 [M] //谢晖. 民间法第一卷. 济南：山东人民出版社，2002：78.

③ 谢晖. 论民间法研究的学术范型 [J]. 政法论坛，2011，29（4）：39-51.

素，大体可分为民族法、宗族法、宗教法、行会法、帮会法和习惯法几类"①。

近年来，一些研究者认识到习惯法虽然具有类似法律的特征，但该概念语义比较含混，于是用"习惯规范"代替习惯法，并对"习惯规范"加以界定。赵天宝认为一部分习惯法已经被国家法所认可，实际上已经属于国家法，为了使习惯法的范围不与"国家法"重叠，他使用"习惯规范"来指代不包括已经被国家法吸收的习惯法，即"纯粹的习惯法"②。根据他对景颇族习惯规范的定义可以推导出习惯规范的定义，即习惯规范是指在民族聚居区，通过长期口头传承而约定俗成的，为本民族普遍遵循并且具有强制力的行为规范。尚海涛、龚艳二人站在规范学的立场上给"习惯规范"下定义："习惯规范就是在某一时期的一定区域内，诸多社会主体就某种特定事项反复实践，从而形成的带有权利和义务分配性质的社会规范。"他们认为"习惯规范具有应当性，从而是一种应然判断或者价值判断"③，所以具有类似法律规范的性质；而惯例因属于实然世界，不具备应然性，因此不具有法律规范的属性。

（三）"习惯法/民间法"概念不成立④

从前面对"习惯法/民间法"的梳理可以看出，其概念存在对象不清、指代不明等问题，各位研究者在不同意义上使用相同概念或不同概念，甚至连同一概念的界定也存在很大的差异，也就是说，学界对"习惯法/民间法"尚无定论。难道是因为研究者能力不济？答案是否定的。那么问题就只能出在"习惯法/民间法"概念本身，也就是说，"习惯法/民间法"的概念根本就不成立，下面从三方面对其加以证明。

首先，从实在法的角度看，"习惯法/民间法"概念是一个伪概念。法律一元论下的"习惯法/民间法"实际上就是由习惯/民间规范演变而来的国家法，习惯/民间规范要成为"法律"，必须经国家承认或认可。此种情况下的"习惯法"与"法律""习惯"之间存在包举关系，如我国台湾地区已故"大法官"

---

① 梁治平. 清代习惯法：社会与国家［M］. 北京：中国政法大学出版社，1996：36.
② 赵天宝. 景颇族习惯规范研究［M］. 北京：民族出版社，2014：17.
③ 尚海涛，龚艳. 法规范学视野下习惯规范的界定——以雇佣习惯规范为例说明［J］. 甘肃政法学院学报，2012（3）：25-29.
④ 因民间习惯、民俗习惯、民间规则、惯例、民间社会规范、习惯规范等概念并未将它们定义为法，是在一般普通意义上使用，所以与法的概念不发生交集，不需要进行辨析。但大部分研究者在专业意义上使用习惯法/民间法概念，它与法的概念存在交集，需要加以辨正。

杨日然所说："'习惯法'源于习惯；就本质而言，二者并无区别；在法学上，一部分因为具有法律效力，称为习惯法，一部分因为尚无法律效力，称为单纯习惯。"① 法律一元论下的"习惯法/民间法"概念不具有分类学上的意义，只有发生学上的意义，因此严格意义上说，"习惯法/民间法"概念不成立。

那么，法律多元论下的习惯法/民间法概念具有法律的属性吗？实在法上的法要么指大陆法系的制定法，要么指英美法系的判例法。无论是制定法还是判例法都具有法律的基本属性——规范性，即法律的存在意味着人的行为受到约束，有做出相应行为的义务。考诸前面所提及法律多元论下的习惯法概念的第一种类型，即从渊源流变的角度来界定习惯法，如前面所言，它混淆"习惯"（单纯的习惯）与"习惯法"的概念。单纯的习惯因不具备法律的规范性，被排除在法的范围之外，既然都不是法，又怎么能称之为"习惯法"呢？

进一步来说，根据"习惯法/民间法"的效力（或强制性、约束力）或从权利与义务关系的视角给"习惯法/民间法"下的定义，看起来跟实在法相似，是否能认为这样的"习惯法/民间法"概念就成立呢？答案仍然是否定的。从表面上看，这样的"习惯法/民间法"概念能够满足法律的"规范性"要求，但仍然不能说它就是一条法律，因为这里存在一个二律背反的逻辑问题。如果"习惯法/民间法"的概念成立的话，它就可以在法律活动中被适用，否则它就不是法律，这样的话后面的研究就会显得毫无意义，最大的问题是任何一条"习惯法/民间法"（严格地讲是"习惯/民间规范"）要被适用，一定要经过国家法律的认可。②

假设习惯法/民间法概念在实在法上成立的话，又会遇到另外一个难题：习惯法/民间法是否与制定法和判例法一样，是一个独立的法律类型？③ 既然承认习惯法/民间法的概念在实在法上的成立，那么它就与制定法、判例法一样成为一种"法律类型"，并共同组成"法律类型"体系，也就是说，"法律类型"体系由制定法、判例法与习惯法/民间法三种法律类型构成，三者之间应相互限定并具有排他性，即既不是制定法，也不是判例法的实在法就应该是习惯法/民间

---

① 杨日然. 法理学［M］. 台北：三民书局，2005：133.
② 如《中华人民共和国民法典·总则篇》第十条规定："处理民事纠纷，应当依照法律；法律没有规定的，可以适用习惯，但是不得违背公序良俗。"该规定赋予习惯在法律适用上具有类似实在法的效力。有学者认为该处的"习惯"即"习惯法"。
③ GARDNER J. Some Types of Law［M］//Law as a Leap of Faith. Oxford：Oxford University Press，2012：54-86.

法。但考察制定法和判例法，便会发现"习惯/民间规范"既可以成为制定法的渊源，也可以成为判例法上证成裁判的理由，它本身并不能作为一种单独的法律类型，所以它不是法律。

其次，从法学理论的视角来看，习惯法/民间法概念仍然难以成立。陈景辉发现一些习惯法的主张者也会承认习惯法在实在法上不成立，但他们却支持习惯与法律性质的理论连接，主张法学理论的习惯法是成立的。陈景辉反驳道，该观点依赖"化约论"研究方法，在事实判断的基础上法律可能被化约为习惯，但习惯却不能说明法律的性质，也就是说，"法律被化约为习惯只是一个偶然的结果，仍然缺乏将法律视为习惯的充足理由"。他总结道："无论在什么意义上都不存在一种被叫作'习惯法'的东西，它至多只能是一种不值得理论家认真对待的比喻用法而已。"① 陈景辉的观点也适用于"民间法"。

最后，从中国语境看，习惯法/民间法概念如海市蜃楼一般虚无缥缈。从"普天之下，莫非王土"的全景式地域管辖到"朕言即律""口含天宪"的君主专制，哪里还有习惯法/民间法的空间？西方舶来的建立在权力多元和"国家—社会"二元制结构基础上的习惯法/民间法没有立足之处。② 近代以来，随着西方文化的强势输入，西方政治法律理论被引进来解释中国问题，形成"以西解中，以西附中"的研究方式，导致圆凿方枘的现象层出不穷。

（四）本书拟采用概念及其意涵

虽然笔者以前在文章中经常使用"习惯法"一词，已形成一定的习惯，但鉴于"习惯法/民间法"概念不成立，笔者决定从此以后不再使用"习惯法/民间法"概念，把自己的研究建立在客观科学的概念基础之上。本书也不准备使用民间习惯、民间规则、民间社会规范、惯例、民俗习惯、习惯规范等概念，因为这些概念或多或少存在一些问题，如民间习惯、民间规则、民间社会规范这三个概念还是有西方"国家—社会"二元结构的影子，其中规则、习惯的范围太宽泛；惯例、民俗习惯的范围虽然比规则、习惯小些，但这两个概念仍然不能凸显其应然性。根据前面的解释，习惯规范这个用词尚可，但"习惯"一词的主体一般为个体，而且习惯也有规范的属性，有些重复，本书也不采用。

正如老子曰："名可名，非常名"，取名真不容易。本书拟采用"习俗性规

---

① 陈景辉. "习惯法"是法律吗？[J]. 法学，2018（1）：3-18.
② 曾宪义，马小红. 中国传统法的"一统性"与"多层次性"之分析——兼论中国传统法研究中应慎重使用"民间法"一词 [J]. 法学家，2004（1）：134-144.

范"一词。所谓习俗性规范，是指"一定的共同体在生产生活实践中习得的，对个人行为具有约束力的，分配权利义务的规则"，其含义如下：

1."习俗性规范"是人的共同体形成的规范，此处"人的共同体"可以指基于地域、民族、职业等不同的划分而形成的群体。就本书而言，指的是居于固定区域的民族群体，其最大范围指居住在中华人民共和国境内的中华民族（国族）；其最小的范围指居住在共同地域的某个族类共同体（族群），不指某个族群的分支。

2. 强调规范的后天习得性，"习俗性规范"是由人的共同体制定的规范个人行为的集体规则，这种规范不是先天形成的，而是后天习得的，习得过程就是个体社会化的过程，习得的过程也是规训的过程，通俗地讲就是可以移风易俗的。消亡的、过失的、淘汰的习俗不需要再进行学习，因此不是本书所谓的习惯性规范，本书所谓的习俗性规范，是指历史上形成的，并且沿袭至今的行为规范。

3. 习惯是针对个体而言的，习俗是针对群体而言的。个体的习惯不具有应然性，不具有类似法律规范的属性，也不会受到强制，也不产生任何权利义务关系，如晚上我有吃面条的习惯，如果某晚我改成吃米饭，没人会强迫我改回去；群体习俗具有应然性，具有类似法律规范的属性，违反它会受到制裁，改变原来的权利义务关系，如某部落有秋冬共牧的习俗，但某一天某人将临近自己帐篷的牧场圈起来，那么这时某人的行为就会受到制裁，原来的权利义务关系需要做出调整。

4. 之所以用"习俗性规范"这个概念是想将流传至今的历史上制度化的法律规范（如吐蕃政权制定的成文法）和一般意义上的习俗（不成文的规则）都包括进来，但不包括那些已经被国家法律吸收的习俗性规范。

5. 并非所有的习俗性规范都包括在内，本书所用的"习俗性规范"特指那些对个人行为具有约束力的分配权利与义务的规范，也就是说专指那些类似法律的习俗性规范，虽还未被现行国家法吸收，但因具有法律的属性，可以在与国家法的互动中加以整合。

### 三、"现代化"与"法律现代化"的内涵

(一)"现代化"的概念与模式

1."现代化"的概念

正如现代化理论研究专家罗荣渠所言："'现代化'这个概念是用来概括近

期发展进程中社会急剧转变的总的动态的新名词，这个词虽是最近几十年才出现在社会科学的论著之中，但它所概括的那个历史过程，是早为人们所熟知的，只不过过去使用别的称呼罢了。"① 诚哉斯言，自 1640 年英国发生资产阶级革命以来，西方社会实现了跳跃式的发展，正因如此，有学者将"现代化"又称为"近代化"。

日本著名社会学家富永健一深刻洞见了现代化的发展历程，从理论源流对现代化理论进行梳理，他把现代化理论发展分为三个阶段：第一阶段为 17 世纪末到 19 世纪初，此阶段古典市民社会理论、古典经济学和实证主义社会理论形成，现代化理论起源于英国和法国的启蒙主义；第二阶段从 19 世纪末到 20 世纪初，形成了以马克思历史唯物主义为先驱的近代社会过渡理论，现代化理论从西欧扩展到中欧；第三阶段为 20 世纪 60 年代及其以后，出现了罗斯托、霍斯里茨、穆尔到帕森斯、列维、本迪克斯、李普赛特、阿普塔一直到扎普夫、弗劳拉的一系列理论，中心在美国。②

虽然现代化理论可以追溯到 17 世纪末，但"现代化"一词正式出现却在 20 世纪 60 年代后。关于"现代化"的概念，学者们从不同的角度加以界定，众说纷纭。

美国学者西里尔·E. 布莱克（Cyril E. Black）认为现代化"是指这样一个过程，即在科学和技术的影响下，社会已经发生的变化或正在发生的变化"。他还说："现代化的定义和对这个过程的描述是不同的。我们关心的是对这个过程的描述，而不是它的定义，我们认为'现代化'的定义是：就同时存在的社会而言，无生命动力源泉对有生命动力源泉的比例已经增长到了或者超过了不可回转的程度。在这个意义上，我们认为如果无生命动力的比较少量的减少无法为有生命的动力增加所'弥补'，或者如果不对社会做不可避免的、广泛的改革就无法弥补，那么这个社会或民族就现代化了。"③ 布莱克主要从社会发展动力，即科学技术革命推动社会变迁的角度给"现代化"下定义。后来，他试图从更广阔的社会文化视角对"现代化"做出概括，他认为"现代化"一词指的是，"近几个世纪以来，知识的爆炸性增长导致源远流长的改变过程所呈现的动

---

① 罗荣渠. 现代化新论 [M]. 北京：北京大学出版社，1993：8.
② 富永健一，严立贤. 现代化理论与中国社会的现代化 [J]. 国外社会科学，1986（10）：49-54.
③ 西里尔·E. 布莱克，等. 日本和俄国的现代化：一份进行比较的研究报告 [M]. 周师铭，胡国成，沈伯根，等译. 北京：商务印书馆，1983：18-19.

态形式。现代化的特殊意义在于它的动态特征以及它对人类事务影响的普遍性。它发源于那种社会能够且应当转变,变革是顺应人心的信念和心态。如果一定要下定义的话,那么'现代化'可以定义为:反映人类控制环境的知识亘古未有的增长,伴随着科学革命的发生,从历史上发展而来的各种体制适应迅速变化的各种功能的过程"①。

美国学者吉尔伯特·罗兹曼(Gilbert Rozman)把现代化看作特定的历史进程中发生的社会变迁,他认为:"现代化视作各社会在科学技术革命的冲击下,业已经历或正在进行的转变过程。业已实现现代化的社会,其经验表明,最好把现代化看作涉及社会各个层面的一种过程。某些社会因素径直被改变,另外一些因素则可能发生意义更为深远的变化……现代化是人类历史上最剧烈、最深远并且显然是无可避免的一场社会变革。是祸是福暂且不论,这些变革终究会波及与业已拥有现代化各种模式的国家有所接触的一切民族。现存社会模式一无例外地遭到破坏,现代化总是成为一种目标,尽管搞现代化的决心在程度上大小不一。"②

美国社会学家伊恩·罗伯逊(Ian Robertson)把现代化简化为工业化,他说:"现代化就是在前工业社会中引入工业化的生产方式而产生的经济变迁和社会变迁过程。随着不发达国家对先进的工业国家所建立的模式的纷纷效仿,现代化过程正在席卷着整个世界。"③

法国学者 J. M. 费里(J. M. Ferry)从经济或技术等物质层面来定义"现代化"并加以批判,他说:"他们实际上认为现代化仅是指经济和技术发展。而我认为,这种对现代化的理解,不仅不利于我们认识今天的世界,而且很可能使现代化本身失去信用。现代化不能仅以'经济计划'的形式实现。"④

基于传统"现代化"概念过于偏重经济技术等物质层面的东西,尼日利亚学者詹姆斯·奥康内尔(James O'connell)从人的理性和精神观念的视角来描述现代化的特征,他说:"归根结底,所谓现代化,就是一种观念,它给予各种成

---

① 西里尔·E. 布莱克. 现代化的动力 [M]. 段小光,译. 成都:四川人民出版社,1988:11.
② 吉尔伯特·罗兹曼. 中国的现代化 [M]. 国家社科基金《比较现代化》课题组,译. 南京:江苏人民出版社,2003:3.
③ 伊恩·罗伯逊. 现代西方社会学 [M]. 赵明华,戚建平,黄燕,等译. 郑州:河南人民出版社,1988:843.
④ J·M·费里. 现代化与协商一致 [J]. 江小平,宋经武,译. 国外社会科学,1987(6):16-21.

分以形态……现代化是探索性和创造性思想态度的发展,它既是个人的思想态度,也是社会的思想态度。这种态度隐藏在技术和机器使用的背后,引起个人之间生活生产关系产生新形式。"① 詹姆斯·奥康内尔对"现代化"的描述性定义为我们打开一种新视野,但他忽视了"现代化"发生的前提和物质基础——英美的工业革命所建立的经济基础。所以该定义仍然有待商榷。

罗荣渠从广义和狭义两方面对"现代化"进行界定。他说:"广义而言,现代化作为一个世界性的历史进程,是指人类社会从工业革命以来所经历的一场急剧变革,这一变革以工业化为推动力,导致传统的农业社会向现代工业社会的全球性的大转变过程,它使工业主义渗透经济、政治、文化、思想各个领域,引起深刻的相应变化。"狭义上说,现代化就是"落后国家迅速赶上先进工业国和适应现代世界环境的发展过程"②。

虽然有研究者认为,罗先生的定义在包容西方四种类型"现代化"概念的同时,也"重复着诸种立论的不足"③。但仔细思考后,也会发现罗先生的定义包含上述诸种定义共同的合理成分:一是强调现代化是一场世界性的急剧变革,"它标明人类社会从前近代社会向近现代社会的发展过程是一次历史性的社会变革,是社会系统的重建和再构的历史过程,是社会发展中的质变和连续性的中断","在这一过程中,传统社会的结构系统逐渐解体,而新的现代社会系统逐步建立、稳定和发展"。④ 二是整合既有现代化概念中推动变革的物质和精神两个层面的动力,认为现代化是社会整体系统的变革,经济、政治、文化、思想各个领域都将发生根本性的变化。

2. 实现"现代化"的模式

罗荣渠还探讨了社会变迁的类型和基于变迁类型不同而形成的两种"现代化"模式。借用西方社会学的社会变迁术语和理论,他把社会变迁分为四种类型:(1)渐进性微变,即在原有社会经济形态内的积累性社会变迁(是一种微弱的慢性量变);(2)突发性微变,即在原有社会经济形态内的革新性变迁(是一种强烈的快速量变);(3)创新性巨变,即突破原有社会经济形态的革新

---

① 詹姆斯·奥康内尔. 现代化的概念 [M] //西里尔·E. 布莱克主编,杨豫、陈祖洲,译. 比较现代. 上海:上海译文出版社,1996:24-32.
② 罗荣渠. 现代化新论 [M]. 北京:北京大学出版社,1993:16-17.
③ 吴英. 关于现代化的含义、规律和模式——对《现代化新论》几个理论观点的评析 [J]. 天津师范大学学报(社会科学版),2001(5):1-8.
④ 刘旺洪. 比较法制现代化研究 [M]. 北京:法律出版社,2009:5-6.

社会变迁（是一种强烈的慢性质变）；（4）传导性巨变，即突破原有社会经济形态的外因诱导性巨变（是一种或微弱或强烈的快速质变）。前两种类型变迁的趋势是维持原有的社会经济结构和现存社会秩序；后两种类型变迁是突破和改变原有经济结构和现存秩序。

罗荣渠认为由于社会变迁的类型不同，故形成两种不同的现代化：一种是内生性的现代化（modernization from within），另一种是诱导性的现代化（modernization from without）。前者变化的动力来自社会自身力量，通过内部的创新，经历漫长的过程，最终实现社会变迁（又称为"内发变迁"，即 endogenous change），如欧洲的现代化。内生性现代化并不是说完全没有外来影响，而是说外来影响居于次要地位。后者指受到外部冲击而引起的内部变革，所以又称为"外诱变迁"（exodogenous change），而内部创新居于次要地位。因此，现代化有内生的现代化和外生的现代化两种不同的道路。"现代化发展的两种起源对于不同国家的发展进程具有重要意义……但不论是哪种情况，发展只有在社会内部的发展潜力被广泛有效地动员起来时才有现实可行性。"[1]

（二）"法律现代化"[2] 的基本理论

1. "法律现代化"的概念

与"现代化"概念一样，"法律现代化"也是一个还未形成统一认识的概念。公丕祥较早在"现代化"概念的基础上给"法制现代化"下了一个描述性的定义，他认为："伴随着社会由传统向现代的转变，法制也同样面临着一个从传统型向现代型的历史变革。这个转化、变革的过程，就是法制现代化的过程。可见法制现代化是一个动态的概念……从总体上看，法制现代化是一个从传统的人治型社会向现代型的法治社会的历史创造性的变革过程，是从人治型的价值—规范体系向法治型的价值—规范体系的转换过程。因此，法制现代化是规范与价值统一的法制创新过程。"[3] 吕世伦、姚建宗认为："法制现代化可以理解为：一个国家或地区从法的精神（或观念、意识）到法的制度的整个法制体

---

[1] 罗荣渠. 论现代化的世界进程 [J]. 中国社会科学，1990（5）：107-126.

[2] "法制现代化"是学者们比较常用的概念，如吕世伦、公丕祥、夏锦文、刘旺洪、张爱球等研究法律现代化的专家均使用"法制现代化"。部分研究者，如范忠信、蒋立山、李双元等使用"法律现代化"。但遗憾的是以上学者均未对该概念进行界定，笔者赞成使用"法律现代化"，原因是法律在外延上更广泛，包括制度层面的法律规范，理念层面的法律观念思想，还包括文化层面的法律现象。近年来，政、学两界更多地使用"法治现代化"，但由于该概念的内涵和外延，故不予采用。

[3] 公丕祥. 中国法制的现代化的进程 [M]. 北京：中国人民公安大学出版社，1991：59.

系逐渐反映、适应和推动现代文明发展趋向的历史过程……从总体上看，法制现代化包括法律精神现代化、法律制度现代化以及法律技术手段和物质设施的现代化。而其中法律精神的现代化，又是整个法律体系现代化的关键。"①

张爱球认为"法制现代化是一个发展的、系统的、比较的概念，又是一个多层面的包容性概念"，并从法制现代化是法制形式现代化与法制价值现代化的统一、是法制现代化相对独立性与法制现代化对社会现代化整体依存性的统一、是社会法律生活的整体变迁与实体和程序法律规范体系变革的统一、是西方国家法制现代化与非西方国家法制现代化的本土化和法制现代化的全球化过程的统一、是多样化目标模式与多样化过程的统一、是传统法制与现代化法制之间的对立和统一共六方面对法制现代化概念的内涵加以说明。② 张爱球对法制现代化内涵六个统一的总结，特别是本土化与全球化过程的统一、传统法制与现代化法制的对立统一的观点极富启示意义。本土化与全球化过程的统一预示法律现代化不是一个完全趋同的发展过程，而是各种法制之间存在差异化的一种协调和谐的关系，即儒家所谓的和而不同。传统法制与现代化法制的对立统一的观点则告诉我们法律的现代化可以包容传统因素，通过对传统因素的扬弃实现其历史的创造性转化，传统并不必然成为现代化的绊脚石，相反它可以给现代化提供滋养，这样的创新才是有历史维度和历史基础的"新"，即"反本开新"，用马克思的话说就是"人们自己创造自己的历史，但是他们并不是随心所欲地创造，并不是在他们自己选定的条件下创造，而是在直接碰到的、既定的、从过去承继下来的条件下创造"③。

简言之，"法律现代化"是社会系统现代化的一个重要组成部分，是组成法律的要素，如法律规范、法律制度、法律行为、法律意识、法律思想、法律价值、法律文化的现代化，其起点是法律规范和法律制度的现代化，归属是法律文化的现代化，核心是人的现代化。

2. "法律现代化"的判断标准

对于法律是否实现现代化，判断的标准也各有不同。英国法史学家亨利·

---

① 吕世伦，姚建宗. 略论法制现代化的概念、模式和类型[J]. 法制现代化研究，1995（0）：5-21.
② 张爱球. 法制现代化的概念解读[J]. 扬州大学学报（人文社会科学版），2000（5）：58-63.
③ 卡尔·马克思. 路易·波拿巴的雾月十八日[M]//中共中央马克思恩格斯列宁斯大林著作编译局. 马克思恩格斯选集：第1卷. 北京：人民出版社，1972：603.

>>> 第二章 主要概念的界定与厘清

梅因（Henry Maine）将个人自由视为现代性的根本标志，他总结出法律文明的成长公式："所有进步社会的运动，到此处为止，是一个'从身份到契约'的运动"，并进一步指出："所有进步社会的运动在一点上是一致的。在运动发展的过程中，其特点是家族依附的逐步消亡以及代之而起的个人义务的增长。'个人'不断地代替了'家族'成为民事法律所考虑的单位。"[①] 德国法学家冯·萨维尼（Von Savigny）将法律视为"民族精神"，强调遵循历史之路，探寻法律进化的真实图景，他认为法律的发展经历"习惯法"—"学术法"—"法典编纂"三个阶段，"法典编纂"是法律近（现）代化的产物。[②] 从形式上看，冯·萨维尼将"法典编纂"视为法律近（现）代化的表现；从实质看，冯·萨维尼将民族性视为法律近（现）代化的本质特征。

马克斯·韦伯将现代化视为理性化的发展过程，他认为法律现代化的过程就是法律形式合理性的过程，是社会从传统型法（事实理性的法）向现代法理型法（形式理性的法）的转变过程。他认为在传统社会中，形式理性的法律是不存在的，"反形式主义的、家长制的基本特征是否定不了的……因为法律形式主义的性质遭到拒斥"。他的结论是："在中国，由于缺乏一种形式上受到保证的法律和一种理性的管理与司法，加之存在着俸禄体系和根植于中国人的'伦理'（ethos）中，为官僚阶层和候补官员所特别抱持的那种态度，所以不可能产生西方所特有的理性的企业资本主义（Betriebskapitalismus）。"[③] 按照个体服从法律秩序的动机，韦伯将法律秩序分为赋予情感和激情的秩序、与价值有关的秩序、宗教性的秩序和由利益决定的秩序四类。其中由利益决定的法律秩序与一定的理性目的相联系，是一种理性的法律秩序，构成了现代型法制的重要特征。

卡尔·马克思使用历史唯物主义的方法分析法律背后的经济基础，发现前近代社会经济形式为自然经济，"人的依赖关系（起初完全是自然发生的），是最初的社会形态，在这种形态下，人的生产能力只是在狭窄的范围内和孤立的地点上发展着"[④]，人身依附关系是一种不自由的法律关系。近代以来，由于商

---

① 亨利·梅因. 古代法 [M]. 沈景一, 译. 北京：商务印书馆, 1959：95-96.
② 弗里德尼希·卡尔·冯·萨维尼. 论立法与法学的当代使命 [M]. 许章润, 译. 北京：中国法制出版社, 2001.
③ 马克斯·韦伯. 儒教与道教 [M]. 洪天富, 译. 南京：江苏人民出版社, 1995：122-124.
④ 中共中央马克思恩格斯列宁斯大林著作编译局. 马克思恩格斯全集：第46卷上 [M]. 北京：人民出版社, 1979：104.

品经济的发达，"人的依赖纽带、血统差别、教育差别等，事实上都被打破了、被粉碎了（一切人身纽带至少都表现为人的关系）；各个人看起来似乎独立地（这种独立一般只不过是幻想，确切地说，可以叫作——在彼此关系冷漠的意义上——彼此漠不关心）、自由地互相接触并在这种自由中互相交换"①，近代社会打破了人的依赖性，建立了以自由和平等为核心价值观念的近代法律文明体系。这无疑是一次历史性的进步，但马克思认为建立在交换价值基础上的资本主义经济必然导致人的普遍异化，以法律上的自由掩盖了事实上的更不自由——因为人们受到物的力量的支配更严重。为了彻底摆脱人的依赖性和物的依赖性，为了发挥以人的全面发展和共同占有与控制生产资料为基础的"自由个性"，必须建立起尊重人的价值、维护人的尊严的制度结构，即"自由人的联合体"。② 由此可见，马克思将自由、平等视为近（现）代法律的基本精神，这一深刻的洞见成为全世界无产阶级奋斗的目标和理想。

受西方法学家和马克思法律观念的影响，吕世伦、姚建宗认为："以现代文明为基础的法制现代化包括法律精神的现代化、以法律规范为核心的具体法律制度的现代化以及法律技术手段和物质设施的现代化，但中心还是法律精神的现代化和法律制度的现代化，而在其中，法律精神的现代化又是这重心之中的关键，具体法律制度的现代化不过是法律精神现代化的反映和必然结果。"③ 他们进一步对现代法律精神做出描述，那就是全体社会成员具有主体意识，认识到权利义务的界限、在法律范围内以法律的方式主动追求与捍卫权利、忠实履行法定义务，自觉践行平等、宽容、自由等法制观念，具有法治观念和守法意识。

虽然"法律现代化"的概念不统一，判断标准也不完全一样，但在上面的论述中有一些共同之处，如"法律现代化"是传统法律向现代法律质的飞跃，"现代法制"的基本诉求就是将人从对他人的依赖和受物的支配的物质束缚和精神枷锁中解放出来，过上平等、自由的现代法律生活。

---

① 中共中央马克思恩格斯列宁斯大林著作编译局. 马克思恩格斯全集：第46卷上 [M]. 北京：人民出版社，1979：110.
② 中共中央马克思恩格斯列宁斯大林著作编译局. 马克思恩格斯全集：第23卷 [M]. 北京：人民出版社，1972：95.
③ 吕世伦，姚建宗. 略论法制现代化的概念、模式和类型 [J]. 法制现代化研究，1995（0）：5-21.

3. 实现"法律现代化"的模式

怎样才能实现法律现代化？吕世伦、姚建宗认为："法制现代化也可以做出如是的基本模式划分，内源的法制现代化是在一国内部社会需要的基础上，通过自发的或自觉地对法律精神、法律制度和法律体系的渐进变革所实现的法制现代化，由于不存在外部压力，其动力源来自社会内部，因而这是一种主动型或曰积极型的法制现代化模式，西欧各国和美国的法制现代化均可归入此种模式。相反，外源的法制现代化，则主要是在一国内部社会需求软弱或不足的情况下，由于外来因素的冲击和强大压力，而被迫对法律制度和法律体系所实行的突变性改革。一般说来，这种法制现代化根本没有或者很少在法律精神（观念或意识）方面实现真正的现代化转变，因而是一种被动型或曰消极型的法制现代化模式，属于第三世界的各个欠发达国家的晚近的法制现代化是其典型，中国清末的修律和日本明治维新的变革亦可归入此类。"①

内发型法律现代化以欧美为代表，商品经济的发展作为内在动力促进法律形式的合理性发展。内发型法律现代化往往通过对传统的渐进式变革而发生，传统不是法律现代化的阻力。相反，传统内部部分因素的复兴会确立新的法律观念或法律形式，如罗马法的复兴激发近代西方法律的形式主义。罗马法中"首先是把法看成世俗秩序的基础本身这一观念的恢复"唤醒自由权利观念，普及民主法治意识，弘扬法治精神。外发型法律现代化往往发生在法律制度相对比较落后的国家，如近代的日本、俄国和印度等国家，这些国家通过政治革命或改革运动实现剧烈的单向度的法律现代化——主要是法律制度的现代化，而法律思想、法律精神和法律文化的现代化要么姗姗来迟，要么总是不在场。

夏锦文认为，在内发型法律现代化和外发型法律现代化两种模式之外，还有一种混合型法律现代化。对这种混合型法律现代化，他论述道："混合型法制现代化是指因各种内外部因素互动作用的合力所推动的一国法制走向现代化的变革过程。中国以及韩国、新加坡等东亚诸国的法制现代化可归入此类模式。混合型法制现代化模式的国家其社会内部无疑存在着促使法制由传统向现代型转变的经济政治因素，但这种因素的力量非常薄弱，无法积累到成熟而实现自我转型，因而它不同于内发型法制现代化模式，西方法律文化的冲击是引起法制变革的重要原因。但这种外部因素和外来力量毕竟不是导致法制变革的主要

---

① 吕世伦，姚建宗. 略论法制现代化的概念、模式和类型［J］. 法制现代化研究，1995（0）：5-21.

动因，它终究要通过该社会内部各种复杂的经济、政治、文化变革发生作用，因而它又与外发型法制现代化模式有别。"①

法律现代化的三种模式告诉我们：法律现代化并不是西方社会独有的特征，故不能将其与"西化"相提并论，它是法律发展、变迁或进化的固有样态，是任何民族（Nation）的法律现代化都会发生的现象，只是具体模式有所不同而已；法律现代化进程丰富多彩，成功的法律现代化都是在法律现代化的基本原则基础上结合了本民族的特点走出了新的法律现代化道路，刻意的模仿、复制、移植不仅会水土不服，反而还会像邯郸学步一样把自己会的东西弄丢了。另外一定要注意，我们不能以法律现代化模式的多样性来否定法律现代化在基本法律价值和法律精神追求上的共同性，特别是共同的目标和共同的方向不能轻易地否定。

（三）少数民族习俗性规范现代化的基本理念

上述对现代化与法律现代化的概念和基本理论、模式的梳理与厘清，为少数民族习俗性规范现代化应该秉持的基本理念奠定基础，具体而言有以下五点。

1. 少数民族习俗性规范作为一种民族地区类似于法律的行为规范，它也必然有一个现代化的趋势和过程，体现了少数民族群众的愿望，所以少数民族习俗性规范现代化不完全是对外在压力的一个回应，它具有混合型法律现代化的某些特征。

2. 少数民族习俗性规范现代化作为整个中国（中华民族）法律现代化的一个有机组成部分，虽然有自己的特点，但也必须符合法律现代化，特别是中国法律现代化的整体目标和追求，在现代化的方向上要一致，少数民族习俗性规范现代化与中国法律现代化要形成合力共同为国家的法治建设出力。

3. 少数民族传统习俗性规范并不总是作为法律现代化的阻力而存在的，国家法律可以通过对少数民族习俗性规范中符合现代法律精神和法律文明的要素进行整合实现现代化，这样少数民族习俗性规范不仅可以在国家法律的主场中充当配角，而且可以充当引领更新国家法律制度和法律观念的主角。

4. 在国家法律现代化的整体背景下的少数民族传统习俗性规范现代化并不意味着完全的趋同，少数民族习俗性规范现代化在与国家法律的禁止性规范不发生冲突的情况下，可以保留自己的特征。简而言之，少数民族习俗性规范现代化是在特定的地域和特定的民族中发生的现代化。

5. 法律现代化既包括法律制度和法律技术的现代化，也包括法律精神的现

---

① 夏锦文. 论法制现代化的多样化模式 [J]. 法学研究，1997（6）：58-67.

代化，是一个有着多维向度的复杂历程。本书所说的少数民族习俗性规范现代化虽是法律现代化的一个层面，但主要侧重于制度规范方面的现代化，即少数民族习俗性规范的制度变迁，也就是说，作为少数民族法律现代化有机组成部分的民族法律意识和法律思想等法律精神层面的现代化不在本书的讨论之列。

# 第三章

# 少数民族习俗性规范现代化的必要性和特殊性

我国有56个民族,习惯上把除人数众多的汉族以外的其余55个民族称为少数民族。各个少数民族在他们各自长期的共同生产与生活的历史中,形成了符合当地自然环境、社会结构、民族文化和民族心理特征的习俗性规范,维护了民族地区的社会秩序,促进民族地区社会经济的发展,使各民族得以繁衍生息。但从近代以来,各民族受到现代化和社会变革的巨大冲击,古老的、存续上千年的民族习俗性规范也正在经历一场现代化的洗礼。一些少数民族习俗性规范,因为与现代法律精神格格不入而逐渐走向消亡;一些少数民族习俗性规范与现代法律精神相契合而得以延续;还有一些少数民族习俗性规范虽然与现代法律制度与法律精神有些冲突,但因为民族地区的封闭性、符合民族群众的诉求和传统势力的强大而顽强地生存了下来或死灰复燃等,对国家法律形成冲击。少数民族习俗性规范的现代化不是一个自然的过程,必须要对其必要性和特殊性有着清醒的认识,才能在其现代化建构进程中有所为有所不为,坚决不乱为。

## 一、少数民族习俗性规范现代化的必要性

### (一) 少数民族习俗性规范本身的缺陷

少数民族习俗性规范形成的时间久远,少数民族在历史长河中,社会发展缓慢,其习俗性规范得以比较完整地保存下来。新中国成立前,我国的各个少数民族在社会形态方面还属于原始社会末期或奴隶社会或封建(农奴)社会阶段,他们的习俗性规范还带有前近代社会的痕迹。新中国成立后,我国的各个少数民族集体"跃进"社会主义阶段,由于发展的时间短,社会形态的跨度大,导致一些与现代法律文明不相符的法律制度与法律观念也流传下来了。另外,还出现了一些利用习俗性规范以达到自己目的或非理性法律诉求的问题。

### 第三章 少数民族习俗性规范现代化的必要性和特殊性

1. 等级制度

形成于原始社会末期阶级分化阶段或奴隶社会或封建（农奴）社会等阶级社会的少数民族习俗性规范，从它的形成之日起就带有鲜明的阶级属性。占统治地位的阶级在制定法律维护阶级统治和社会秩序时，一定会用法律来维护自己的特殊利益，也就是说把自己及其阶级的利益上升为法律。

等级制常见于各个民族的习俗性规范中。藏族习俗性规范中将社会成员划分为"僧侣"、"贵族"（农奴主）、"差巴"（农奴）和"堆穷"（奴隶）。僧侣和贵族组成统治阶级，差巴和堆穷成为被统治阶级。西藏在吐蕃政权灭亡后，形成政教合一的政权，僧侣和贵族之间有着千丝万缕的联系。贵族家庭往往生育较多，在贵族家庭的男性后代中形成了一种把握宗教和世俗两界的权力分工。[1]

彝族习俗性规范也将彝族社会成员分为"诺伙""曲诺""阿加""呷西"四个基本等级，在少数建立地方政权的地区，"诺伙"之上还有一个名为"兹莫"的等级。"兹莫"，彝语意为"权力"，汉语称为"土司""土目"或"土舍"；"诺伙"，彝语意为"黑色群体"，汉语称为"黑彝"。"兹莫"与"诺伙"自称"色颇"，彝语意为"主子"，即统治阶级。他们占有大量土地和"阿加""呷西"等具有类似奴隶身份的属民。"曲诺"为中间阶级，"曲"彝语意为"白色"，"曲诺"汉语称为"白彝"或"百姓"，"曲诺"有相对的人身自由和独立的经济权利。"阿加"是彝语"阿图阿加"的简称，意为"主子寨旁的奴"，汉语称为"安家娃子"或"分居奴"，是已婚成家的生产奴隶，他们没有人身权利，常年为主子从事田间劳役和家务劳动，主人再"赏"其一小块"耕食地"，供其解决全家衣食之需。"呷西"是彝语"呷西呷洛"的简称，意为"主子锅庄旁边的手足"，汉语称为"锅庄娃子"或"家奴"，"呷西"的地位低下，可以被主子任意赠送、买卖甚至屠杀。彝语将"曲诺""阿加""呷西"三个等级统称为"节伙"，意为"被统治者"，汉语称为"娃子"。在彝族习俗性规范中，这三个等级的人即使通过自己的劳动实现了经济地位的跃迁，但他们与前两个等级之间仍然有不可逾越的血缘鸿沟。简而言之，彝族社会可以划分为两大阶级、三大阶层和五个等级。两大阶级即统治阶级和被统治阶级，"兹莫"与"诺伙"属于统治阶级，"曲诺""阿加""呷西"属于被统治阶级。三

---

[1] 西藏社会历史调查资料丛刊编辑部.藏族社会历史调查（第一至六卷）[R].拉萨：西藏人民出版社，1987.

大阶层即贵族阶层、自由民阶层和奴隶阶层，"兹莫"与"诺伙"构成彝族社会的贵族阶层，"曲诺"为自由民阶层，而"阿加"和"呷西"则是奴隶阶层。①

景颇族社会也由"官种""百姓"和"奴隶"三个不同等级构成。"官种"，景颇语称为"瓦杜"，载瓦语②称为"早户"，汉语意为"可以做官的姓氏"。官种家庭的成员为了与其他阶层的人相区别，有自己专属的名字，男性都冠以"早"的称谓，如"早章""早弄"等；女性皆冠以"南"或"扎"的称谓，如"南邦""南省"或"扎波""扎英"等。"百姓"在景颇语中互称为"猛彪"，被山官称为"勒塔"，是景颇族社会赋役的主要承担者，有一定的人身自由，可以自由地迁徙，不能经过自身的努力成为官种，但可以成为山官的属员。"奴隶"，景颇语称为"木样"，载瓦语称为"准"，意思均为"卑贱"，该阶层的人依附于山官，是山官的家奴，从事繁重的体力劳动和杂役，没有人身自由和婚姻自主权。③

由此可见，在少数民族习俗性规范中，社会中的人是有身份等级差异的，不同的身份等级享有不同的权利并且要承担不同的义务，各个身份等级的民众之间一般是不能通婚的，而且其后代的身份等级是由父母决定的。

新中国成立后，虽然在民族地区进行民主改革，从制度上废除了身份差异，规定各民族群众一律平等，民族内部群众也一体平等，并极力废除旧等级内婚姻习俗。但经历50多年的社会改造，仍未能彻底将民族习俗性规范确立的等级制度完全打破。笔者在对藏族和彝族进行社会调查的过程中，发现虽然制度化的等级没有了，但等级观念仍然根深蒂固，影响着民众的行为。

2008年8月，在四川凉山彝族自治州美姑县、布拖县进行田野调查时，笔者发现一个现象，一些美貌的彝族年轻女子竟嫁给贫穷且年纪较大的彝族男子。笔者百思不得其解，后来求教于当地的一位彝学专家，他解释说这种婚姻多由彝族等级内婚姻习俗所致，而且在彝区这种现象并不少见，"黑彝"女子适婚对

---

① 四川省编写组《中国少数民族社会历史调查资料丛刊》修订编辑委员会. 四川贵州彝族社会历史调查·综合报告［R］. 北京：民族出版社，2009.
② 载瓦语是自称景颇族载瓦支系的人使用的语言，以云南省陇川县的邦瓦、盈江县的盏西、芒市的西山等地为主要聚居区，一部分与其他支系杂居。从语言上看，载瓦语与勒期、浪峨、布拉等三个支系所说的语言相近。载瓦语在景颇族中使用范围较广，除了载瓦支系使用外，别的支系有不少人也能使用载瓦语交际。载瓦支系的人以载瓦语为日常交际语言，同景颇支系杂居的，还兼通景颇语。
③ 云南省编辑组. 景颇族社会历史调查（一至四卷）［R］. 昆明：云南人民出版社，1985.

象很狭窄。由此可见凉山的民主改革虽然已经过去60多年，但等级观念仍然存在。

2. 特权制度

特权制度与等级制度相伴而生，许多民族的习俗中有大量的维护统治阶级和贵族特权的规范。藏族习俗性规范中赋予上层僧侣、贵族在经济和司法上的特权。奸罪在佛教中被列为"十恶"中的第三恶，一般僧人犯此等罪行，按照律例，要处罚金、鞭刑、去势、死刑等刑罚。但对上层僧侣的通奸行为，往往不加处罚，而将通奸的女子定为勾引罪，据《西藏历史择要》载："藏人归于喇嘛，贱于百姓。关于地方之现行法，寥寥数条，如喇嘛犯奸无罪，将女子鼻尖刈去少许，上贴黑布示众一月，为勾引罪。"上层喇嘛强奸尼姑，一般不予处罚，相反尼姑要支付一种叫"睡差"的费用，若尼姑怀孕，尼姑要受到刑罚，对上层喇嘛强奸尼姑的行为最重的处罚仅仅是责令其还俗而已。[1] 嘉绒藏族聚居区的习俗是土司和头人享有特权，出巡时百姓要用跪拜礼迎送，上下马时百姓要用背去垫，贵族没有服役的义务并不受刑法处罚。

景颇族中的当权官种——山官，也有一系列的特权：任命百姓为寨头的权力；吃"宁贯"（百姓宰杀牲口献祭或捕获较大野兽要给山官献送一条后腿）的权力；要求百姓义务服劳役和交地租的权力；特殊的葬礼（山官及其家人死后全身土葬，棺材横向埋于山中，墓房中柱用木；百姓火葬，顺山脉走向埋葬，墓房中柱用竹）。[2]

少数民族地区民主改革后，旧贵族被改造成平民，习俗性规范中的特权制度已经逐渐消亡。在国家法律的统一管辖下，没有哪一个少数民族原来的贵族后代会提出特权方面的要求，这是民主改革的积极意义，为民族地区习俗性规范现代化扫清了障碍。

3. 处罚方式单一

少数民族社会比较简单封闭的环境形成其习俗性规范单一而重实效的处罚方式。综观各个少数民族习俗性规范，会发现虽然也有死刑、肉刑和监禁等刑罚，但适用最多最广的处罚方式是赔偿。杀人、伤人可以赔偿，强奸、通奸可以赔偿，盗窃也可以赔偿，几乎所有的违法犯罪行为都可以通过赔偿

---

[1] 西藏社会历史调查资料丛刊编辑组. 藏族社会历史调查：第二卷［R］. 拉萨：西藏人民出版社，1988：454.

[2] 云南省编辑组. 景颇族社会历史调查：第四卷［R］. 昆明：云南人民出版社，1986：9-31.

得以解决。赔偿的形式主要是经济方面的，也有精神方面的赔偿，如赔礼道歉。

藏族习俗性规范中有所谓"赔命价""赔血价""赔奸价"和"罚赎"等惩罚性赔偿的规定。历史上四川省金川县卓斯甲地区的习俗性规范就规定致人死亡要赔偿"命价"，男子命价为25秤银子（一秤25两），女子命价是12.5秤银子，为男子的一半，打死土司、头人或活佛、喇嘛赔命价75秤。致人伤残赔"血价"，致手足残废的赔6.25秤银子，杀人未遂的赔3.125秤银子，轻伤流血赔1.5625秤银子，打架用石头致人轻伤流血赔0.5625秤银子，棒打轻伤出血赔0.39625秤银子，抓破或咬破出血赔0.198125秤银子。被罚之家若无力赔偿，可令犯事者讨口去西藏学佛法，学成归来免去赔偿。强奸或与人通奸被发现者要赔偿"奸价"。抢劫或盗窃的行为也通过罚赔解决。卓斯甲地区的习俗性规范规定凡偷盗牛马者，偷一罚九或罚五或罚三或罚二，依被偷盗人的等级确定罚的数额。土司、头人的东西被偷，罚的最重，即偷一罚九。①

虽然在彝族历史上，曾经有死刑、肉刑和监禁等刑罚种类，但在彝族习俗性规范中，罚赔是最常见的刑罚，可以说是一种"万能型"惩罚措施。罚赔适用于致人死亡、致人伤残、侮辱人格、侮辱妇女、强奸、通奸、触摸"天菩萨"②、盗窃、抢劫、拐卖人口、纵火等几乎所有的越轨行为均可以用罚赔的方式得到解决。彝族的罚赔种类繁多，针对不同类型的越轨行为名称不同、赔偿金额差距较大，不同的伤害部位有专门的赔偿名称和不同的赔偿金额。如伤害他人耳朵在彝族习俗性规范中就分为大耳轮致缺、小耳轮致缺、伤害耳朵上部、伤害耳朵下部、对耳朵小部伤害、耳垂致缺、伤害单只耳朵和伤害双耳8类，分别处以多种赔偿，具体罚赔情况如下表3-1③：

---

① 根据2011年5月在四川省阿坝藏族羌族自治州金川县咯尔乡五甲村搜集资料总结而成。
② 彝族成年男子将头发挽成锥髻形状盘在头顶上，称之为"天菩萨"，彝族原始宗教毕摩教认为此处是男魂的居所，故神圣不可侵犯。
③ 此表根据笔者2003年4月在四川省凉山彝族自治州昭觉县、美姑县、金阳县、布拖县田野调查所获案例总结绘制。

表 3-1 彝族习惯法伤害赔偿表

| 伤害部位 | 人身伤害赔偿 | 交通赔偿 | 抚慰赔偿 | 纠纷调解费 | 驱邪赔偿物 | 家支抚慰赔偿 |
|---|---|---|---|---|---|---|
| 大耳轮致缺 | 黄金1两 | 马2匹 | 丝绸2匹,白银2锭 | 白银1锭 | 牛1头 | 牛1头并置酒或羊1对并置酒 |
| 小耳轮致缺 | 黄金1两 | 马2匹 | 丝绸1匹,白银1锭 | | 白色绵羊1只 | |
| 伤害耳朵上部 | 黄金1两 | 马2匹 | 丝绸1.5匹 | | 白色小牛头 | |
| 伤害耳朵下部 | 白银5锭 | 马3匹 | 丝绸1匹 | | 白色公鸡1只 | |
| 耳朵小部伤害 | 白银7锭 | 马3匹 | 丝绸1匹 | | 白色绵羊1只 | |
| 耳垂致缺 | 黄金1两 | 马2匹 | 丝绸1匹,白银0.5锭 | | 白色公鸡1只 | |
| 伤害单只耳朵 | 黄金3两 | 马6匹 | 丝绸4匹,白银3.5锭 | | 牛1头 | |
| 伤害双耳 | 黄金6两 | 马6匹 | 丝绸8匹,白银7锭 | | 牛1头 | |

罚赔处罚方式在景颇族习俗性规范中也很常见，几乎可以用来解决所有纠纷。为了解决早期同态复仇导致的自相残杀情况，在景颇族还处于部落时期，就有同态赔偿的习俗，如"头颅赔葫芦一个，头发赔黑线一团，牙齿赔斧子一把，眼睛赔苦楝果1对，耳朵赔菌子1对，脊椎骨赔火枪1支，肋骨赔矛头一把，手背赔长刀两把，肠子赔白棉线一团。"① 这段关于同态赔偿的文字过于文学化，是否真实需要进一步考证。但景颇族习俗性规范中有明确的关于杀死山官的赔偿规定，具体赔偿要求为："肠子，两条'克基'项链（女性装饰品）；脑壳，60两白银；食物，1两黄金；皮肤，两条'腊真'被子（即丝绸被子），一床寿被；手和脚，10个佣人；安葬费，40头牛；一块地，够一村人居住；5只带手柄的三脚架；10口人煮饭用的铁锅；10床被子；2把剑；10把生活用刀；10把长矛；1张羊毛地毯；眼睛，一对肥皂果；牙齿，32颗齿贝；肚子，一个瓦罐；耳朵，1对瓷盘；脸，1对小铓；头，一个葫芦；负责调解纠纷的全部费用。"② 可见前面那种文学性的叙述还是有一定的可靠性。但因杀死山官的赔偿数额巨大，多数人们根本无力赔偿，只好以命抵命了。

从历史的角度看，少数民族的罚赔规范有一定的进步意义，它让人们走出同态复仇、冤冤相报的恶性循环，维护民族的社会秩序，促进民族地区的发展。但罚赔规范毕竟是一项在人类社会早期创制的制度，因此具有一些局限性，如过于烦琐、过于简单粗疏，还有混淆了民事处罚与刑事处罚的界限，以赔代罚容易使案件的解决进入地下或私人等不可控的状态，难以实现公平公正。

总之，在现代法律文明和法律制度的映照下，少数民族习俗性规范自身的一些缺陷暴露无遗。一些缺陷因为与现代法治理念格格不入，与民主改革后弘扬的平等理念不符，加之国家行政的强势介入，逐渐退出历史舞台。但一些缺陷，因民族地区群众传统观念还未发生根本性变化，在现代国家的法律治理下还是寻求到了自己的生存空间，它们对国家法律产生着消解的作用。

（二）少数民族习俗性规范面临的新问题

如今，在少数民族地区虽然有政府主导的"规划的制度变迁"运动，政府推进型的"法律下乡"也在不断进行，但晦涩的法律条文并未回应民族地区的

---

① 云南省编辑组.景颇族社会历史调查：第四卷［R］.昆明：云南人民出版社，1986：179.
② 德宏史志编委办公室.德宏史志资料：第18集［M］.芒市：德宏州民族出版社，1996：215.

历史传统和现实的法律生活，国家法与民众的法律需求之间仍然有隔阂，于是作为地方准法律表达的民族习俗性规范出现"回潮"迹象，主动回应政府推进型的法律灌输，并用传统的知识体系来诠释和解构国家法制输入。① 在这股强劲的潮流中，泥沙俱下，习俗性规范中的糟粕也"借尸还魂"，掀起一阵阵浊浪，对民族地区法治社会建设产生负面影响。

1. 不能适应社会发展，发生异化甚至扭曲

在实行民主改革前，少数民族习俗性规范与少数民族的自然社会环境、社会结构、宗教信仰和民族心理是高度契合的。但现在，少数民族的一些习俗性规范并未随着剧烈的社会变迁而发生变革，且越来越不能适应少数民族群众的需要。在藏族和彝族地区进行社会调查时，有的藏族群众感慨地说："我们藏族的一些东西已经不能适应社会发展的需要了。"有的彝族群众也感慨地说道："我们彝族的很多东西，不是落后，而是不适应新的时代了。"确实，藏族、彝族等少数民族在新中国成立以后，很快跨越到正常社会可能需要上千年才能自然完成的社会形态演变，一夜之间进入社会主义社会，经历疾风骤雨式的民主改革，少数民族原来的社会形态、生产方式和社会结构都发生了一些变化，而原有的民族习俗性规范对这些变化还未能有效应对，还希望用原来的规范解决已经在本质上发生变化的纠纷。

藏族青年男女自由恋爱后，一些男青年违背其女朋友的意愿而强行与之发生性关系，藏族习俗性规范一般不将这种行为视为强奸，即使女性坚决要求处理，也不过是让男子与其结婚而已；若男子不愿意与该女子结婚，也可以通过赔偿的方式——"赔奸价"来解决纠纷。藏族习俗性规范对其他的强奸行为，也通过"赔奸价"来解决。藏族民众对两性关系和对强奸行为的认识，特别是"赔奸价"的习俗性规范，助长了歪风邪气，一些青年男子更是把"打狗"（找女子发生性关系的暗语，其中包括强奸）作为打发闲暇时光的一种方式。

笔者2003年7月在西藏林芝、山南，2008年8月在昌都、那曲等地做社会调查，无论在法院阅卷还是在田野调查中，都很难搜集到强奸案例。之所以出现这种情况，是因为住在农牧区的大多数藏族民众不认为强奸是犯罪，以至于一些女子遭到强奸也不敢反抗，如果坚持告发，反而会遭到嘲笑，在当地抬不起头。大量的强奸案件以"赔奸价"的方式解决后就彻底在人们的记忆中删除

---

① 尤陈俊. 法治的困惑：从两个社会文本开始的解读[J]. 法学，2002 (5)：6-13.

了，根本不会告到法院。2007年7月在昌都市芒康县人民法院搜集到1件发生在2004年的强奸案例，那是因为该起案例特别典型，被告在与旺秋某某同居期间，意图霸占其二妹，旺秋某某的母亲阻止未遂，在阻止时手臂被打断，后来被告又用刀威胁旺秋某某未成年的三妹，与其发生多次性关系，被告的行为极端恶劣，旺秋某某的母亲忍无可忍，才将案件告到法院。最后，芒康县人民法院以故意伤害罪判处被告有期徒刑5年，以强奸罪判处有期徒刑9年，数罪并罚，决定执行刑期12年。①

最近几年，通过在法院阅卷和进行田野调查，笔者搜集到30多起强奸案件。2017年7月，笔者再到林芝、昌都、那曲进行社会调查，发现虽然"赔奸价"还比较盛行，但一些被害人或者她们的家属已经不再忍气吞声，而是主动告到法院。2016年3月25日，林芝市巴宜区"天意金座演艺厅"服务员林某被邓巴某某带到"小名人"网吧玩耍时被强奸，林某向公安机关报案，虽然双方家庭达成赔偿2万元的协议，但邓巴某某仍被法院以强奸罪判刑。2016年3月30日凌晨，在那曲市嘉黎县，旺庆某某将西某带到县城赛马场桥头将其强奸，趁着旺庆某某熟睡之际，西某向嘉黎县公安局报案。在法院审理该案件之前，双方家属达成了赔偿受害者46,500元的协议，考虑到受害人家属的谅解，法院对被告从轻判刑。2017年3月30日，昌都市类乌齐县女子索某在朗玛厅（相当于KTV）被阿某、次某、噶某某和白某某轮奸，索某将上述强奸者告到类乌齐县人民法院，并拒绝被告家属的赔偿。林芝、昌都、那曲发生的这三起强奸案具有代表性意义，林某、西某和索某都选择报案，而未像以前藏族女性那样忍气吞声，不敢报案。林某、西某因未满18岁，除了报案之外，整个案件中她们参与极少，她们的家属代替她们与被告的家属达成了赔偿协议，在双方家属的理解中该赔偿就相当于"赔奸价"，但在法院的判决中很显然是刑事附带民事诉讼中的民事赔偿，是从轻处罚的理由。索谋家属在整个案件中均未出现，且索谋拒绝对方的赔偿，要求法院严惩被告。这三起案件还昭示着藏族"赔奸价"的传统习俗性规范已经不能满足女性的诉求，现代的法律观念，如自由意志（虽然她们可能还不知道这些理念）等已经渗入藏族社会中，原有的习俗性规范已经不能完全适应社会的多种需要。当然，也不能因此说，藏族传统的"赔奸价"习俗性规范已经失去了存在的社会基础，因为前面提到的案件毕竟发生在城区，而且被害人均受过一定程度的教育，有一定的工作经历，并对法律有一

---

① 本案为笔者2008年8月10日在西藏自治区芒康县人民法院搜集。

定的了解，至少知道强奸是违背女性意志的犯罪行为，不能赔偿了事；而在广大的农牧区，可能还有大量的强奸案件是以"赔奸价"或被迫接受婚姻的方式解决的，只是被遮蔽而不为外人所知。

还有一些少数民族的习俗性规范在历史上发挥着消除仇恨、化解矛盾的功能，比如"赔命价"就是通过赔偿使当事人双方的关系得以缓和或和好，虽然传统的"赔命价"有鲜明的等级制度等弊端，但从整体来看，它还是发挥着正面的历史作用，这也是它能保持强大生命力的根本原因。"赔命价"由下列几个部分组成①：

（1）调头金，主要用来使受害人家属不亲自或组织部落民众上门寻仇，其目的是防止事态进一步恶化；

（2）丧葬费，凶手向被害人家属支付的用以安埋死者的费用，具体包括停尸铺垫、盖尸布、驮尸牛及鞍绳等子项目；

（3）安慰金，支付给死者家属或亲属，如兄弟、姊妹、配偶和子女的一笔费用，包括兄弟失膀、本家失亲、寡妇拭泪和孤儿捶胸等；②

（4）悔罪金，认罪伏法并不再犯同一种犯罪的意思表示，虽为表态，却以罚金的形式表现；

（5）诉讼费，诉讼审理过程中所产生的酬金、伙食费和文书笔墨费；

（6）煞尾费，用一头犏牛（最好为白尾犏牛），在其尾巴上拴一把扫帚进行扫除，象征将不吉利的事一扫而光，实际上是一种恢复两家关系的仪式；

（7）超度费，凶手赔付给受害人家属，让其给寺院买经书、刻石板经以超度亡魂，使其不坠三恶道的费用。

---

① 张济民，戈明. 寻根理枝：藏族部落习惯法通论 [M]. 西宁：青海人民出版社，2002：77-78. 根据田野调查资料有所修改和补充，并用法律语言改写。
② 与藏族赔命价类似，彝族赔命价中也有支付给家属或近亲属的安慰金，如"约比斯木者"（即擦眼泪钱，给死者近亲属）、"俄尼俄勒者"（给死者舅舅的钱）、"俄卜俄玻者"（给死者父亲的舅舅的钱）等，只是名目更多更细罢了，具体参见：陈金全，巴且日火. 凉山彝族习惯法田野调查报告 [M]. 北京：人民出版社，2008. 由此可见，在少数民族社会和基层社会中，个人行为受其身份约束是一种普遍现象，现代法制建设应当对此加以足够的重视。

在传统"赔命价"习俗性规范中,赔偿的主要功能是化解矛盾、抚慰亲人、超度亡灵。笔者 2007 年 7 月在西藏自治区芒康县、类乌齐县、左贡县,2010 年 6 月在四川省甘孜藏族自治州德格县、炉霍县、新龙县、理塘县等地搜集的案例,也证实藏族"赔命价"中的超度费是专门用于宗教目的的。超度费在藏族命价制度中占非常重要的地位,已经成为藏族聚居区的风俗。

但今天,受实用理性和发展经济大潮的影响,"赔命价"中赔偿的功能却发生异化甚至扭曲,赔偿最重要的功能变成赔偿死者的亲人。一旦有亲属死亡,其家人往往认为发财的机会到了,会"狮子大开口"要金额巨大的"赔命价",其金额往往达几十、上百万。根据笔者 2012 年 6 月在四川省甘孜藏族自治州德格县、炉霍县、新龙县、理塘县,2017 年 8 月在青海省玉树藏族自治州玉树市和杂多县的田野调查资料中发现,大多死亡案件的刑事附带民事赔偿往往在法院审判之前甚至在案件还未由检察机关提起公诉之前,赔偿就已经解决。赔偿金额在 30 万至 80 万之间的居多,最大的赔偿额为 200 多万,但因赔偿金额较大,不会受到法院支持,于是采用"阴阳协议",即一份协议金额小些,能得到法院支持,将其交到法院作为和解协议,要求法院从轻判刑;另一份协议金额大些,双方家属自存,作为真实赔偿的凭据。赔偿金额若能满足死者家属的要求,死者家属会出具谅解书,主动要求法院从宽处理甚至要求免除处罚。而如果伤害者在判决前未进行主动赔偿或无力赔偿,则受害者的亲人就不会原谅,甚至会主动要求法院对被告从重处罚。

### 昂旺××故意伤害(致人死亡)案[①]

案情:被告人昂旺××,男,19××年××月××日出生,藏族,高中文化程度,青海省玉树藏族自治州囊谦县人,无业,无前科,居住于青海省囊谦县。2016 年 4 月 7 日因涉嫌故意伤害罪被刑事拘留,同年 4 月 16 日被依法逮捕。2013 年 4 月 29 日晚,被告人昂旺××因怀疑妻子索南××与被害人扎×(又名才仁扎某)关系暧昧,继而发生争吵,并于当晚开车出门让妻子索南××指认被害人扎某的住处。2013 年 4 月 30 日早上 9 时左右,被告人昂旺××再次因此事怀疑妻子索南××并与之发生争执,另一被害人才巴×听见吵闹声后,前来劝架,而后,被害人扎

---

[①] 2017 年 8 月 28 日在青海省玉树藏族自治州玉树市调查搜集,此案例可在青海省玉树市人民法院(2016)青 2701 刑初 33 号卷宗中查证。

×来到被告人家中，遂被被告人昂旺××持刀捅伤，同时也将挡护劝架的被害人才巴×捅伤，而后被告人昂旺××同邻居安它、尕扎一起将被害人扎×送往玉树市八一医院进行救治，在医院救治期间被告人昂旺××得知死者扎某伤情严重后潜逃。被害人扎×因救治无效于2013年4月30日死亡。

司法机关处理情况：综观全案，依照《中华人民共和国刑法》第二百三十四条、第六十四条，《中华人民共和国刑事诉讼法》第九十九条、第一百五十五条第一、二款，《中华人民共和国民法通则》第一百一十九条之规定，判处被告人昂旺××犯故意伤害（致人死亡）罪，判处其有期徒刑10年；判处被告人昂旺××赔偿附带民事原告人拉×的扶养费68,655.00元、丧葬费28,902.00元，被害人的医药费207.00元，三项共计人民币97,764.00元（此款已当庭支付）。

补充说明：被害人扎×的母亲拉×在附带民事诉讼中称被告人昂旺××至今未赔偿原告任何损失，毫无悔改之意，要求法院从重处罚，并要求被告人承担死亡赔偿金586,850.25元（含被抚养人生活费96,003.25元）、丧葬费30,934.00元，共计617,784.25元。

被害人扎×的母亲拉×之所以要求法院对被告从重处罚最主要就是因为被告在审判前未进行主动赔偿。在诉讼过程中，被告昂旺××同意在自己财力范围内对拉×进行赔偿，被告的家人主动赔偿被害人家属各项经济损失10万元，与拉×的诉讼主张仍然存在较大差距，所以直到最后判决，被告也未取得拉×的谅解。

习俗性规范的异化和扭曲现象并不是藏族所特有，彝族、景颇族等少数民族也有类似现象。彝族群众也对这种异化现象很吃惊，他们说如果调解补偿金到位，杀人都可以不偿命，那对富人、官员和有大家支撑的人即使犯死罪也可以活命，而其他人则会生活得更加困难，彝族以前的习俗不是这样的。确实，民族习俗性规范的异化和扭曲，给民族地区的社会秩序和法治建设带来负面影响，还可能助长更多犯罪活动发生。

2. 调解者素质下降，以赚取调解费为目标

历史上，藏族聚居区发生纠纷，一般由活佛、喇嘛或地方头人进行调解。这些纠纷调解者，特别是一些高僧大德，往往道德高尚、品行端正，为人客观公正，对当地的习俗性规范熟悉，再加之宗教赋予他们"克里斯马"型领袖的魅力，而且又是智慧的化身，信佛教的藏族群众把他们的话当成神佛的旨意，

所以在藏族聚居区的命价纠纷、草场纠纷、借贷纠纷中经常活跃着他们的身影。一些跨越边界的草场纠纷，有时政府无能为力，就会邀请活佛出面，如甘肃、青海两省交界的地方经常会发生一些草场纠纷，因处于两省交界的地方，发生纠纷的双方对任何一方地方政府的裁定都不认可，这时双方的地方政府就会极力邀请像贡唐仓这样的大活佛参与调解，纠纷就此解决。民众争相传说："每当草原到了剑拔弩张、一触即发的时刻，只要贡唐仓大师一出现，互相仇视对垒的人们便会立即匍匐在地，静听大师发话。"① 2003 年 7 月 25 日，笔者在拉萨近郊洛桑活佛的家庙里曾亲历活佛调解纠纷。洛桑活佛是西藏山南市洛扎县边巴梯棋寺的活佛，在给我们介绍西藏文化时，有一对夫妻吵架，来找洛桑活佛调解，虽然他们是用藏语交流，但从最后夫妻俩高高兴兴离开，可以看出洛桑活佛的调解很成功。

过去，藏族活佛或喇嘛要接受系统的宗教教育，他们是藏族聚居区文化的传承人，对本地区的风土人情、人文掌故以及习俗性规则都十分了解，对藏传佛教更有很深的造诣，在受邀调解纠纷时，他们可以熟练地使用道德规范、宗教规范、习俗性规则，自如地引用佛教经典和藏族文化传说对当事人双方进行劝解，使双方心悦诚服地接受调解结果。但因历史原因，活佛、喇嘛和其他宗教人员曾一度被迫还俗，寺院的宗教教育也一度中断。改革开放后，形势有了好转，但由于长期缺乏教育等，部分宗教人士对佛教经典和藏族文化并没有进行过系统的学习，因此在参与调解时，并不能充分说理，当事人双方也难以接受。另外，藏族聚居区的现代化也是一个逐渐"除魅"的过程，虽然藏传佛教仍然在藏族群众生活中占有重要地位，但还是发生了一些变化，如藏族青年对宗教的虔诚已经不如老一辈藏族群众；不再像以前那样全民信佛教，少数藏族群众改信基督教，一些藏族群众不再信仰任何宗教；在拉萨、林芝等经济比较发达的城市，一些家庭认为世俗生活的重要性已经超过宗教生活。对少部分藏族群众来说，宗教神圣的信仰正在逐渐消融，宗教人士在他们的心目中也不像以前那么具有独一无二的权威性。随着国家权力的推进、法律教育的开展，在年轻的藏族群众中，法律观念逐渐生根发芽，在纠纷的解决方式上就不再依赖传统的纠纷解决模式，至少国家司法解决纠纷模式会成为他们的一个选项。

---

① 赵书文. 国家权威阴影之下的宗教权威：以甘青藏区纠纷调解为例 [J]. 湖北民族学院学报（哲学社会科学版），2012，30（5）：116-121.

在彝族等少数民族聚居区内，社会自发形成的纠纷调解人也出现了素质下降的情况。在彝族传统社会里，"德古"承担调解纠纷、维护社会稳定的职能。历史上，只有那些通晓彝族"节威"（一般译作"习惯法"，即本书所谓的"习俗性规范"），并且道德高尚、聪明、知识渊博、善于辞令、处事公平、乐于奉献的黑彝或白彝阶层的男子，才可能被人们认可，成为"德古"。2003年4月，在四川省凉山彝族自治州进行田野调查时，笔者搜集了在历史上和当时比较知名的10多名"德古"的资料，发现传统的"德古"还具有下列特征：

（1）"德古"乃彝族社会自然形成，被人们认可。他们调解纠纷不受地域限制，有的"德古"在县内有名，有的"德古"在凉山州内比较出名，而大"德古"则在整个彝族地区（包括凉山州、四川马边、峨边等彝族自治县和云南彝区）调解纠纷。

（2）"德古"中许多人具有家族传承，我们调查时发现一个名叫恩扎阿合热的"德古"是他们家族的第九代"德古"。

（3）需要在年龄比较小的时候旁听"德古"调解案子，以积累丰富的经验和熟悉彝族"节威"，相当于接受教育，这个过程有时长达10多年。

（4）"德古"往往不计报酬、不辞辛劳、不惧危险，收的调解费很低，甚至有时还会自己出钱帮助困难的一方。

改革开放后，彝族地区与全国其他地方一样，也受到市场经济的冲击，导致一些"德古"的素质下降，只重视经济利益，在调解纠纷时故意抬高赔偿金额，以从中渔利，这种现象已经引起当地法院的注意，凉山州喜德县人民法院在其报告中提道："针对群众反映强烈的个别'德古'在处理交通肇事、工伤事故中恶意抬高调解标的额，从中获取利益的现象进行严厉整肃。通过乡镇推荐、法院综合考核、公示等程序，将原来96名特邀陪审员优化成39名，并对他们进行定期业务培训，为他们提供法律法规等依据。"[①]

3. 过度调解，任意扩大习俗性规范适用范围

在少数民族习俗性规范适用中遇到的第三个新问题是模糊了刑事案件和民事案件的界限，用传统的调解解决纠纷的方式调解几乎任意领域的违法犯罪行为，给国家法的适用带来较大冲击。国家对利用习俗进行过度调解的行为加以

---

[①] 引自《喜德县人民法院2012年年终总结》。凉山州为了推进国家法与少数民族习俗性规范的融合，造就一批懂国家法的"德古"，将政治素质过硬、道德品行好和调解水平高、效果突出的"德古"吸收到法庭审判中，邀请他们做"特邀陪审员"，并对他们进行法律法规方面的培训，促进国家法与少数民族习俗性规范的有效整合。

打击和禁止，但少数民族地区的群众和调解人却以调解是少数民族习俗为由，坚持认为所有案件都可以进行调解。

在藏族聚居区，一旦发生命案和伤害案件，人们不分故意和过失，均可以通过"赔命价"或"赔血价"的方式加以处理，而这些案件往往由双方当事人的亲属通过调解私自达成一致意见。据昌都地委政法委统计，1980年至1999年，江达县所判处的126件杀人伤害案件中，通过刑事附带民事诉讼的司法方式加以判决的有16起，涉及金额37,576元，判决数占案件总数的10.7%。而私自赔偿"命价"的却有21件，涉及金额477,085元，调解结案数占案件总数的14.1%，而且私自赔偿金额远远大于法院判决执行的赔偿金额，后者仅为前者的7.9%。①

曾经有一段时间，因为国家严厉打击"赔命价"行为，"赔命价"逐渐转向地下。20世纪80年代以来，随着国家对藏族聚居区"赔命价"打击的放松，"赔命价"又死灰复燃，与国家刑事司法发生激烈冲突，一些藏族群众甚至说"国家法律判不判刑我管不了，但该给的命价钱一分也不能少"。在一些地方，甚至发生不"赔命价"就要杀人报复的情况。

虽然现在国家法律满足了杀人伤害案件中当事人家属要求赔偿的愿望，但通过刑事附带民事诉讼获得赔偿的比例仍然不高，更多的案件则由双方当事人的家长通过调解达成赔偿协议，大多数案件在法院判决前就已经完成了赔偿，而且会出具谅解书，要求法院对被告人从轻或减轻刑罚，甚至不处刑。根据从中国裁判文书网获得的数据，笔者统计了2013年至2016年全国藏族聚居区杀人、伤害、强奸等刑事案件中提起刑事附带民事诉讼、通过调解达成赔偿协议，并取得受害人或其家属原谅等情况（具体见表3-2）。

表3-2反映出藏族聚居区杀人、伤害、强奸等刑事案件呈现出"两低一高"的态势，即提起刑事附带民事赔偿的案件占比低，未进行赔偿的案件占比低，私下自行和解或通过第三方进行调解的案件占比高。考虑到案件的具体情况，有些案件发生在亲属之间，甚至是夫妻之间，根本不可能进行赔偿，或者被告无经济能力进行赔偿，实际上未进行赔偿的比例应该更低些，用西藏自治区类乌其县人民法院的一位法官的话说就是"藏族人遇到案子赔偿的积极性很高，几乎没有执行难的问题"。根据统计的具体案例来看，经过调解以赔偿解决纠纷的方式在藏族聚居区有愈演愈烈的倾向，出现了几乎没有什么案件不能通过调解

---

① 详情参见昌都地委政法委发布的《江达县杀人伤害案件私自赔偿情况》。

第三章 少数民族习俗性规范现代化的必要性和特殊性

表 3-2 2013—2016 年全国藏族地区刑事案件解决方式统计表

| 地区 | 案件总数（件） | 提起刑事附带民事诉讼案件数（件） | 占比（%） | 调解达成谅解案件数（件） | 占比（%） | 未赔偿案件数（件） | 占比（%） |
| --- | --- | --- | --- | --- | --- | --- | --- |
| 西藏自治区 | 350 | 41 | 11.71 | 208 | 59.43 | 51 | 14.57 |
| 玉树州 | 91 | 30 | 32.97 | 55 | 60.44 | 18 | 19.78 |
| 果洛州 | 20 | 1 | 0.5 | 16 | 80 | 2 | 10 |
| 海南州 | 74 | 21 | 28.38 | 58 | 78.38 | 6 | 8.11 |
| 海西州 | 4 | 1 | 25 | 3 | 75 | 1 | 25 |
| 海北州 | 14 | 4 | 28.57 | 11 | 78.57 | 1 | 7.14 |
| 甘南州 | 69 | 18 | 26.07 | 50 | 72.46 | 8 | 11.59 |
| 甘孜州 | 166 | 13 | 7.83 | 107 | 64.46 | 33 | 19.88 |
| 阿坝州 | 47 | 4 | 8.51 | 42 | 89.36 | 4 | 8.51 |
| 迪庆州 | 27 | 10 | 37.04 | 17 | 62.96 | 5 | 18.52 |
| 木里县 | 3 | 0 | 0 | 2 | 66.67 | 1 | 33.33 |
| 天祝县 | 3 | 1 | 33.33 | 2 | 66.67 | 1 | 33.33 |

117

来解决的现象。这样可能导致有权势的人或富裕的人拿钱买命的情况发生，如果总是能够通过赔偿解决问题，他们就可能不把伤害人身甚至性命当回事，从而为所欲为，最终侵蚀法律的公平正义。少数上层人士就会为了维护自己的利益，时常把习俗性规范作为抗击法律变革的理由，十三世达赖喇嘛在1930年曾说：" 若照旧规办理，西藏人民无不悦服。"① 实际上，这是想以人民为借口而维护自身等级特权。

在彝族地区，以少数民族习俗为借口反对改革或抗拒适用国家法的情况也时有发生。调解无所不在，早已超出法律规定的民事案件和轻微刑事案件的范围，几乎所有的案件都能通过调解加以解决。一些"德古"甚至参与包庇同案犯的调解，过度调解混淆了民事案件与刑事案件的界限，是国家法律严厉禁止的，但参与调解的"德古"却振振有词地声明道："我们不是视国法于不顾，但如果民间恩怨不处理，易引起家支冲突，当事人找到我们，是因为我们办事公道，由我们帮助调和关系，弥补当事人经济、名誉损失，才不得不参与到法律不允许的调解中。"调解范围的无限扩大，甚至引起了一些彝族"德古"的警觉和担忧，他们说，"我们的'节威'原来不是这样的""现在很多人把'德古'当成了一种赚钱的职业，他们根本不懂真正的'节威'，只是按照自己的主观意志来把事情摆平，赚钱了事""现在发生了一些奇怪的现象，以前'德古'调解注重的是公正，调解的依据是'节威'，现在有些'德古'却注重怎样得钱多，在当事人之间和稀泥，而把'节威'晾在一边""现在非常奇怪的是，不公正得钱多，公正反而得不到多少钱"。②

调解的泛滥助长了少数民族习俗中沉渣泛起，并使习俗性规范发生恶性癌变，妨碍国家法制在少数民族地区的实施，削弱了国家司法对严重犯罪的打击力量，若任其蔓延，必然成为少数民族地区法治社会建设的破坏力量。少数民族地区法治社会建设，由于历史和其他各方面的原因，是我国法治社会建设中的最薄弱环节，少数民族地区法治社会建设的成功与否关系到整个国家法治社会建设的命运，因此需要对少数民族习俗性规范中的有益成分加以吸收利用，对其消极和破坏性因素要尽量消除，从源头上肃清，这都离不开少数民族习俗性规范的现代化。少数民族习俗性规范现代化的进程是一个正本清源的过程，

---

① 孙镇平，王立艳. 民国时期西藏法制研究 [M]. 北京：知识产权出版社，2006：272.
② 2015年4月，笔者在四川省凉山彝族自治州美姑县、昭觉县、金阳县和雷波县等地进行田野调查时，访谈了一些传统而正直的"德古"，这些"德古"对今日凉山"德古"与"节威"的质变与调解的泛滥颇有微词。

也是一个吸收利用优点和淘汰清除缺点的过程，还是一个培育新的法律观念、形成新的法律制度的过程。

（三）建构民族地区国家法律认同的需要

历史上，历代中央政权虽然注重少数民族地区的法制建设，以法律来治理少数民族事务和调整各民族与中央的关系。但中央政权对少数民族内部事务一般会遵循儒家"修其教不易其俗，齐其政不易其宜"的指导思想，赋予少数民族地区一定的自治权，民族地区的习俗性规范只要不危及国家政权、边疆稳定、司法主权，一般不会轻易废除。因此，历史上的少数民族群众对中央政权的法律基本上一无所知，也未能建构起少数民族地区群众对国家法律的认同。

民族群众只知本民族习俗性规范而不知国法（"王法"）的现象一直持续到近代也没有较大改变，反而随着近代帝国主义的侵略与分裂活动而有所加重。1840年以来的清朝政府和民国政府，在面临帝国主义的侵略时，根本无力顾及对少数民族地区的法律治理，少数民族地区一时成了国家法律的真空地带，少数民族地区的案件或纠纷基本上由其习俗性规范解决。在这种情况下，民族地区群众对中央政权颁布的法律就更无从知晓，慢慢地，少数民族地区的群众就更没有国家法律的意识。[1]

新中国成立后，在少数民族地区进行了民主改革，推行国家法律制度。国家法作为一种输入性的制度，与少数民族地区古老的习俗性规范不期而遇，这样在少数民族地区就存在国家法律和少数民族固有习俗性规范两套规则体系。少数民族地区的民众会基于这两种规则体系形成两种法律意识或法律认同，即对少数民族固有习俗性规范的认同和对国家法律的认同。在少数民族地区，两套规则体系和两种法律认同的存在都是正常现象，是少数民族地区法制现代化必然经历的阶段，是近代民族国家必然面临的问题。一般情况下，这两套规则体系和两种法律认同会在"冲突—调适"中实现融合，最终整合到国家法律规则体系和国家法律认同中去，法律规则体系和法律认同的这种发展趋势既符合马克思唯物主义的发展规律，又成为被历史屡次证明的事实。

---

[1] 笔者于2015年8月在青海省果洛藏族自治州进行社会调查时，发现民国时期该地区通行的法律为《红本法》，即在五世达赖喇嘛命索南饶丹制定的《十三法典》的基础上形成的部落法，而且直到今天，《红本法》中的一些制度和观念对果洛藏族群众仍然有很大影响，如他们坚持认为"赔命（血）价是解决死亡伤害案件的最好方法"，他们甚至提出"国家法如何处理，我们管不了，但命（血）价一分也不能少"。

法律规则体系和法律认同的这种发展趋势并不是一个自然演进的进程，在该进程中国家力量对法律规则体系和法律认同的建构占据主导地位。国家在建构法律规则体系和法律认同中既不能无所作为，也不能操之过急。在建构过程中，国家若无所作为，则注定难以形成统一的国家法律体系和法律认同；若操之过急，则会激化少数民族对自身文化的认同而引起反弹，少数民族固有习俗性规范就会大行其道，因为长期浸染于少数民族文化中的少数民族群众对其固有习俗性规范更有亲和力，而且固有习俗性规范能较大程度地满足他们的传统诉求；少数民族群众也会坚持对少数民族固有习俗性规范的认同，而对国家法律产生排斥心理。

1959年西藏实行民主改革后，藏族固有习俗性规范，特别是与国家法有严重价值冲突的"赔命（血、奸）价""一妻多夫"或"一夫多妻"等习俗性规范被禁止适用，用少数民族固有习俗性规范处理刑事案件的行为遭到政府的打击，但"赔命（血、奸）价""一妻多夫"或"一夫多妻"却没有销声匿迹，而是转入地下。由于国家力量的强大，一些案件虽经司法机关处理，但藏族群众却认为这样的处理方式不符合他们的习俗而拒绝接受，甚至引发了更多事端。

### 隆×故意伤害（致人死亡）案[①]

案情：被告人隆×，男，藏族，30岁，初小文化程度，青海省海南藏族自治州同德县河北乡黄河公社晒什藏队会计。被告人于1965年4月22日和同公社日赛队社员豆×、压欠队换×等6人，去本县青美乡给生产队买粮，途中因一条皮绳的所有权问题，与日赛队的豆×发生争执并且打架。5月1日，在第二次打架时，隆×抽出自带的腰刀向豆×身上捅了两刀，后被众人拉开。5月2日，豆×被送医院抢救，因感染医治无效死亡。

司法机关处理情况：本案经公安机关侦查、检察机关审查认为，事实清楚，证据确实，后果严重，被告人也供认不讳。为维护社会秩序安定，保护人身健康不受非法侵犯，根据当时政策和有关规定精神，结合群众意见，同德县人民法院于1966年5月8日以过失杀人罪判处隆×有期徒刑7年。

此案引起的连锁反应：隆×刑满回来后，被害人豆×的弟弟项×

---

[①] 张济民.青海藏区部落习惯法资料集［M］.西宁：青海人民出版社，1993：202-203.

## 第三章 少数民族习俗性规范现代化的必要性和特殊性

（男，藏族，22岁，初小文化，牧民）即寻机为兄报仇。1974年1月12日，项×在河北公社赛欠沟夏拉合地区放牧时，看见隆×一人在山梁山放牧，认为为兄报仇时机已到，当即就地拾起一块石头向隆×扑去，当隆×发现并转身跑时，项×即用准备好的石头向隆×打去，击中了隆×的头后部致其昏倒在地。项×不顾隆×的哀求，抽出自带的藏刀朝隆×左耳根戳去，致隆×失血过多住院，经三个月医治无效死亡。

1975年12月17日，同德县人民法院对报复行凶致人死亡的案犯项×判处有期徒刑12年。项×刑满后，隆×家的人又想将项×杀掉。项×无法在该村居住，只好搬迁到别村落户。虽然项×外迁，但隆×家的人仍旧不忘复仇。后来，由海南藏族自治州人大常委会副主任、活佛黄加羊出面以宗教形式解决，项×家与隆×家冰释前嫌，项×得以返回日赛村。

隆×故意伤人（致人死亡）案发生在1965年至1975年，那个时期在法律上的表现就是要彻底消除少数民族习俗性规范的适用，把国内各民族的生活纳入统一的国家法制轨道中。① 这种无差别法制现代化的政治热情激化了国家法与少数民族固有习俗性规范之间的矛盾，并导致一系列负面的连锁反应。

早在1956年，凉山彝族地区就进行了民主改革，国家法律在彝区的推行遇到了同样的问题。彝族民众和"德古"对国家法律不了解，他们认为国家法律不讲情理，不符合人情。当时，一些黑彝人反对以平等为基本原则的民主改革，坚持认为等级制度和等级内的婚姻习俗神圣不可动摇，他们曾经说道："天地平等，黑彝人白彝人平等，是自古就不可能的事；搞民主改革可以，但是黑彝人白彝人不能通婚；民主改革可以行，但是等级从属关系不能变。"②

民主改革后，1950年颁布的婚姻法在彝族地区的推行遇到巨大阻力，因为婚姻法所倡导的婚姻自由、男女平等和一夫一妻等精神和制度，与彝族习俗性规范中的等级内婚、男尊女卑和"一夫多妻"有着巨大的差异。民主改革后，为了使婚姻法在彝族地区能够得到贯彻实施，各级政府进行了四次婚姻改革运

---

① 仔细推敲不难发现，虽然该案例总体上贯彻国家刑事制定法一贯的宏大叙事原则，但在某些方面仍不得不考虑到少数民族地区的实际情况，因为判决本身就是在"根据当时政策和有关规定精神，结合群众意见"的基础上作出的。

② 施嘉明，吉木布初，王传廷. 难忘的历程：开辟凉山彝族地区工作的回忆录[M]. 成都：四川民族出版社，1992：178-179.

*121*

动，但政府的改革努力却被彝族习俗性规范消解，一些彝族人甚至认为政府是没事找事、多此一举。1956年第一次婚改时，在中国共产党凉山州委员会召开的各阶层人士座谈会上，有人提出"就是黑彝人白彝人不通婚对社会主义也没什么妨碍"，坚决反对婚姻自由，坚持等级内婚，甚至还有些人士将其上升为民族问题，他们说道："如果我们彝人还能管彝人的事，就不应该有这种事（指黑彝人与白彝人通婚）。"① 第二次婚改开始于1964年，当时"四清"运动和阶级斗争已经在全国开展，彝族婚姻问题的实质被认为是阶级问题，因大部分黑彝人被划分为奴隶主阶级，政府要求广大群众认清奴隶主阶级的实质，并与他们划清界限，因此对白彝人与黑彝人通婚非常警觉，号召白彝党团员、基层干部和贫苦劳动人民要提高阶级觉悟，不与黑彝人通婚，否则组织将对其进行处理，这样的政策遭到彝族群众的消解，他们认为该政策与彝族"节威"中的等级内婚并没什么区别。第四次婚改对彝族地区的婚姻习俗虽然有一些改变，但从整体上说婚改基本失败。究其原因，是彝族群众对国家婚姻法的排斥。

本来，少数民族群众对少数民族习俗性规范产生认同并不是什么问题，因为这些规范毕竟是他们耳濡目染的。但是从上面藏族和彝族习俗性规范在他们生活中产生的影响来看，习俗性规范处于支配地位，而民众对国家法了解不多、认同不够，甚至一些少数民族群众把国家法视为"汉族人的法"。长此以往，少数民族地区就会出现对国家法认同不够的问题，若各个民族都只对自己民族的习俗性规范认同，而没有超越族群的法律认同，即对国家法律的认同，那么，多民族国家是不能形成自己的法律共识的，这对于建立法理型现代社会是极为不利的。

近年来，随着少数民族传统文化意识的复苏，少数民族固有的习俗性规范和纠纷解决模式有逐渐复苏的趋势。这种趋势导致少数民族地区群众更多地选择本民族传统的纠纷解决机制，以此代替、置换国家法律认可的纠纷解决方式与国家司法模式，在一些地区甚至出现公然以少数民族纠纷解决模式对抗国家司法模式的情况。在藏族地区，民众坚持用罚赔的方式解决所有的纠纷，否则就会逃到邻国，以逃脱法律制裁。2000年至2012年，在西藏自治区江达县发生两起杀人或伤人致死案件，为了不受到法律制裁，犯罪嫌疑人均逃到印度躲藏，

---

① 中共凉山州委办公室. 关于召开凉山彝族各阶层人士座谈会中上层代表思想情况及劳动人民在会议中所起作用的简报[M]//韦清风，冯小舟，等. 凉山变革资料选编（内部资料）. 北京：中国社会科学院民族理论研究室，1981：355.

并托人带信给司法机关说"如果允许'赔命价',就回来;如果不允许'赔命价',就不回来了"。在凉山彝族地区,国家司法也遭到少数民族习俗性规范的挑战,如在人民法院门口存在的"坎下法院"(即在人民法院的石坎下由"德古"主持的调解)往往有较大的威信,笔者在凉山州布拖县调查时发现,一些法院不能处理的案件却能在"坎下法院"得到妥善解决,甚至一些案件法院判决后,因为人们不认可,只好找到"坎下法院"的"德古"按照彝族"节威"重新处理。

少数民族地区存在缺乏对国家法律认同的现象,只能通过对少数民族习俗性规范的现代化来解决。国家法要在少数民族地区生根发芽必须找到基础,也就是说国家法要嫁接在少数民族习俗性规范之上,国家法应蕴含少数民族习俗性规范的一些因素,让少数民族地区的群众认识到国家法不是"汉人的法",而是中华民族共同的法律,通过制度性诱导让少数民族地区的群众逐渐了解、认识并愿意适用国家法。

**二、少数民族习俗性规范现代化的特殊性**

正如第二章所言,少数民族习俗性规范现代化虽然是国家法律现代化的一个组成部分,与国家法律现代化有共同的发展趋势,但少数民族地区的各种特殊情况决定少数民族习俗性规范现代化具有特殊性。下面就以藏族为例,对其特殊性加以探讨。

(一)特殊的文化生态

1. 环境与文化的关系概论

文化的发展不能摆脱人类在空间和时间上所处的特定自然条件。[①] 古往今来,中外思想家对文化与环境的密切关系多有论述,如《周礼》中说:

> 橘逾淮而北为枳,鹳鹆不逾济,貉逾汶则死,此地气然也;郑之刀,宋之斤,鲁之削,吴粤之剑,迁乎其地而弗能为良,地气然也。

"南橘北枳"的现象说明地理环境对文化有决定性的影响。地理环境决定论在西方也大行其道,其渊源可以追溯到古希腊。当时著名的历史学家希罗多德(Herodotus)、著名的医生希波克拉底(Hippocrates)和著名的思想家亚里士多

---

① 冯天瑜,何晓明,周积明. 中华文化史 [M]. 上海:上海人民出版社,2005:23.

德（Aristotle），从不同的角度论证环境与历史、人性、文化的关系。近代西方的社会地理学派更是认为国家制度和文化类型取决于其地理环境，特别是气候，该学派的代表人物孟德斯鸠（Montesquieu）认为：

> 气候的王国才是一切的王国第一位……异常炎热的气候有损于人的力量和勇气，居住在炎热天气下的民族秉性懦怯，必然引导他们沦落到奴隶的地位。而寒冷的气候则赋予人们的精神和肉体以某种力量，这种力量和勇气使他们能够从事持续的、艰难的、伟大的和勇敢的行动，使他们保持住自由的状态。①

地理环境决定论过分强调自然条件对人类历史文化的影响，夸大自然对人类社会及其文化的作用，从而忽视人类生产劳动在创造文化过程中的能动性。但我们不能因此就简单地否定其中的合理成分，即人类的任何发展阶段都离不开地理环境。今天，虽然人的行为对环境的反作用日益增大，但与环境对人的文化之型构程度相比，仍然不能相提并论。② 对此，恩格斯提醒我们要时刻记住：

> 我们统治自然界，决不像征服者统治异民族一样，决不像站在自然界以外的人一样——相反地，我们连同我们的肉、血和头脑都是属于自然界、存在于自然界的；我们对自然界的整个统治，在于我们比其他一切动物强，能够正确认识和运用自然规律。③

恩格斯告诫我们，包括法律文化在内的文化研究，特别是对其生发机制的研究应当综合考察它的地理环境，如地质、气候和水流等因素。

2. 藏族聚居区的自然环境

藏族聚居区乃一地理概念，从自然属性上讲，其范围与青藏高原基本相当。青藏高原雄踞在我国西部，是世界上最高的高原，在东经76°~103°、北纬26°~40°的地理范围内。青藏高原自然形成一个相对封闭的地理单元，乃藏族文明的

---

① 孟德斯鸠. 论法的精神 [M]. 张雁深, 译. 北京：商务印书馆, 1982：309.
② MURPHY R F. Cultural and Social Anthropology [M]. New Jersey：Prentice Hall, 1986：138.
③ 中共中央马克思恩格斯列宁斯大林著作编译局. 马克思恩格斯选集：第 3 卷 [M]. 北京：人民出版社, 1972：518.

产生、发展和传承的自然基础。

首先来看藏族聚居区复杂的地质地貌特征。青藏高原素被称为"世界屋脊"和"地球第三极",平均海拔在4000米以上,整个地势西北高、东南低,以山地地形为主。四周高山环抱,北有阿尔金山脉、昆仑山脉和祁连山脉,南有喜马拉雅山脉,西有喀喇昆仑山脉,东有横断山脉,中部间有断层、宽谷和星罗棋布的湖泊。断层地带形成的陷落盆地、谷地中的河岸阶地及两侧的丘陵和湖积平原,为藏族文化的产生和发展提供了一定的物质基础。

根据地质地貌,青藏高原又可细分为卫藏、羌塘和朵康三部分。卫藏和羌塘以冈底斯山和念青唐古拉山南麓的大断裂带为界,北部为羌塘,是喜马拉雅造山运动所形成的古生代褶皱带和中生代褶皱带,其地貌主要为保存完好的高原,间以浅平的谷地、盆地和相对较低缓的山丘;南部为卫藏,是喜马拉雅造山运动所形成的中生代褶皱带和新生代褶皱带,其地貌主要为起伏很大的山谷,杂以宽谷和湖盆平原。朵康在横断山以东,是经过印支、燕山造山运动所形成的中生代坳陷带,地貌十分复杂,主要为沟壑纵横的高山深谷。[①]

藏族文明孕育于卫藏地区,以雅鲁藏布江流域为中心。从地质地貌上讲,藏族文明的发祥地属于山原湖盆谷地区,山原湖盆谷成为孕育藏族原生文明的自然条件,它必然影响到文明的形塑。但山原湖盆谷地区农耕文化并非藏族文化的唯一底色,藏族族源的多元性[②]决定了它还会受到北方草原游牧狩猎文化、黄河流域农耕文化,甚至南方长江流域原始文化的影响,因为随着吐蕃政权的对外扩张,青海、甘肃、四川西北和云南北部为藏人所占据,这些地方的古代部落逐渐演变为藏人聚居地,他们的文化与原生藏族文化相融合,使藏族文化具有明显的多重性特点。

其次,在形塑藏族(法律)文化方面,藏族聚居区的气候条件也对其产生了巨大影响。青藏高原是亚洲中部高寒环境中的典型和极端,这里常年气温较低,据气象统计数据,夏季最高气温35.5℃(柴达木盆地),冬季极端最低气温-45.2℃(唐古拉山);除了北部沙漠戈壁区和南部横断山区以外,夏季平均

---

[①] 格勒. 藏族早期历史与文化 [M]. 北京: 商务印书馆, 2006: 16.
[②] 对藏族族源上的多元性,学者们多有论述,如童恩正、安应民、格勒等。安应民认为:"各地藏族……在族源上也有差异,大体上今西藏藏族主要源于土著居民(其中一部分是羌人,一部分还未搞清楚)和迁徙戎羌的结合,甘青川藏族主要源于戎羌,其中融合了一部分三苗的成分。"具体参见: 安应民. 藏族族源新探 [J]. 西藏研究, 1984 (3): 52-60.

气温一般不超过20℃；除了南部河谷地带外，冬季平均气温一般在0℃以下，北部的部分地区和高原地区一般在-20℃左右。总之，青藏高原十分严寒，年平均气温较低，一般在-3.6℃~7.8℃。由于常年气温较低，整个青藏高原的无霜期较短，一般在120~150天。藏北高原以及藏东高山地区，没有绝对的无霜期，冰冻期较长，热量不足，不适宜谷物生长，但高原充足的日照、夏季凉爽的气温却给牧草的生长提供了优越的条件。根据气象统计资料，青藏高原日照时间一般较长，年均日照达3000小时，所以日照十分充足。然而，高原地区太阳光中的强紫外线辐射容易引起眼睛的急性损伤。青藏高原空气稀薄，含氧量要比海平面空气含氧量低1/3~1/2。含氧量低，氧分压、人体肺泡内氧分压、弥散入肺毛细血管血液中的氧、动脉血氧分压和饱和度也随之降低，可能引起人的各器官组织供氧不足，从而产生功能或器质性变化，进而使人出现缺氧症状，如头痛、头晕、记忆力下降、心慌、气短、发绀、恶心、呕吐、食欲下降、腹胀、疲乏、失眠、血压改变等，诱发各种高原病。此外，青藏高原的灾害性天气较多，大雪、早霜、低温、干旱、冰雹等自然灾害，严重制约着农牧业生产的发展，威胁着藏族群众的生存。

由于喜马拉雅山脉的逐渐抬升，阻挡了暖湿的印度洋季风深入，所以青藏高原大部分地区比较干燥，是典型的大陆气候。除了河谷地区和南部边缘以外，这里的降雨比较稀少，幸赖大量冰雪融水的补给，才没有成为与西北内陆一样的干旱地区。青藏高原的大部分地区，如昆仑山河谷区、念青唐古拉山南麓谷地、雅鲁藏布江的峡谷地带和拉萨河宽谷盆地、昆仑山和唐古拉山中间的山间盆地、藏东高山河谷地区以及藏北高原等，这些地区的年均降水量一般在250毫米~500毫米，属于半干旱地区，北部柴达木盆地边缘和南部地区除外。北部柴达木盆地南缘山前冲、洪积倾斜平原，即为戈壁裸地生态系统，呈戈壁荒漠地貌景观，植被极为稀疏，年均降水量在40毫米左右，属于干旱地区。南部的横断山区年均降雨量一般在1000毫米以上，属于典型的湿润地区；雅鲁藏布江流域为半湿润地区和湿润地区，年平均降雨量一般在600毫米~800毫米。就青藏高原的大部分地区来说，降雨比较少。①

总之，青藏高原的气候条件十分恶劣，藏族群众世代生存在这种恶劣的环境中，环境浸润了他们的思想和精神，形成了民族独特的品格，继而影响了藏

---

① 藏族地区的气候情况主要参考：中国科学院自然资源综合科学考察委员会. 西藏气候[M]. 北京：科学出版社, 1984.

族文化的品格和特征。极端恶劣气候的影响也反映在民族群众的性格上,藏人性格常常具有双重属性,如爱与恨交织、自大与自卑同存、视钱财如粪土与贪财好利共生,藏族群众的性格常常游走于两个极端,不容有任何中间环节。[①]

再次,青藏高原独特的水文条件也是影响藏族文化的生态原因之一。青藏高原乃"世界屋脊",大多数山脉的海拔高度超过5500米,其中喜马拉雅山脉更以拥有16座海拔超过8000米的高峰而雄踞世界之巅,再加之高原地区气温低,形成了许多大面积的冰川。常年积雪和永久性冰川使青藏高原成为亚洲著名的"固体水库"。每年夏季高山积雪和冰川消融,雪水和冰川融水不仅成为灌溉中国内陆干旱地区的重要水源,而且是亚洲许多著名大河的源头,如长江、黄河、澜沧江、怒江、雅鲁藏布江等。这些河流在青藏高原蜿蜒曲折、奔腾咆哮、水流湍急。高大的山脉和汹涌的河流阻隔了藏族先民与其他民族的交往,形成了内在封闭的藏族文化。封闭的内陆环境使藏族文化受到外界的刺激较少,而且由于藏族社会内部相对稳定,社会变动几乎不曾发生,包括法律文化在内的藏族文化一经形成则基本上固定。这种封闭的文化,除非有强大且适合藏族地理环境、民族性格的文化输入和强制的制度变迁(前者如佛教的传入,后者如元朝的统治),否则很难发生变化。

藏族文化的这种内陆性格,决定了它与其他文化接触的困难。由于藏族群众始终秉承本土文化适应藏族聚居区地理环境条件的理念,在与异质文化的交流中,他们总会牢固地坚守自己的文化。当然,藏族群众并不抱残守缺和故步自封,他们也会吸收符合藏族聚居区自然生态环境的文化因子,使其文化能够继续发展,如松赞干布对佛教的主动迎请。也就是说,藏族聚居区中异质文化的输入必须找到它的切入点,即与藏族原生文化契合才能成功。

3. 经济形态与生产方式

经济形态与生产方式对文化,特别是法律文化的生成和发展意义重大,有学者甚至认为"谁都不能不知道或注意到经济学的法则,因为它们着实支配着法律和立法对象的很大部分"[②]。经济生活对少数民族习俗性规范的影响尤为明显,张冠梓通过对南方山地民族法律志的考察,发现南方山地民族的经济类型与其法律的成长阶段有着惊人的一致性,因此在研究少数民族习俗性规范时,应当认真思考原始部落经济与固有法的关系、经济结构对法律规则的形成和特

---

① 丹珠昂奔. 藏族文化发展史[M]. 兰州:甘肃教育出版社,2001:27-28.
② 密拉格利亚. 比较法律哲学[M]. 朱敏章,等译. 长沙:商务印书馆,1940:288.

征产生的影响、社会生产方式变化对法律制度变迁的影响与作用。① 根据经济形态与生产方式来研究少数民族习俗性规范的方法对包括"赔命价"在内的藏族习俗性规范研究极富启发意义。

藏族自称"博"（bod），据王尧先生考证，这一称呼可能与藏族历史上早期从事的农业生产有关。他说："vbrog 是吐蕃社会中两大项生产的一种，而且与 bod 对称，谓之'bod-vbrog'，意思是农牧业，概括全部生产。据笔者在拉萨东部达孜一带的调查，该地群众以'bod-pa'代表农业人口，以'vbrog-pa'代表牧业人口。因之，可以推测 bod 作为藏人自称，可能与农业生产发展有关。"② 笔者认为这一推测比较可信，理由有三：

一是以本族早期的生产方式来命名族称或称呼他族的情况，在我国和世界其他国家的民族中十分常见。如畲族，"畲"字的含义为"上面人字表示搭草寮的人字架，下面的田字表示这个游耕民族在迁徙之处，用草木搭寮安家，有烧畲、垦畲、种畲之义"③。由于耕种畲田，畲族在一个相对稳定的区域内是主人，但食尽一山而迁移的游耕生产方式决定了他们不会定居于一地，相对于定居而言，他们又成为客人，因此畲族又被称作"山客"或"山客畲"。又如，"因纽特人"乃印第安人对居住在西伯利亚、阿拉斯加到格陵兰的北极圈内外的土著居民的他称，意为"吃生肉的人"，虽有侮辱、贬低之意，但从侧面反映出该民族主要的生产方式为渔猎。古代，民族的自称或他称总是最能反映该民族与众不同的特征。卫藏地区的藏族群众至今仍自称"bod"，可能与他们的先人很早就已经从事农业生产，与周边他族仍然处于游牧的生产方式迥异有关。

二是王尧先生的推断还可以从藏族广为流传的"猕猴变人"的故事得到印证。故事情节大致如下：

传说远古时，一只授过近事戒的猴子受观音菩萨之遣，到雪域修

---

① 张冠梓. 论法的成长：来自中国南方山地法律民族志的诠释 [M]. 北京：社会科学文献出版社，2002：145.

② 王尧. 吐蕃金石录 [M]. 北京：文物出版社，1982：88. 关于"博"（bod）的由来，学界的观点并不一致。有的学者认为 bod 源于藏族始祖的王名，如《青史》认为 bod 是由吐蕃王族早期自称"悉勃野"（spu-rgyal）中的 spu 转化而来的；有的学者认为 bod 源于 Buddha 或 Bohdra，即佛教；有的学者认为 bod 来源于藏族的本土宗教"苯波"（bon）的名称。

③ 雷弯山. 刀耕火种："畲"字文化与畲族的确认 [J]. 龙岩师专学报，1999（4）：77-81，84.

行。当他修习菩提慈悲之心,对于甚深之佛法性空生起胜解之际,有一个被业力所驱使的岩罗刹女来到那里,用言语挑逗,并化成一美丽女子向猕猴求婚,猕猴拒绝了。罗刹女威胁说,如果不与她成婚,她将扰乱藏地。猕猴无奈只好求助于观音,受观音点化,猕猴与罗刹女成婚,生下六只小猴,六只小猴在水草丰茂之地繁衍,三年后增殖为五百只小猴,饥肠辘辘,父猴祷告于观音,观音从须弥山中取来青稞、小麦等五谷撒向大地,使大地长满不种自生、不助自熟的谷物。小猴吃了谷物后,身上的毛和尾巴变短,由此传出了雪域人种。

如果剔除这个故事中的神话成分,我们会发现它是一段极具解释张力的藏族演进史,可以从多个向度来破解隐含在这段文本中的关于藏族社会生活的真相。① 从"小猴的增殖"到"传出雪域人种"简直就是一段藏族聚居区生产方式的演进史:藏族先民最早的生产方式是采集和狩猎,即故事中所谓的"六只小猴在水草丰茂之地繁衍"阶段,但很快采集和狩猎所得到的食物不能适应快速增长的人口的需要,因此必须转变生产方式,这才有了向农业的过渡,故事中以神话的方式幻化成"观音从须弥山中取来青稞、小麦等五谷撒向大地,使大地长满不种自生、不助自熟的谷物"。这则故事的发生地在今西藏自治区山南市泽当镇,那里是吐蕃王朝的发祥地,处于雅鲁藏布江河谷地带,自古就是藏族聚居区著名的农耕区,主要种植青稞、小麦和高粱等谷物,那里至今仍保留着一块叫"chi"② 的田地,据当地藏族群众说这就是观音抛撒五谷之地。

三是在距今 5000~8000 年时,青藏高原处于全新世,又被称为冰后期。这时气候十分温暖,适宜植物和农作物生长,在聂拉木东北海拔 4300 米,现在年平均气温 0℃ 近亚里的波曲的第一阶地上部的地层中发现了忍冬藤、杜鹃等植物

---

① 四川大学历史学教授石硕认为,猕猴与罗刹女交配繁衍藏人的传说并非神话,而是藏族的重要祖源传说,是关于藏族起源真相的、具有实际含义的文本。"猕猴"与"罗刹女"皆是图腾符号,"猕猴"种系指出自东部横断山区的氏族,"罗刹女"种系指藏地土著,二者结合实则是关于远古氏族的联姻。具体内容参见:石硕. 一个隐含藏族起源真相的文本——对藏族始祖传说中"猕猴"与"罗刹女"含义的释读 [J]. 中国社会科学, 2000 (4): 167-177, 208. 石硕的研究在如何运用研究资料方面极具启发意义,在史料阙如的情况下,应当运用其他材料,如文学、谚语等材料。
② 根据另一个版本的"猕猴变人"传说,观音在这块地边抛撒谷物时曾说"chi",在藏语中"chi"有"谷物"之意。笔者于 2003 年 8 月在雍布拉康曾俯视过那片田地,确实地势平坦,庄稼长势喜人,实为藏区不可多见的农地。

的遗迹，便是当时气候转暖的明证。史料记载，这一时期，在青藏高原海拔较低的河谷地带，出现了园艺式农业生产；吐蕃时期，青海河湟地区和西藏拉萨河谷地带出现了农业生产。①

自古以来，农业和牧业经济始终是藏民族的生存基础。根据地形特点，藏族人形成了河滩川水地耕种，浅山耕地与牧草地相间，脑山地（指海拔2600～2800米的高位地带）放牧这样一种垂直立体的多样经济类型，呈现出农、牧、林相互依存、优势互补的大生态系统。由于雪域高原独特的环境，藏族聚居区的农业基本上属于粗放经营，当地的农民基本上过着顺应自然、"靠天吃饭"的农耕生活；技术和生产工具简单，主要有木犁、木叉、铁齿耙、镰刀、小手锄、石磨等，它们大多取自自然；主要农作物为青稞、大麦和藏小麦，虽然比较耐寒抗旱，但产量较低。

高寒地区是典型的牧区。5～6月，牧民们会进入高寒草场。这个时间海拔3000米以上的草原地区进入暖季，气温在5℃以上，高寒山地草甸类、沼泽草甸类、灌丛草甸类草场的青草已长出、长齐，早晚气候凉爽，又无蚊蝇滋扰。喜凉怕热的高寒地带牲畜此时进入高寒草场不仅气候非常适宜，又能充分利用高山草原牧草资源。8～9月，牧民们会进入山地草场（秋季草场）。这个时间高寒草场天气日冷，气温降至5℃以下，牧草停止生长，日渐枯黄。而此时山地草场的牧草正在茁壮成长，茂盛的牧草正好得以充分利用。10月下旬，牧民们进入冬季草场。这个时间在那些海拔较低、避风向阳、气候温和的平地或山沟里，生长着柔软的旱生多年生禾本科牧草（一般为20厘米～30厘米高），这种牧草返青迟、枯黄晚，足够家畜在漫长的冬季食用。②

农业（特指纯粹的种植业）在藏族整个社会经济中所占的比重较小，在农牧结合区或牧区种植业的比重则更小，在高寒地区种植业所占的比重为零。农业经济在塑造藏族民族文化方面作用有限，因此影响藏族聚居区法律文化形成和发展的经济形态是其主要的生产方式——牧业。牧业的这种影响在藏族习俗性规范，尤其是"赔命价"中表现得比较明显。

"赔命价"似乎与牧业经济有着不解之缘。考诸中外曾经实行"赔命价"习俗的民族，我们会发现这些民族大多数是草原民族，经济上以牧业为主，一旦他们的经济发生变迁，"赔命价"习俗也随之消亡。如建立金政权的女真在部

---

① 南文渊. 高原藏族生态文化 [M]. 兰州：甘肃民族出版社, 2002：120.
② 吕志祥. 藏族习惯法及其转型研究 [D]. 兰州：兰州大学, 2007.

<<< 第三章 少数民族习俗性规范现代化的必要性和特殊性

落时代，据史载有旧俗："杀人及劫盗者，击其脑杀之，没其家资，以十之四入官，其六偿主，并以家人为奴婢，其亲属欲以马牛杂物赎者从之。或重罪亦听自赎，然恐无辨于齐民，则劓、刵以为别。"① 也就是说，按照女真旧俗，杀人不仅要向被害人家属（"主"）支付命价，还要向国家（"官"）缴纳赎罪金。但女真建立金政权后制定的《泰和律义》废除了"赔命价"，与其说它受到汉化的影响，还不如说进入中原后，它的主要经济形态发生了变化，与原来经济发展相适应的"赔命价"受到农业经济的冲击，再无立足之地。

那为什么"赔命价"与游牧经济孪生相伴呢？我认为主要有以下两个方面的原因：一是经济方面，二是牧业的流动性。所谓经济方面，是指游牧的单位经济效益较低，对自然的依赖较大，一旦遇到自然灾害，其抵御能力较差。牧民的生活不常处于困顿中，因此他们不重视财产和理财。但如果发生严重灾害，食不果腹的情况在所难免，这时资源严重稀缺的问题凸显出来，严酷的生存环境教训着他们，使他们在有机会获得资源的情况下会功利地做出选择，"赔命价"就是这种功利选择在现实生活中的体现。

牧业的流动性也是形成"赔命价"的一个重要原因。在氏族社会时期，藏族与其他人类社会一样盛行血亲复仇，有研究者认为："在原始时期的氏族社会里，藏族聚居区各地都有血亲复仇的习俗。当一个氏族或部落的任何成员遭受外部落成员的凌辱时，这个氏族或部落的全体成员就要对侵害者的氏族、部落进行集体复仇。这是氏族社会一项重要的行为准则。"② 部落与部落之间长期的血亲复仇会造成部落人丁不旺，徒增孤寡悲伤，甚至使部落的存续受到严重威胁。而部落的扩大导致血缘关系逐渐淡化，再加之恶劣高寒的气候、艰苦的生存环境造成藏地牧区地广人稀，而人口密度本来就低，因此限制血亲复仇、谋求部落的壮大和发展就成为部落的首要追求，牧业的流动性为血缘关系的淡化和仇恨的缓解提供了条件，作为一种部落和解形式的"赔命价"制度就这样在民间产生了，于是"赔命价"就成为一种理性选择。

4. 社会组织形式——部落及其影响

（1）藏族部落及其权力结构

部落乃人类社会最早出现的共同体，它的出现甚至比氏族还早，至少是与

---

① 脱脱，等. 金史·刑志 [M]. 北京：中华书局，1975：1014.
② 陈光国. 试论藏区部落习惯法中的刑法规范 [J]. 西北民族学院学报（哲学社会科学版），1997（3）：85-91，114.

氏族同时产生的。① 从人类发展史来看，最早出现的部落是母权制部落，其后演变为父权制部落。这两种类型的部落以血缘关系为纽带，属于氏族部落。此后，因为战争和部落的迁徙，血缘纽带被打破，地域部落开始形成。

无论氏族部落还是地域部落，它们都有一些共同特征，即"有自己的名称，一片相连接的地域，共同的语言或方言，有共同的经济（如集体狩猎、生产协作）及共同的文化和生活方式。婚姻实行部落内部不同氏族间的通婚。部落有宣布氏族所选出的酋长和军事首领正式就职的权力，也有撤换他们的权力；有共同的宗教观念及祭祀仪式；有讨论公共事务的部落议事会；有一个最高首领，他是酋长之一"②。

考诸藏文古籍，人类部落演化史也适用于藏族部落。藏族最早出现的部落也是氏族部落，藏文史料称，藏族先民最早分为塞、穆、董、东四大姓氏，或塞、穆、董、东、查、祝六大姓氏，这四大姓氏或六大姓氏即藏族最早的氏族部落。

这些氏族部落，经过上千年的迁徙发展和分化组合，到公元6世纪中叶松赞干布的祖父达布聂赛时期，已形成了数十个部落联盟，据《敦煌本吐蕃历史文书》记载，在西藏地区的部落有所谓"十二小邦"。松赞干布逐渐吞并了这些部落集团，统一了青藏高原，建立了完整的国家形态。这些部落集团不复存在，但在吐蕃地方军政组织千户所、四"如"中，部落组织保留了下来。而且随着吐蕃的扩张，甘、青、川地区的一些西羌部落和鲜卑部落被吐蕃征服，逐渐融入藏族之中，被同化为藏族人，并被编入藏族部落组织。西羌人和鲜卑人的融入打破了藏族部落原来的血缘纽带，藏族部落从氏族部落向地区部落转化。由此可见，吐蕃王朝时期的部落多种姓氏杂居，甚至还有外民族的人掺杂其中，已经是比较普遍的现象。③ 吐蕃的部落组织，如四"如"和千户所的划分是按照地域划分，而不是按照血缘划分，因此部落具有一级行政组织的性质。

吐蕃政权灭亡后，出现了许多地方割据势力，他们占有土地，成为庄园及农奴的领主，前后藏地区的部落也就土崩瓦解。元朝及以后的中央王朝在西藏扶持萨迦、帕竹、第悉藏巴、噶厦等政教合一的地方政权，寺院、贵族、地方

---

① 恩格斯. 家庭、私有制和国家的起源 [M]. 张仲实，译. 北京：人民出版社，1954：45.
② 中国大百科全书总编辑委员会《民族》编辑委员会，中国大百科全书出版社编辑部. 中国大百科全书·民族 [M]. 北京：中国大百科全书出版社，1986：4.
③ 王尧，陈践. 吐蕃简牍综录 [M]. 北京：文物出版社，1985：58.

<<< 第三章 少数民族习俗性规范现代化的必要性和特殊性

政府三大领主占有农奴和庄园成为前后藏地区基本的社会组织形式。①

但在甘、青、川、滇藏族聚居区和西藏北部，吐蕃时期形成的部落并没有随着吐蕃政权的崩溃而解体。元、明、清三朝和民国时期中央政府采取封任部落首领官职并准许世袭的方式，使部落的组织形式得以存续，一直到1959年民主改革前，其部落及其组织一直存在。②

在藏族历史上，各种形态的部落遍及今甘、青、川、滇和西藏等藏族聚居区。以今日之行政区划视之，这些部落主要分布在两个地区、十个自治州和两个自治县，即西藏自治区的那曲市、昌都市，青海省的果洛藏族自治州、海南藏族自治州、海北藏族自治州、海西蒙古族藏族自治州、黄南藏族自治州和玉树藏族自治州，四川的甘孜藏族自治州、阿坝藏族羌族自治州和木里藏族自治县，甘肃的甘南藏族自治州和天祝藏族自治县，以及云南的迪庆藏族自治州。

部落是构成藏族社会的细胞，是藏族社会组织的基本形式。每一个部落，无论大小，都是一个相对独立的社会，大部落之间更是互不统属。部落的维系靠世代相传并被部落群众普遍遵守的习惯和道德。今天，即使藏族部落已经不存在了，但部落及其习惯对藏人的影响仍然十分明显。③

---

① 陈庆英. 藏族部落制度研究［M］. 北京：中国藏学出版社，2002：503-504.
② 陈庆英. 藏族部落制度研究［M］. 北京：中国藏学出版社，2002：148.
③ 2007年8月，笔者在昌都市进行田野调查，发现虽然藏族聚居区的基层行政区划与内地一样，即乡—村—社，但无论是老年人还是年轻人在提到某个地名时仍然倾向于使用原来部落名称。如8月16日在芒康县道班队旺秋大叔家，一个老人提到一起幕场纠纷时，他就使用了加索丁巴和布隆瓦两个藏族部落名称，让在一旁翻译的旺秋大叔不知所云。笔者原以为这只是老人的一种习惯而已，哪知两天后向随行翻译（仁青，时为郑州某高校三年级学生）询问昌都机场的位置时，他随口回答说"在邦达仓"，而不是现代行政区划所谓的"邦达乡"。部落组织不仅没有变化或很少变化，一些因素还使部落这种社会组织结构有了进一步的强化。新中国成立后，藏族聚居区虽取消了部落的组织形式，但行政区域划分并没有摆脱原来部落的范围和传统区划的历史沿革。一些措施的实施，致使一些地方仍然长期处于保守和闭塞的状态，从根本上阻断了农牧区实现现代化的有限通道。不少农村牧区的集体所有制形同部落所有制，基层组织的成员也多由部落成员担任，甚至个别地方的基层组织实际上已成为变相的部落或家族会议。另外，更根本的原因是千百年来，源于血缘、社会地位、宗教、伦理以及习惯法等自成体系的社会价值早已成为民族精神，成为人们根深蒂固的宗法思想。要变革这种源远流长的文化价值观，并非容易之事。改革开放以来，在新的体制尚未完全形成或完善之时，血缘关系的义务和便利，很容易使民众把一向寄予集体和行政领导的信任转移到同一部落的领头人身上，指望这些人能保护自己，给社区及部落带来安全感和某些经济利益。这样，改革开放后，藏族聚居区部落组织得以恢复和发展。杨士宏. 藏族传统法律文化研究［M］. 兰州：甘肃人民出版社，2004：263-265.

法律不是"自然而然的事实",也不是"自然的产物",而是由人类主体建构出来的某种"东西",它是对某些人有利,同时又会牺牲另外一些人利益的"东西"。因此,法律不应当被视为中立的,法律研究应当重视权力对法律规范的影响,重视社会组织中的权力构成及其运行。① 该洞见同样也适合藏族部落习俗性规范研究,要深入了解,就必须分析隐藏在它背后的部落权力结构。

　　虽然各个藏族部落的权力结构不尽相同,但它们有一些共性,如政教合一、军政同体等。② 此外,笔者认为,部落权力还有一个重要特点,即权力的非中心化。藏族瓦虚部落和卓斯甲属于严格意义上的部落联盟,但瓦虚部落"总头人"和卓斯甲土司的权力并不一定比辖下的大部落头人的权力更大,即使他们是本地区的最高行政官员,甚至还兼掌本地教权。这说明部落联盟酋长的权力,在产生时间上晚于部落头人的权力。恩格斯在论述易洛魁人的部落时曾提出"联盟没有一长制首长,即没有主掌执行权的首脑"③ 的论断,这个论断同样适用于藏族部落。在吐蕃政权灭亡后,除了在前后藏地区出现了萨迦、帕竹、第悉藏巴和噶厦等相对集权的封建领主制地方政权外,藏北和川、甘、青、滇等藏族聚居区的政权形式是分子式的集权制,而不是原子式的集权制。

　　同时,在部落内部,头人的权力是基于道德的,而非强制的。恩格斯谈到易洛魁人的部落时曾说:"酋长在氏族内部的权力,是父亲般的、纯粹道德性质的,他手里没有强制的手段。"④ 特别是那些作为负责人的族长、小部落头人更是如此,他们往往担负组织和协调本族、部落生产和宗教活动的职责。他们在其管辖范围内的势力和权威并非来自法律的授予,而来自他们的个人能力和魅力,韦伯称这种类型的权威为"卡理斯玛"权威。⑤ "卡理斯玛"头人满足了藏族历史上盛极一时的头人民主推选制和部落内部盛行的"原始共产主义"的需要,他们基本上没有什么特权。所以,在处理纠纷时,他们不能强制当事人服

---

① STARR J, COLLIER J F. History and Power in the Study of Law [M]. New York: Cornell University Press, 1989: 3.
② 关于藏族部落权力结构的这些共同特点,陈庆英对此做了全面归纳和阐述,具体研究参见:陈庆英. 藏族部落制度研究 [M]. 北京:中国藏学出版社, 2002: 138-139.
③ 中共中央马克思恩格斯列宁斯大林著作编译局. 马克思恩格斯选集:第4卷 [M]. 北京:人民出版社, 1972: 91.
④ 中共中央马克思恩格斯列宁斯大林著作编译局. 马克思恩格斯选集:第4卷 [M]. 北京:人民出版社, 1972: 82.
⑤ 马克斯·韦伯. 韦伯作品集Ⅲ:支配社会学 [M]. 康乐, 简惠美, 译. 桂林:广西师范大学出版社, 2004: 261-347.

从自己的意志，以致一些重大纠纷往往要经过当事人的多次协商才能达成协议，这种情况在中心权力较弱或缺乏中心权力的藏族部落中尤为明显，如四川蟹螺藏族就有"人命大案三十三翻"的说法，即在人命纠纷中，被害方对达成的赔偿可以多次反悔，直到满意为止。①

（2）部落权力结构对习俗性规范的影响

①导致习俗性规范的地区差异大

藏族聚居区地域辽阔，一个个部落散布其间，部落之间互不统属，加之部落之间相距较远、地理环境恶劣、交通不便、信息闭塞，部落之间交往不多，使部落处于相对独立或半独立状态。部落的这种封闭、半封闭状态造成了习俗性规范存在明显的地区差异，出现一个部落有一个部落的习俗、"一条沟有一条沟"的习俗。"赔命价"可以视作藏族习俗性规范地区差异性的典型。"命价"的地区差异性不仅表现在赔偿金额、赔偿标的上的不同，在一些地区甚至影响到"命价"的具体组成部分。下面以新中国成立前的几个部落命价赔偿情况为例，作一简单比较（见表3-3）。

**表3-3 民主改革前藏区部分部落"命价"赔偿一览表**

| 部落名称 | 命价赔偿额及其标的 |
| --- | --- |
| 多玛部落 | 普通牧民的命价一般为100多头牦牛或400多只羊 |
| 罗马让学部落 | 最初不论贫富赔80两藏银，后改为富人的命价为10~100头牦牛，穷人的命价为几头牦牛 |
| 莫坝部落 | 命价分三等，从50个元宝或150头牛到200个元宝或600头牛 |
| 果洛部落 | 部落内部：命价元宝60个，另给头人好枪5支、好马5匹、牛羊若干头<br>部落之间（分三等，此处以上等命价为例）：首先给死者家属交白银1秤或牛5头，包括凶手使用的枪、马在内的枪5支、马5匹；向死者母亲的娘家人，交枪5支、马5匹，表示忏悔赎罪。其次是正式赔偿命价，交驮牛100头，给死者叔父白银1秤、马5匹、枪5支，还要以此半数的马给母系亲戚；给遗孤抚恤银10锭，给死者其他亲戚拭泪衣物，给死者盖尸布1匹，驮运尸体的牛1头 |

---

① 李星星. 蟹螺藏族：民族学田野调查及研究［M］. 北京：民族出版社，2007：152.

续表

| 部落名称 | 命价赔偿额及其标的 |
| --- | --- |
| 玉树部落 | 打死千百户头人，最高赔银子100锭（每锭50两）或2000大洋；打死百长、干保、居本等小头人，分别"赔命价"70、45、38头牛<br>打死一般牧民，赔牛5~6头或银子1锭或400大洋 |
| 德格上司辖区 | 杀死普通人，赔银18秤；杀喇嘛、官员，处10~20倍赔偿 |
| 阿曲乎部落 | 打死男的一般"赔命价"牛81头、收尸羊100头<br>打死头人、僧侣等上层人士，则在一般命价的基础上增加一头、两手、两足，各计50大洋，共250大洋 |
| 毛垭土司辖区 | 赔死者亲属25秤银子，向头人赔9头牛 |
| 刚察部落 | 打死部落属民，实行九九罚服，即赔9匹骟马、9匹骡子、9头骟牛、9头牦乳牛、9头牦驮牛、9头骟驮牛、9头黄牛、9只羯羊、9只母羊，共81头牲口；若被打死者为千百户头人，则赔81头牲口的9倍 |
| 蟹螺部落 | 打死人无论穷富均"赔命价"银50两 |
| 当雄部落 | 富人杀人"赔命价"银1000两，罚给色拉寺供茶10~12次，每次折银80两 |
| 汪什代海部落 | 部落内部命价没有定数，一般在5000元左右，以马、牛、羊折价支付 |

②形成习俗性规范中的团体本位

藏族习俗性规范之所以能在民主改革前一直延续下来，并在20世纪80年代开始复苏，与藏族强烈的团体心理有关。与藏族群众稍有接触的人都会被他们的抱团意识所震撼。在任何地方，只要有藏族人，他们就会聚集成一个密切的团体，而不论之前他们是否认识。甚至一些原本有矛盾的藏族群众，一旦他们离开原来的居住地，也会融入一个团体。

团体心理其实是人类在原始社会的一种普遍心理，因为那时"人们不是被视为一个人,而是始终被视为一个特定团体的成员"①。藏族的团体心理形成于氏族公社时期,那时人们以血缘关系为纽带组成一个个宗族(家族),在宗族的基础上再聚合成氏族部落。吐蕃时期,随着对外扩张,原来的藏族氏族部落逐渐衍化为地域部落,血缘关系的纽带并没有被完全打破,相反,外姓氏人和外族人的加入使原来的宗亲更加认识到加强宗亲联系的重要性。

霍贝尔认为:"在原始的水平上,经过这一时期的进化,法的发展已经围绕这居于原始公社中心地位的宗亲团体心理发展。而宗亲思想从来就没有灭迹,因而完整的公法也就没有形成。"② 霍贝尔的这段话同样适用于藏族"赔命价"的发展史,"赔命价"作为人类早期的一种普遍现象,它是围绕宗亲团体心理而发展起来的。

部落社会的组织结构对成员的团体心理起到了保护和维护作用,形成习俗性规范中的团体本位。团体本位体现在各种习俗性规范中,如在"赔命价"习俗中,所有的家庭成员或部落成员都有赔偿的义务;在草场纠纷中,为了与其他部落对抗,往往会要求本部落成员集体参与械斗,不参与的成员会被罚款或被革除部落成员资格;一些部落甚至组织其成员共同参与抢劫或盗窃,并将其视为"男子汉气概"和"有本事",而不愿意参与的成员则会受到羞辱甚至被罚款。

藏族习俗性规范中的团体本位有一定的积极意义,它将藏族民众纳入部落共同体中,部落成员之间相互约束,有利于形成部落内部的秩序,维护部落的安宁,因为"秩序总是意味着在社会中大体上存在着某种程度关系的稳定性、进程的连续性、行为的规则性以及财产和心理的安全性等基本社会因素"③。良好的秩序是人和社会存续和发展的前提和基础,与所有前资本主义的法律规范的主要任务是为社会提供安全和秩序、义务优先一样,④ 藏族习俗性规范重视对部落团体义务的履行。团体意识和团体本位也有消极的一面,如在草场纠纷中和"命价"纠纷中,团体意识则可能诱发群体性事件和使无辜之人要承担连带责任。甘肃省甘南藏族自治州卓尼县发生的尼江事件,可以说淋漓尽致地暴露了团体本位的负面影响。

---

① 梅因. 古代法 [M]. 沈景一, 译. 北京: 商务印书馆, 1997: 105.
② E. 霍贝尔. 原始人的法 [M]. 严存生, 译. 贵阳: 贵州人民出版社, 1992: 300.
③ 《法理学》编写组. 法理学 [M]. 北京: 人民教育出版社, 2010: 79.
④ E. 博登海默. 法理学: 法哲学及其方法 [M]. 邓正来, 姬敬武, 译. 北京: 华夏出版社, 1987: 244-245.

## 尼江事件始末①

甘肃省甘南藏族自治州卓尼县车巴沟两岸的尼巴村和江车村，自1958年以来，草场纠纷一直持续不断，但矛盾并没有发展到刀枪相见的地步。1995年10月9日，尼巴村村民桑××家的10头牛和苏奴××家的2匹马被盗案件，成了两村长达20多年械斗和仇恨的导火索。当桑××和苏奴××有针对性地说江车村的两户牧民时，其中一户牧民认为桑××和苏奴××把他当贼，毁坏了他的名誉，他感到非常气愤。几天后，这位牧民和几位同伴在江车村沟口砍伐木材时，又与尼巴村人发生了冲突，事态逐渐恶化。10月18日，两村在江车村沟口发生第一次大规模武装械斗，造成江车村3人死亡、8人负伤，尼巴村1人死亡、9人负伤的重大流血事件，时称"尼江事件"。从此，两村的纠纷不断升级，偷盗事件和群体性武装械斗时有发生，两村陷入仇恨和械斗的恶性循环中。

2012年7月29日，几名江车村的人将一名尼巴村的人用乱石打死，让两村的形势再次恶化，两村势不两立，几句口角和寻常的牛羊走失都可能成为点燃两村武装械斗的导火线。从1995年到2012年的"7.29"案件，两村在械斗中共有22人死亡、86人受伤。械斗使两村群众大面积陷入贫困之中，一些牧民家庭只能靠野草充饥。部分牧民外逃，尼巴村279户牧民中有40户外逃；江车村195户牧民中有38户外逃。最后，在甘肃省、甘南州、卓尼县、尼巴乡四级党委和政府的通力合作和努力下，"尼江"问题终于在2014年得以全面解决。

"尼江事件"的形成是复杂的，但藏族习俗性规范的滥用与藏族团体意识在其中起到了推波助澜的负面作用。江车村和尼巴村的"老年会议"组织和"查监"军事组织背离了组织的设立初衷——调解民间矛盾、化解邻里纠纷、增进民族和睦，现在它们目无法纪，威逼利诱群众相互敌视，策划组织群体武装械斗，是两村武装对峙的组织者、策划者、指挥者，其组织性质、工作对象已发生了根本性变化，经常以处理草山纠纷为幌子，凌驾于基层党组织之上。"老年

---

① 根据笔者于2016年5月16日在甘肃省甘南藏族自治州卓尼县尼巴乡调查所得资料整理而成。

会议"组织和"查监"军事组织激化了矛盾,在械斗之后,与公安机关对抗,并严禁双方当事人走司法途径;用传统习俗性规范的解决方式,即在互相抵偿死亡和受伤人数后,再行"赔命价"或"赔血价",并将"命价"款和"血价"款分摊给村落各个家庭。"老年会议"组织和"查监"军事组织还规定所有男性牧民都必须参加两村之间的斗争;若不参加则罚款300元;在对垒的地方集结牧民,若不能来参加并请假者每天交15元钱代替,不请假者每天罚款100元;严禁两村之间的往来,否则罚款1000元;追到外逃牧民处罚款300~500元,并不准其返回。为了在两村的对垒中取得武器上的优势,"查监"军事组织要求自己团体的成员配备枪支,导致两村枪支泛滥,[①] 在械斗中伤亡惨重。"老年会议"组织和"查监"军事组织滥用藏族传统习俗性规范,把两村牧民绑在所谓的团体利益上,激化了矛盾,扩大了事态,加重了伤亡。

(二) 独特的宗教氛围

1. 佛教的传入与藏传佛教的形成

在佛教传入之前,藏族群众信仰一种形成于原始社会的本土宗教——苯教,它产生于象雄地区(今西藏自治区阿里地区南部),并沿着雅鲁藏布江自西向东传播到了整个藏族地区。苯教,类似于流行在亚洲北部地区的萨满教,相信万物有灵,崇拜天、地、日、月、星辰、雷电、冰雹、山川、土石、草木和禽兽等自然物。[②] 吐蕃政权自第一代君主聂赤赞普起,一直到第二十六代赞普都以"苯""仲""德乌"司政,这里的"苯"即苯教,因其具有"下以镇服魔鬼,上以侍奉天神,中以谋利家室"[③] 之功能,苯教的规范有效地整合了社会秩序,发挥着与法律规范类似的作用。苯教参与王室政治决策和实行精神压制的功能一直延续到公元8世纪中期佛教在吐蕃王室绝对地位的确立。

---

[①] 根据甘南州和卓尼县联合工作组统计,仅在2001年10月22日前的历次收缴武器弹药的工作中,甘南州和卓尼县联合工作组在两村共查收和缴获非法持有的各类枪支358支、子弹7616发、手榴弹5枚、子弹袋44条。其中,尼巴村上交各类枪支201支、子弹2683发、手榴弹2枚、子弹袋4条。这些枪支中有"五六式"冲锋枪2支,半自动步枪18支,其他杂牌军用枪19支,"五四式"手枪2支,小口径步枪80支,其他改制的各类枪支74支,猎枪6支。江车村上交各类枪支157支、各类子弹4933发、手榴弹3枚、子弹袋40条,这些枪支中有"五六式"冲锋枪7支,半自动步枪26支,其他杂牌军用枪43支,"五四式"手枪1支,小口径步枪59支,其他改制的各类枪支18支,猎枪3支。具体参见:王刚. 漫卷尼江恶云(2)[EB/OL]. 新浪网,2018-02-26.

[②] 王辅仁. 西藏佛教史略[M]. 西宁:青海人民出版社,1982:15-20.

[③] 土观·罗桑却季尼玛. 土观宗派源流(藏文版)[M]. 刘立千,译注. 拉萨:西藏人民出版社,1984:381.

至于佛教究竟何时传入吐蕃，学界的观点并不统一，主要说法有三种：第一种说法认为在公元6世纪左右；第二种认为在公元7世纪中期；第三种说法认为在公元8世纪晚期。第一种说法的依据为一则关于佛教传入吐蕃的神话传说，据《布敦佛教史》记载，吐蕃第二十七代赞普拉托托日宁谢①（又译作拉托多聂赞）在位时，"王六十，居雍布拉康，天降宝箧，启之，有《宝箧经》《忏悔百拜经》及金塔一座，乃名之曰'宁宝桑瓦'——'秘要'。王获寿一百二十岁。此乃正法之始也"。此后，西藏佛教典籍多采用此说。若以每代赞普在位三十年算，则当在公元6世纪左右。先不说这则神话的可信度，② 单就当时吐蕃人的反应——他们根本就不知"天"降何物来看，将其作为佛教传入吐蕃境内的时间不妥，而且当时藏文未创，不具备大规模传播的可能。

第三种观点认为佛教在8世纪中期传入吐蕃，仍然值得商榷。该观点的持论者认为，8世纪晚期松赞干布后的第三代赞普赤德祖赞建立藏族聚居区第一座寺院——桑耶寺（公元779年竣工）和"七觉士"的出家，出现藏族聚居区的第一批僧人，从此藏族聚居区佛、法、僧三宝具足，才有了佛教的传入。③ 确实，一般都以三宝具足与否作为佛教形成和在传播地立足的标准，但该标准不能绝对化，因为在藏族聚居区佛教的传播史上，佛教典籍与佛法的传入与僧伽的形成在时间上间隔非常长，若一定要以三宝具足与否作为判准，反而与实际情况不相符。

笔者认为第二种观点比较可靠，当然，这也是普遍认可的说法。公元7世纪中期，松赞干布征服青藏高原各部落，建立统一的吐蕃政权。苯教因带有原始部落色彩的平等观念已不能给王室权力的至高无上性提供理论支持，不能发挥原有的政治功能，这为佛教的传入提供了契机。松赞干布迎娶信仰佛教的尼

---

① 此处采用刘立千先生之说，具体内容参见：刘立千.印藏佛教史［M］.北京：民族出版社，2002：81. 但也有研究者将拉托托日宁谢定为吐蕃第二十八代赞普，具体参见：丹珠昂奔.藏族文化发展史［M］.兰州：甘肃教育出版社，2001：672.

② 这则神话传说与佛教传入中原的神话如出一辙，据《牟子理惑论》记载，"昔汉明皇帝，梦见神人，身有日光，飞在殿前，欣然悦之。明日，博问群臣：'此为何神？'有通人傅毅曰：'臣闻天竺有得道者，号之曰佛，飞行虚空，身有日光，殆将其神也.'于是上悟。遣使者张骞、羽林郎中秦景、博士弟子王遵等十三人，于大月支（大月氏）写佛经四十二章，藏在兰台石室第十四间。时于洛阳城西雍门外起佛寺，于其壁画，千乘万骑，绕塔三匝。又于南宫清凉台及开阳城门上作佛像。明帝存时，预修造寿陵，陵曰显节，亦于其上作佛图像。时国丰民宁，远夷慕义，学者由此而滋"。佛教传入中原与藏族聚居区的神话都不可作为信史。

③ 丹珠昂奔.藏族文化发展史［M］.兰州：甘肃教育出版社，2001：675-678.

泊尔赤尊公主和大唐文成公主，建大小二昭寺以奉释迦圣像，召印、尼大师译出十万字《般若经》，派吞米桑布扎远赴印度习梵文、创立藏文，暗中为有根器者授法。① 这些行为，特别是藏文的创立，为佛教的传播创造了条件。

松赞干布以后，佛教成为藏族社会的一股政治力量，赤松德赞多次召集臣下盟誓兴佛。佛教的传入与发展遭到了信奉苯教的贵族大臣的排挤，赤松德赞之子赤德松赞（通常称为"赛那累"）年幼时，藏族历史上兴起了第一次"禁佛运动"。赤德松赞长大成人后，他认识到佛教在解决王室与贵族的矛盾方面有很大的作用，便铲除了反佛的代表人物马尚众巴节和达扎路恭，并与大臣盟誓规定："赞普之子孙，从年幼起至执掌国政者止，俱应从比丘中委任善知识，尽其可能学习佛法。蕃土全境亦需学习佛法，奉行不懈。对吐蕃上至权贵，下至庶民，俱不阻闭其入于解脱之门径，使愿信奉者俱入于解脱。"②

赤德松赞死后，他的五子赤祖德赞（通常称为"热巴巾"）即位，热巴巾在位期间，大力发展佛教，他与松赞干布和赤松德赞一道被藏人称为"三大法王"。热巴巾强力扬佛，实行"七户养僧"制度，规定每七户平民供养一个僧人，加重了平民的负担，引起了平民和奴隶的极大愤慨；再加之热巴巾将朝政交给僧人料理，疏远了贵族，贵族们十分愤恨，他们发动政变并杀死了热巴巾。热巴巾被杀后，其兄朗达玛（唐史称为"达磨"）继承赞普位，发动了灭佛运动，他焚毁佛经、破坏佛寺、驱杀佛僧，使佛教在西藏受到了毁灭性的打击，西藏进入近一百年的"灭法期"。这一时期，苯教开始复兴，但复兴的苯教已经不再是原始的萨满宗教，它仿照佛教创建寺院、修订经典，吸收佛教的神，建立了神的系统与等级，与藏族社会的发展逐渐适应，并在藏族聚居区得到了广泛的传播。

从松赞干布时佛教传入藏土到朗达玛灭佛，学界一般将藏族佛教史上的这一段时期称为"前宏期"，这一时期的佛教在内容和形式上都是印度佛教，而藏族佛教的本土化，即藏传佛教的形成开始于"后宏期"。后宏期具体开始于哪一年已难以考证，将其定在公元 10 世纪后期大抵不错。③ 后宏期的佛教复兴势力分为两股，自朵康和阿里进入卫藏地区之后，佛教在与苯教长期的斗争和融合的基础上实现了本土化。吐蕃政权灭亡后，藏族聚居区陷入封建割据之中，新

---

① 五世达赖喇嘛. 西藏王臣记 [M]. 刘立千，译注. 北京：民族出版社，2000：14-30.
② 巴俄·祖拉陈瓦. 智者喜宴 [R]. 黄颢，译注（节译）. 西藏民族学院学报（社会科学版），1981（1）：1-29.
③ 廓诺·迅鲁伯. 青史 [M]. 郭和卿，译. 拉萨：西藏人民出版社，1985：44-50.

兴的封建主把持各自管辖区内的佛教势力，形成门户之见，藏传佛教形成很多大小不等、势力有别的教派，主要教派有宁玛派、噶举派、噶当派和萨迦派。15世纪中期，在噶当派的基础上兴起格鲁派。格鲁派教律严格，打破了之前教派割据的局面，形成了达赖、班禅两大活佛转世系统，实行"政教合一"，再加上它得到明朝和清朝先后两个中央王朝的支持，势力大盛，成为藏传佛教的主要流派。

李安宅认为："本［苯］教与佛教不同之处，只是表面的，除了影响老百姓的行为外，我们已经看到两者的神、佛和经典有不同的系统，可是它们的作用和意识形态是相似的。"① 李先生的这一观点同样适用于理解藏传佛教各派之间的关系。藏传佛教各派虽然在宗教仪轨、修行方式等具体形式上有差别，但它们在基本教义与精神方面却十分一致，这些基本教义与精神构成了藏族习俗性规范的宗教哲学基础。

2. 藏族习俗性规范的宗教哲学基础

藏族习俗性规范的传承和发展有着深刻的宗教背景。宗教给人的生活提供了终极意义和最高的行为规则，它超越现实世界的内容，弥补了世俗文化的不足。宇宙观给传统宗教提供了社会统一秩序的基础，从宗教的宇宙观中给世俗的统治披上了神圣的外衣。佛教教义弥散了世俗社会的紧张，让人们把对幸福的追求寄托于幽秘的来世，而彻底舍弃今生。卡尔·威廉·费尔巴哈（Karl Wilhelm Feuerbach）认为："这些宗教经验是从直观又抽象的材料中产生出来的，这些材料我们在现实层面上也能遇到，但它们在宗教世界中有了新的张力、新的尺度、新的综合。"②

（1）和谐精神

宗教的一个重要作用在于为人提供一套有秩序的宇宙模式。藏族群众宇宙观的核心是和谐，它不仅体现在人际方面，而且体现在天人之间。苯教的原始教义形成了藏族群众和谐的宇宙观，而视和谐为最高境界的佛教的传入则将这一宇宙观深深植入藏族群众的脑中。

苯教认为世界起源于一个巨卵，在外力的作用下，巨卵裂变为一个发亮的呈牦牛状的卵和一个黑色的呈锥形的卵。从藏族的这个创世神话中，可以看出

---

① 李安宅. 藏族宗教史之实地研究［M］. 上海：上海人民出版社，2005：38.
② 路德维希·费尔巴哈. 费尔巴哈哲学著作选集［M］. 荣震华，李金山，等译. 北京：商务印书馆，1984：224.

此时的藏人已认识到二元对立与和谐的统一，正如著名的苯教史学者噶尔梅·桑木旦所说："把巨卵作为神和恶魔最初的起源，这是西藏苯教一种相当独特的想法……光明与黑暗、白与黑、善与恶、神与恶魔、世界的存在与不存在、创造和毁灭的二重性构成了苯教教义的基本内容之一。苯教为其他教派和自己的利益而举行的宗教仪式或典礼都是从二重性的角度考虑的。"苯教的"二元论"说明当时社会已经出现分化，但社会并未因此而失序，而是在"善"的指引下走向和谐。毕达哥拉斯指出："和谐是宇宙的最高原则，灵魂净化最完美的境界。"和谐并非混沌一团，而是以承认对立为前提的，是在承认"别""分"的前提下建立秩序。与二元论构成宇宙观体系的还有苯教的"三界"观念，苯教将宇宙划分为天、地上和地下三个部分，每个部分都有两种生命存在。天上有神和神人，地上有人和动物，地下则有饿鬼和魔鬼（或地狱里的人），这三部分同时又分别有管理自己的神，管理天上事务的是"赞"神，管理地上事务的是"年"神，管理地下事务的是"鲁"神，众神分工明确，各司其职。

　　藏传佛教在吸收印度佛教"世界由地、火、水、风四大元素构成，并像一团永不熄灭的火那样运动着"的宇宙观的基础上建立起和谐宇宙观的图景。日本学者阿部正雄认为："仅仅满足于作为西方模式的世界性宗教的基督教是父性的，而仅仅满足于作为东方模式的世界性宗教的佛教是母性的，二者都难以达到彻底的和谐统一。"[①] 藏传佛教兼有父性宗教和母性宗教的特点，如《金刚帐》中说："'男人须制伏'说瑜伽父续，'女人要愉悦'，从外说母续。"[②] 藏传佛教为藏族群众建立起自己的精神家园，在这个家园中，人、自然与神既判然分明，又浑然一体。

　　藏传佛教的和谐宇宙观还体现在一些宗教符号上，在宁玛派的许多寺庙里、神殿前以及人们的家门前都挂有极为夸张的男女生殖器的象征图案。这可不是生殖崇拜，而是藏传佛教认为："女性生殖器代表性空智慧，男性生殖器代表方便大乐，是阴阳对合的一种象征意义，是修禅过程的最高境界。"[③] 天人合一的宇宙观不仅规定着精神世界的权威，而且形塑着世俗生活的规范秩序，通过宇宙观实现社会整合的功能。

---

[①]　转引自：黄维忠. 佛光西渐：藏传佛教大趋势 [M]. 西宁：青海人民出版社，1997：194.
[②]　转引自：班班多杰. 拈花微笑 [M]. 西宁：青海人民出版社，1996：64.
[③]　朱越利. 当代中国宗教禁忌 [M]. 北京：民族出版社，2001：58.

### (2) 生死轮回

佛教认为生命在天、非天、人、牲畜、饿鬼、地狱六道①中周而复始、永不停息地流转。那又是什么原因导致人自"三因素结合受孕"② 以来要在六道中不停地流转呢？佛教认为轮回的动因在于业力，业促使生灵持续不断地从一个生死轮回周期转移到另一个生死轮回周期。业虽然是当下的行为，但又可以在某种程度上延续到将来，从而影响人的未来。佛教的业报说有止恶、劝善之功效，业力报应导致众生在生死圈中无休止地轮回，这是众生共有的悲惨命运。要摆脱这样的命运，人就应该约束自己的行为，少造恶业增加善业，从而脱离轮回之苦。虽说六道所展示的生命世界是有次第的，最高级的是天，最低级的是地狱，但佛教的教义却并非仅仅要求人在余生"恪守职责，不要放纵"③ 以获取好的轮回次第，而是要彻底放弃此生，为众生服务，从相续不断的苦中得到解脱，超越轮回，达到涅槃。

轮回说在藏地十分深入人心，藏族群众常常会讲一些关于生死轮回的故事，前生来世更是人们日常谈论的话题。轮回观在藏地的流行有许多原因，这里主要谈两个：一是，藏族聚居区条件的恶劣。藏族人民主要居住在青藏高原，这里地势险峻、气候恶劣、交通落后、信息闭塞，长期生活在这种环境下的藏族群众形成了一种无法把握自己命运而寄希望于神佛的强烈愿望，他们相信约束自己的行为会取悦于神佛，神佛会大发慈悲地给他们的来世一个较好的安排。二是藏族聚居区寺院里无处不在的轮回图强化了人们的记忆。藏地的大多数寺庙的墙上都有关于轮回的壁画或雕塑，虔诚的信众在顶礼膜拜、观赏中领悟到轮回的痛苦，产生厌离情绪，在现实生活中淡泊名利、节制欲望、规范自己的行为。

在科学昌明的现代，有些人认为相信轮回是迷信和无知的表现，但轮回作为一种信仰早已植根于藏族文化精神的深处，并成为民族意识的一部分，它极大地丰富了藏族群众的精神生活，在藏族聚居区这片传统势力根深蒂固而现行

---

① 仲巴仁波且认为六道和人的六种情绪有密切关系。天代表祝福；非天代表嫉妒、渴望；人代表激情；牲畜则代表漠视；饿鬼代表贫穷、占有；地狱则象征憎恨、生气。具体研究参见：TRUNGPA C. Transcending Madness: The Experience of Six Bardos [M]. Shambhala Boston & London, 1992: 153.
② 三因素即父亲的精子、母亲的卵子和属于精神的不可思议的瞬间结合，具体参见：提婆，罗叉，译. 中阿含经：第三十八卷 [EB/OL]. 中华电子佛典协会网（CBETA），2016-08-29.
③ 郭良鋆. 佛陀和原始佛教思想 [M]. 北京：中国社会科学出版社，1997：162-163.

国家法又没有找到较好切入口的地方起着社会控制的作用。比如：一名罪犯除了有遭人告发的危险及面临法律的惩罚之外，他的罪行会殃及他人或他自己，使其内心备受折磨。因此，无论法律是否处罚该行为人，他自己内心都必然受到谴责。退一步讲，即使轮回是一种谎言，无神论是一种真理，这种善意的谎言也比冰冷的真理要好得多。[①]

(3) 因果报应

佛教认为事物是相互依存、相互转化的，决定来世轮回位置的不是诸神，也不是世间的其他造物，而是自己今生种下的"因"，佛教将因果报应观建立在唯物的基础上，要求每个信徒规范今生今世的行为，不为来世种下恶果，只有这样才能主宰自己的命运。佛教的因果报应观规定了宗教生活样式，它投射到社会生活中就体现为一种实在的义务观。因果报应的思想由于喇嘛的宣传和对事件的重塑而得以深入人心，并内化成为个人的行为模式。

寺院的喇嘛经常利用法会向群众灌输因果报应思想，有些聪明的喇嘛还会将教义与附近群众普遍发生的事件联系起来，从而更加坚定人们对因果报应的信仰，藏族群众在闲谈中自然地利用因果报应的分析方法来谈论家长里短的事，使个人的命运逃不出宗教的窠臼。在教育孩子的时候，藏族群众也会用自己听来的因果报应的故事以增强说理的效果。

藏人不仅相信因果报应的广泛性，而且对因果报应的必然性深信不疑。但由于人的命运要受到多方面的影响，因与果似乎没有完全对应，于是他们根据佛经将报应分为三种：一是现报，即此身现世受报应；二是生报，即下辈子受报应；三是后报，即在二世、三世或以后多世才受报应。下面这则故事表明藏族群众认为因果报应具有广泛性和必然性：

> 吐蕃时期藏王赤松德赞的女儿哈姜白玛得寄生虫病，痛得死去活来，从桑耶寺送到红岩洞请莲花生医治，莲花生用圣水使她死而复生，但最后又生而复死。莲花生的明妃康珠西措杰表达了自己的疑问：如果说这女孩福气好，何以八岁就离开人世？如果说她没福气，何以生为公主并在大师的怀抱中待过？莲花生回答说：这与福气无关，而在因果，藏王前世修行积累了无上功德，曾发愿今世为王，因而成为藏王。曾有一只苍蝇从他耳边飞过，他无意中捏死了它，当时非常懊悔，

---

[①] 徐文明. 轮回的流转 [M]. 北京：北京语言文化大学出版社, 2001: 6.

许愿说，来世愿它转生到他身边。所以它便投生王室，做了他的女儿，但她的前世罪孽深重，所以活到八岁便死。这是果报。所有人豁然开朗，悲痛的藏王便询问女儿的来世如何，莲花生不忍心增加藏王的悲伤，但经不住他再三请求，莲花生说：由于从前的罪孽，她来世将投生为桑耶林子里的一条拖着后半身的狗；经历六轮投生这样的残废狗之后，再经过四轮投生雅砻地区的残废妇女，她会转世成为一个查日国王的王妃。经历无穷转世之后，她的最终结局是投入天国佛的怀抱。①

在现代人看来，这个故事纯属无稽之谈，但谁也不能否认这个故事所折射出的藏人普遍的因果报应观。我们不得不承认，无论在历史上或现实生活中，有些在"他者"看来非常不可思议甚至滑稽的观点，却实实在在地影响并规范着当事人的行为。

虽说佛教认为"人生皆苦，无有一乐"，但其并不否定今生的价值。它认为过着符合戒律和道德的生活才是有意义的。藏族群众在长期的宗教生活中逐渐体会到：人在生死轮回中在劫难逃，万事皆苦，与其今生享乐，来世受罪，还不如利用今生难得的机会好好修行，在世俗生活中与世无争，顺从命运的安排；但又不能随波逐流，而应将个人的行为整合到社会生活中，"使整合群体内的人际关系内聚和睦、共契一致，形成某种稳定的社会内在秩序，使个体脱离一般社会关系中的相互冲突和倾轧"②。

佛教提供了社会整合的绝对形式。深入藏族聚居区社会，你会发现和谐充盈于整个藏族聚居区，那是因为宗教精神弥散了个人生活与社会生活的内在紧张。人身负载各种佛的功德基因，并摄受了实现它的基础，因此个人的生活应以佛的生活为指导，实现灵魂的净化，这就不仅仅是一种自律的主体信仰，而且印上了他律的神圣性。佛教宣扬"人生无常"的观念，这更使自律变得紧迫起来，因为在人身之今世若不谨遵佛教努力修道，快要死时再准备就来不及了。在佛教轮回说和因果报应观的影响下，藏族群众从小就形成了忍让、克制的性格。这种内隐的性格在维护藏族聚居区社会稳定方面发挥着积极的作用，并以文化的形式在藏族群众中一代代传承下来。

---

① 马丽华. 灵魂像风 [M]. 北京：中国社会科学出版社，2002：142-143.
② 西美尔. 现代人与宗教 [M]. 曹卫东，等译. 北京：中国人民大学出版社，2003：11.

3. 宗教对藏族习俗性规范的影响

在初民社会中，法律与宗教相互依存、相互融合。英国法学家亨利·詹姆斯·萨姆那·梅因（Henry James Sumner Maine）指出，"这些东方的和西方的法典的遗迹，也都明显地证明不管它们的主要性质是如何的不同，它们中间都混杂着宗教的、民事的以及仅仅是道德的各种命令；而这是和我们从其他来源所知的古代思想完全一致的，至于把法律从道德中分离出来，把宗教从法律中分离出来，则非常明显是属于智力发展的较后阶段的事"①。美国法学家罗斯科·庞德也认为，在法的历史上曾经经历过一个宗教法时期，此阶段的社会控制借助宗教规范而实现。② 宗教与法律这种纠缠不清的关系在藏族习俗性规范中表现得尤为突出，它们甚至有时高度统一与融合，达到规范即宗教、宗教即规范的混同状态。藏族习俗性规范无论在广度上，还是在深度上，都染上了宗教的色彩，宗教对藏族习俗性规范产生了全方位的影响。

（1）宗教对藏族群众规范意识的影响

法制观念是指人们在长期的法律实践中形成的对法律现象的评价、看法和态度，它是民族文化长期积淀的产物。处于不同文化背景下的各个民族将其所创造的法律思想及价值加以积累，凝聚并内化成一种稳定的观念。③ 法制观念指导着个人的法律行为，并对其有决定性影响。藏族习俗性规范起到了类似法律的作用，在此基础上形成的规范意识对藏族群众的行为习惯有很大影响。

藏族聚居区地广人稀，部落众多，没有形成统一的规范意识。藏族群众的规范意识主要散见于神话、史诗、箴言、格言、谚语、戒条等口传文化载体中，其中尤以谚语为多。这些关于规范意识的谚语因其哲理深刻、生动形象、简单易记，而深扎于人们的心里，活跃在人们的口头上，规范着人们的行为，对个人和团体的行为具有警示和预防作用。

藏族人民在长期的法律生活中形成了具有浓厚宗教色彩的规范意识。藏族关于习俗性规范的谚语，或借用宗教语言来加强其权威，或以宗教来作比喻，从这些带宗教色彩的谚语中，我们可以窥见他们不十分统一，甚至是自相矛盾的藏族规范意识，比如，"官吏所说都是法律，喇嘛所说都是经教"反映了世俗法律的权威性与重要性；"菩萨不佑窃贼"则以宗教语言简洁地反映了严惩盗贼

---

① 梅因. 古代法 [M]. 沈景一，译. 北京：商务印书馆，1959：9-10.
② 罗·庞德. 通过法律的社会控制 法律的任务 [M]. 沈宗灵，董世忠，译. 北京：商务印书馆，1984：12.
③ 刘作翔. 法律文化理论 [M]. 北京：商务印书馆，1999：119.

的规范意识;"折磨迫害父母者有罪孽,虐待践踏子女者有恶果,欺压蹂躏妻室者有报应"显示出佛教的善恶因果报应观;"灭一条鱼而受万命罪"的谚语则给杀生者、破坏环境者以极大的震慑。一些关于习俗性规范的谚语反映了人们信仰佛教戒律而对世俗规范颇有微词的态度:"教规好似雪白的绸带,该严系,也要放松些;国法犹如黄金牛轭,该轻饶也要重惩。"① "不要抵抗来犯的敌人,这是法王的法律;不要轻饶来犯的敌人,这是国王的法律。"② 这些谚语反映了宗教法与世俗法的冲突。还有些谚语则满含抑郁,表达了人民的不满:"喇嘛盼丧事,官吏等告状。"这些谚语以一种机智而又容易理解的形式把具有"权利义务性"含义的社会规范凝缩在短短的句子里③,体现了习俗性规范的基本精神和原则。

(2) 宗教规范向习俗性规范的渗透

宗教进入早期的法律乃人类社会的普遍现象,如《圣经》中的"十戒"就出现在古代犹太人的法律中,这种"人神之道"的作用在于维护神在信徒心目中至高无上的地位,保证信徒对神的绝对崇拜和绝对服从。④ 但自人类进入文明社会以来,法律从宗教中分离出来,宗教和法律分别在精神和世俗两个世界中发挥着各自的作用。藏族法律与习俗性规范在其发展过程中不仅未从宗教中分离出来,相反,随着佛教的传入和广泛传播,尤其是政教合一政权的建立,法律和习俗性规范与宗教的联系日趋紧密,宗教规范大量渗入法律和习俗性规范中,最终法律和习俗性规范与宗教教规融合,成为僧俗两界共同恪守的行为规范。

7世纪中期,松赞干布征服青藏高原各部落,建立统一的吐蕃政权。苯教已不能给王室权力的至高无上性提供理论支持,不能发挥积极的政治功能,为防止"小邦叛逆……恶行泛滥,民众困苦"⑤,他迎立佛教,任用吞米桑布扎在部落习惯法的基础上创制了二十部法律。这些法律基本上可划分为两大类:一类是"却尺母",另一类是"甲尺母"。

---

① 李涛,李兴友.嘉绒藏族研究资料丛编[M].成都:四川藏学研究所,1995:227.
② 山南地区民间文学三套集成总编委会.山南民间谚语集成[M].拉萨:西藏人民出版社,1994:5.
③ 滋贺秀三.清代诉讼制度之民事法源考察[M]//明清时期的民事审判与民间契约.王亚新,梁治平,编译.北京:法律出版社,1998:56.
④ 吴倬.宗教道德与世俗道德的融通与分殊[M]//罗秉祥,万俊人.宗教与道德之关系.北京:清华大学出版社,2003:41.
⑤ 欧阳修,宋祁.新唐书[M].北京:中华书局,1975:6076.

<<< 第三章　少数民族习俗性规范现代化的必要性和特殊性

"却尺母"是藏语的音译，意为僧侣应遵守的戒律。在吸收佛教戒律和结合苯教规范的基础上，吐蕃王朝制定了"神教十善法"①。并以此为基础制定了各部落成员必须共同遵守的行为规范——"甲尺母"，即包括《人道十六法》在内的《吐蕃法律二十条》。这样，佛教教规与法律规范紧密结合起来，"宗教因法律而具有社会性，法律因宗教而获神圣性"②。至此，吐蕃王朝在吸收习俗和佛教宗教戒律的基础上建立了一套较完善的规范体系，佛教的教法与吐蕃的王法在治理社会各阶层的行为中交替并行，互相发挥作用，从而使社会秩序稳定，人们安居乐业，出现了藏族历史上的鼎盛期。

随着宗教戒律向法律规范和习俗性规范的渗透，一些违反宗教戒律的行为，如"离间"和"五无间"演化成新的罪名。"离间"指拨弄是非，使双方关系疏远，为佛教教义所禁止，帕竹政权的大司徒绛曲坚赞为维护政教两大"法律"的权威和保障政教大业的稳固，在《十五法典》中将其定为重罪，并主张"应严惩和严厉管教罪魁祸首，纵然过度一点也无关紧要"③。"五无间"即杀父、杀母、杀阿修罗、破僧和往佛身上洒血五种行为。前两种行为世俗刑法也将其定为犯罪，而杀阿修罗、破僧（引诱僧人破戒）和往佛身上洒血却不被世俗刑法认为是犯罪。但因其违反宗教戒律，而被藏巴汗地方政府定为重罪，重者处死，轻者肉刑。罪名"无间"本身就是佛教用语，该罪行有浓郁的宗教色彩。

（3）宗教仪式向习俗性规范仪式的转化

仪式行为是社会秩序的展演，对社会结构的构筑有不可缺少的作用。④ 法律仪式对法律制度的实施及群众法制观念的形式有巨大的影响。仪式赋予法律精神上的意义。宗教通过"一系列神话证明合理性，能调动超自然力量以达到或防止人类与自然状况的改变"⑤ 的仪式渗入象征法律客观性的形式程序，即法律的仪式中，法律由此添加了宗教的背景，并从中取得它的合法性。⑥ 法律往往

---

① 十善：一不杀生；二不偷盗；三不邪淫；四不妄语；五不恶口；六不两舌；七不绮语；八不贪；九不嗔；十不痴。

② 梁治平. 序言 [M] //伯尔曼. 法律与宗教. 梁治平，译. 上海：上海三联书店，1991：5.

③ 大司徒·绛求坚赞. 朗氏家族史 [M]. 赞拉·阿旺，余万治，译. 拉萨：西藏人民出版社，1989：249.

④ 转引自：王铭铭. 想象的异邦：社会与文化人类学散论 [M]. 上海：上海人民出版社，1998：145.

⑤ WALLACE A F C. Religion：An Anthropological View [M]. New York：Random House，l966：107.

⑥ 伯尔曼. 法律与宗教 [M]. 梁治平，译. 上海：上海三联书店，1991：46-47.

要借助宗教的手段解决其难以审判的案件。霍贝尔曾经论述道："就部分法律而言，在解决棘手案件时，还缺乏一定的能力，这时往往要借助于宗教。它就用占卜、诅咒、誓约和神裁这些超自然的手段来弄清楚事实真相，这时才存在发誓的程序。"①

在人类社会早期，由于侦查技术、物证技术的落后，人们对神的景仰和对其制裁的敬畏，使得神判在各个民族中都比较普遍。在初民的意识形态中，法自神出，神喜欢正直无罪者，而对于侵犯神明者及邪恶者深恶痛绝。同时，他们相信只有神才能洞察人间的善恶，所以常求助于神的裁判。

纵观藏族的习俗性规范，原生的苯教和吐蕃时期传入的佛教都塑造或改变着习俗性规范的仪式，这主要表现在神明裁判和盟誓的习俗上。藏文史书及民间文学中关于神判的资料十分丰富。神判根据藏文的意思可直译为"天断"，它是科技落后和宗教盛行的产物。在审理案子时，如果没有证人而被告又拒不招认，则只好求助于神明以明辨是非。藏族历史上盛行的神判主要有下列八种方式：②

①泥锅摸石：把黑白两色的石子放进滚烫的稀泥锅里，让被告伸手摸取，摸到白石子者无罪，而摸到黑石子者则罪责难逃。

②捧铧口：让被告用舌头去舔烧红的铁铧口，若被烫伤则为有罪，否则无罪（由于习惯法的非统一性，有些地方是舔斧口）。

③摸油锅：将油煮沸，令嫌疑人将手伸入油锅中，旋即取出用布包好，第二日检视，手被烧坏则被定为有罪。

④抓阄：将几张纸条中的一张写上"有罪"，而其余的写上"无罪"，裹好后放在炒面里面，让嫌疑人来抓，抓到"有罪"纸条的人将受惩处。

⑤烤炙：将烧红的钢刀在涉嫌者腿弯部烤炙，看谁的腿先弯，即被认定为有罪。

⑥赌咒：头人召集全部属民念经，逐个发誓、赌咒，若不敢发誓、赌咒者，则被认为是案犯。

⑦抓门环：部落头人与活佛先商定好，由活佛点上油灯，并念经，

---

① E．霍贝尔．原始人的法［M］．严存生，等译．贵阳：贵州人民出版社，1992：236.
② 张济民．青海藏区部落习惯法资料集［M］．西宁：青海人民出版社，1993：169-171.

让被告从10步远的地方碰头去抓门环,若有不敢去者即被定为有罪。

⑧羊粪判断:在活佛或千户头人的主持下,双方当事人站立于所画线内,活佛或头人抛出一定数量的羊粪蛋,以当事人面前羊粪蛋的多寡来裁决输赢。羊粪蛋多者胜,少者输,输者要受到处罚。如果被告面前羊粪蛋多,那么原告要给被告一定的物质赔偿,即所谓的"面子钱",纠纷才能了结。

在进行上述仪式的神判之前,先要向各地的神及护法发誓、诵经,这是苯教的宗教仪规,佛教传播开来以后神判又被赋予了新的色彩,如要向神、佛起誓,请喇嘛吹响法螺并诵经。群众在长期的宗教浸润中也常常寄希望于宗教,他们相信毕生信仰的神佛能明辨是非,为他们洗清冤屈,常常十分乐意参加神判。

与神判相辅相成的是法律仪式中的盟誓。据敦煌古藏文文献记载,在松赞干布的父亲朗日松赞时期,盟誓之风已经相当盛行,它不仅成了维系部落之间关系的一种手段,也成了维护人际关系的重要纽带。松赞干布将盟誓用于断案。盟誓作为一种宗教法律仪式维护了民族习俗性规范的权威,并对该规范的实施及其社会效果有决定性的影响,因其借用了宗教的神圣性,盟誓对藏族群众有着普遍的约束力,在藏族群众中具有广泛的社会和群众基础。藏人在交往中为表白自己,往往先说出表白的内容,然后再说,"使巫者告神曰:逾盟者有如牲",或者说,"呼三宝或世间一切恶神之名祈请为知证:我不真,此不祥报于我身,对方有伪,报于对方"。《十六法典》规定钓口发誓的人必须懂得政教二理,为人正直、讲信用、重因果,并限制五种人起誓:一僧侣,因为他们本身没有咒誓;二咒师,因为他们有解咒的能力;三贫困者,他们会因饥饿或利欲熏心而不顾咒誓;四妇女,会因丈夫或小孩而做伪证;五小孩、愚人,他们无鉴别能力。对上述五种人只能通过摸油锅、泥锅摸石、捧铧口、抓阄、抓门环、刑讯等方式来获取证据。

以盟誓和神判的方式来处理纠纷在藏族历史悠久,至少可以追溯到距今2000年的吐蕃第八代赞普止贡时代。止贡赞普与大臣罗阿木达孜比武被杀,罗阿木达孜将赞普的尸体抛入江中并篡夺王位。赞普之子如累杰成年后,寻求父亲遗骸,但遗骸的保管者提出只有给他一个眼皮朝上开的鸟目小孩才能交换。如累杰寻得了一个这样的婴儿,但婴儿的母亲曲尼甲给出的条件是如累杰赞普亡故后要对其尸体涂油并被鞭尸,如累杰"乃立重誓,以庄严誓词为证,将曲尼甲之儿领走……赎回赞普尸骸"①。松赞干布将盟誓和神判成文法化，在其制定的吐蕃基本法律《法律二十条》中，第四条规定"谎言者割舌或发誓"，第二十条规定"若是非难明，当对神祇发誓"。

此后的吐蕃三律以及吐蕃新政权瓦解后建立的藏族地方政权制定的法律以及习俗性规范，都进一步规定可以用盟誓和神判来解决纠纷。《宋史·吐蕃传》记载："信诅咒，或以决事，讼有疑，使诅之。"帕木竹巴政权时期制定的《十五法典》第四条"赌咒昭雪律"规定：是非难断时，要迎请地祇、护法神为证，让当事人赌咒，请懂法律、明利弊的人做证人。《十五法典》排除僧侣、咒师、妇人、小孩四类主体赌咒。藏巴汗政权时期制定的《十六法典》第十一条"狡诳洗心律"规定："对是非狡诳者需要进行立誓。所谓'立誓'，即像自己的鼻子所处于面部之位置，相当正直。所谓'立誓'，亦要由具有智慧眼和幻化身等先知先觉的护法神做证，以明鉴真伪。"② 在不能赌咒的主体方面，增加了"乌鸦"，即饥饿、馋食之穷人。五世达赖喇嘛时期制定的《十三法典》第九条"狡诳洗心律"规定："对行为不端狡诳者，需由正直公道之人协助，以'沸油取石''沸泥取石'等法辨明是非，详加审定。"③ 与《十六法典》的规定相比，《十三法典》增加了一种仪式，要求"立誓人要把自己的愿望和誓词如实写于文书之上。立誓人首先要表明心愿，报上姓名。如果对这种立誓仪式看法殊异，可以掷骰子判定"④。

受吐蕃政权和藏族地方政府制定法律认可盟誓和神判的法律效力之影响，藏族习俗性规范也将盟誓和神判作为裁判是非曲直的一种有效手段，许多寺院或部落的习俗性规范中均有关于盟誓和神判的规定。《拉卜楞寺议会的主要惩罚条例》中有这样一条规定："当罪犯认为冤枉时，申冤者用盟誓的办法将'周吉哇'摆在僧众面前，面对'周吉哇'起誓，然后用嘴吹'周吉哇'，敢为者，即为冤枉；否则予以重处。"⑤ 藏族部落的习俗性规范也有大量盟誓和神判规范，民国时期周希武所著的《玉树调查记》就辑录了玉树二十五族的习俗性规

---

① 王尧. 敦煌古藏文历史文书 [M]. 西宁：青海民族学院，1979：32-33.
② 西藏古代法典选编 [M]. 周润年，喜饶尼玛，译. 北京：中央民族大学出版社，1994：47.
③ 西藏古代法典选编 [M]. 周润年，喜饶尼玛，译. 北京：中央民族大学出版社，1994：101.
④ 西藏古代法典选编 [M]. 周润年，喜饶尼玛，译. 北京：中央民族大学出版社，1994：103.
⑤ 牛绿花. 藏族盟誓研究 [M]. 北京：中国社会科学出版社，2011：63.

范六十八条，其中十一条涉及盟誓和神判。①

盟誓和神判以神圣的宗教力量强化人们对习俗性规范的信仰，使习俗性规范在社会生活中发挥了巨大的、类似法律的规范功能。宗教—习俗性规范仪式有着十分严格的程序，从形式上看，它非常符合逻辑，这样就使其带有程序正义的意味，但它的内容因顺乎天意而忽视事件的真实情况，其结果具有不可预测与随机性，所以是非理性的。盟誓和神判这两种延伸到习俗性规范中来的宗教仪式，使藏族习俗性规范或多或少具有马克斯·韦伯所说的"形式非理性"②特征，这样，世俗和神圣两个世界得以沟通。因此，盟誓和神判穿越2000多年的藏族历史，一直在藏族聚居区的纠纷中起到决断是非曲直的作用。

### 因借贷纠纷赌咒案③

类乌齐县依日乡的仁青××在2005年8月为修房子向索朗××借了8.5万元，仁青××表示3年后还款10万元。因两人关系较好，便未签订借贷合同。2008年7月，索朗××因车祸亡故。2008年8月，索朗××之子次仁××在整理父亲遗物时，发现父亲在笔记本上记录仁青××借款之事，于是要求仁青××按照约定还款10万元，仁青××说因自己在依日温泉开的饭馆生意较好，所以在一年前已经还了9.5万元给索朗××。次仁××认为仁青××在撒谎，在多次要求仁青××还款无果后，次仁××向人民法院起诉，人民法院以理由不足不予立案。次仁××于是向仁青××提出："既然你说你还了钱，你敢不敢跟我赌咒？"仁青××说："我不怕赌咒。"于是，第二天，2人及其家属各背了1只鸡、1壶青稞酒和一些糌粑来到附近的寺庙旁，先点燃煨桑，然后将鸡的脖子拧断并将鸡血洒在煨桑旁。次仁××先狠狠地在地上磕头，并虔诚地发誓说："'诺'（天上）、'鲁'（地下）在上，如果仁青××还钱了，那么我冤枉了他，我和我的家人的下场就像这只鸡一样；如果仁青××没还钱，那么就报应到他们家。"仁青××也如此这般地赌咒，赌咒后，双方及其家人都头也不回地回到各自家中。一年后，次仁××的妻子从树上摔下来，摔断了右腿。仁青××逢人便宣扬他肯定还钱了，其他人则悄悄地

---

① 王双成. 藏族"盟誓"习俗探微［J］. 西藏研究，1998（2）：95-99.
② 马克斯·韦伯. 韦伯作品集 IX 法律社会学［M］. 康乐，简惠美，译. 桂林：广西师范大学出版社，2005：28.
③ 本案为笔者2017年7月6日在西藏自治区昌都市类乌齐县依日乡搜集。

153

说次仁××家吃咒了。

(4) 宗教对处罚方式的影响

宗教对处罚方式的影响主要表现在，除了赔偿受害方的经济损失外，还必须满足其宗教需要，给予施害人宗教上的处分，如断绝其宗教关系或其家人死后，喇嘛不得开路、念经、进行超度，以咒其永入地狱。历史上，在藏族部落时期，宗教处理民间纠纷，采取宗教罚款的形式向寺院放生，称为"芒加"。此外，还对罪犯施以驱鬼和面壁思过等宗教处罚，驱鬼即将犯罪者架在牛背上，面朝牛屁股，背朝牛头，寺僧吹动法号并念经咒对其羞辱，被作为驱鬼的人，因怕别人讥笑不敢留在本地生活，只好四处漂泊流浪。面壁思过即将罪犯关押于监狱或密室，让其念经悔过。宗教处罚对不信因果、不相信轮回的现代人来说无任何实质意义，但对笃信报应轮回的藏族群众来说可谓意义重大，来世堕入地狱，对他们来说比任何世俗的刑事惩罚都可怕。下面就以习俗性规范中的"赔命价"制度为例说明佛教的传入对其处罚方式产生的影响。

与中原地区对杀人者的处罚方式不同，藏族地区对纠纷往往采用赔偿的方式解决，在他们的心目中，"杀人者赔"与中原地区的"杀人者死"的信仰一样神圣。藏族群众之所以形成这样一种观念，与佛教教义有密切联系。

佛教提出以教化人的政治主张，禁止滥杀，如《大萨遮尼乾子所说经》就劝谏统治者要"当知一切众生有识之类，宝重身命，无不畏死。至于业对百年寿终，莫问老少，无一引分言应去者。何以故？爱命重故，何况加害而不生恼，命终之后更相怨嫉，与怨相报，无有穷已。是故，大王！汝当远离杀生之罪，舍离刀杖，无起害心"。因此，世俗统治者应该远离"十大恶业"，力行"十大善道"，具足成就，才能成为"法王"。众所周知，吐蕃政权的统治者无不以"法王"自居或以"法王"作为终身之志，这就不难理解为何在松赞干布时期"赔命价"能够进入《法律二十条》，① 芒松芒赞执政时制定了《狩猎伤人赔偿律》，对"命价"的等级以及赔偿程序都做出了全面而详尽的规定。

佛教将判人死刑的法官、执行死刑的刽子手列为"不律仪者"。佛经曰："诸屠羊、屠鸡、屠猪、捕鸟、捕鱼、猎兽、劫盗、魁脍、典狱、缚龙、煮狗、

---

① 《法律二十条》之第一条即为"争斗者罚款，杀人者以大小论抵"，具体参见：徐晓光. 藏族法制史研究 [M]. 北京：法律出版社，2001：99.

154

置弶等。'等'言类显王典刑罚及余听察断罪等人，但恒有害心，名不律仪者。"① 即那些从事与杀生有关的职业者皆为"不律仪者"。藏传佛教秉承了印度佛教关于杀生方面的严格教义，他们甚至将铁匠列为贱业，因为铁匠打造铁器，铁器尖锐，杀生的能力强。旧西藏人站在众生平等和杀生造业会因果报应的宗教立场上，将那些判人死刑的法官和执行死刑的刽子手的职业视同于屠业，而在当时的环境中，这样的社会地位不会吸收多少从业者，西藏历史上曾经有一段时期找不到足够的死刑执行者。

死刑违背佛教禁止杀生的基本教义，但又不能对违法犯罪行为置之不理，那么寻求死刑的替代刑在所难免，对杀人者的处罚方式就由处死变为赔偿命价。佛教对杀人的格外仇视对于死刑的适用起到了一定的限制作用，此后藏族聚居区的刑罚制度以赔偿为主、死刑为辅，罚赔刑与死刑的关系得以摆正。② 罚服成为藏族聚居区解决纠纷的主要手段，形成了"赔命价""赔血价""赔奸价"和"偷盗罚服"的惩罚制度，藏族聚居区的制定法和习俗性规范都对斗殴伤人、自相殴杀、奸淫妇女和偷盗等犯罪行为规定了"罚则"，并收到了较好的社会效果。据《旧唐书》记载："吐蕃之刑，虽小罪必抉目，或刖、劓，以法为鞭扶之。"对杀人的杀手多处以抽筋、挖眼或投河等惩罚。罚服刑的制度化改变了吐蕃前期刑罚残酷的局面。

"赔命价"在藏族聚居区之所以流行有三方面的原因：①受害者的家属认为人的灵魂不灭，在六道轮回中会转生，因此剥夺犯罪者的生命或者对其施以肉刑也没什么意义。与其判死刑，还不如令其"赔偿命价"。②凶手及其家属基于"业力无穷，所经行为，确定其自果"③ 的认识觉得凶手已受到最严厉的宗教处罚——因果报应，凶手在六道轮回中必然坠入最低、最痛苦的地狱，这已经够严重的了，若再处以极刑，于理不合。相反，如果留着凶手的臭皮囊，让其悔过从善，虔诚修持，跳出六道的藩篱，说不定凶手还会做些饶益众生的善事。③佛教慈悲为怀的观念为二者的沟通架起了桥梁。受害者及凶手的家属双方都希望案件的解决"利乐众生，饶益有情"，二者都从慈悲的心境出发，主张以赔偿的方式解决"命价"纠纷。

直到现在，"赔命价"习俗还固守在雪域高原这块神秘的土地上，与国家刑

---

① 世亲. 阿毗达磨俱舍论：卷13 分别业品［EB/OL］. 玄奘，译. 佛音网，2016-01-30.
② 张济民. 寻根理枝：藏族部落习惯法通论［M］. 西宁：青海人民出版社，2002：333.
③ 宗喀巴. 菩提道次第广论［M］. 法尊，译. 色达：四川色达县喇荣五明佛学院，1998：362.

事司法不期而遇。司法机关的依法判决不能令受害者家属满意，即使判处凶手死刑也不能解决问题，他们往往会坚持赔偿的诉求①，该诉求往往受到传统和舆论的支持。

### 泽巴××故意伤害（致人死亡）案②

被告人泽巴××，男，藏族，1961年8月出生，中专文化程度，西藏自治区××县人，被捕前系动植物检验检疫站检疫员。被告人酒后于1994年12月31日23时，从××县城关镇齐齿街"百乐门"卡拉OK厅出来，在县菜市场附近遇到泽×、群×，被告人对二人进行调戏并尾随二人一直追到扎西茶馆。被告人进入茶馆后坐在永青××（被害人）身边，这时泽×对被告人说："大哥，你走吧，派出所的江村来了你可就麻烦了。"被告人非常生气，抢过泽×随身携带的电筒并对其进行殴打。永青××看不过去，对被告人说："好了吧，你一个男子汉打女的好意思吗？"并问泽×电筒在哪儿。被告人说："电筒在这儿。"随手抽出刀子向永青××的左腿根部捅去，导致被害人大腿动脉大出血，在送往医院抢救的途中身亡。

本案经公安机关侦查，认为事实清楚、证据确实，被告人也供认不讳。检察机关依法向人民法院提起公诉，法院对犯罪事实予以认定，认为泽巴××的行为已触犯《中华人民共和国刑法》第一百三十四条第二款之规定，本应从重处罚，鉴于被告的悔罪态度及其家属对被害人的主动经济安慰，法院判处泽巴××有期徒刑十年，赔偿被害人家属人民币9980元，并没收凶器。

被害人永青××的父亲提起的刑事附带民事诉讼状也值得注意。在该诉状中，被害人永青××的父亲表示被害人因为经商有欠账，再加之"根据本地的风俗习惯需要念经和向寺院保证买经书，买一套《甘珠尔》要2000多元"，因此要求被告人赔偿他12,000元，而且还说如果被告方满足他的要求，"那么我们的心

---

① 虽然国家司法的刑事附带民事诉讼也有赔偿，但附带民事诉讼赔偿的金额有限、赔偿标的单一，不能较好地满足藏族群众的赔偿要求。司法判决的赔偿物一般是人民币，而藏族群众的赔偿物却十分丰富，各种牲畜如牛羊等，各种食物如酥油、奶酪等，甚至经书等均可以做赔偿物。
② 此案是笔者于2007年7月28日在西藏自治区××县调查搜集。

都是肉长的，加之我们都是信教之人，信仰宗教的人都心善；而且我儿子和被告一方往日也无冤无仇，从不相识，他们俩这次只是不幸偶然相遇"，因此他要求法院、检察院对被告免予刑事处罚。

被告家属在纠纷发生后和诉讼进行前主动给予经济补偿同样也值得关注，因为它是司法机关对被告人从轻处罚的酌定情节。被告家属赔偿的主动性并不来自法律的强制，而是受到"赔命价"习俗性规范的影响，藏族聚居区法院中的许多法官都说他们"几乎没碰到执行难问题"，只要藏族群众有赔偿能力，即使倾家荡产他们也愿意赔偿。藏族群众对刑事案件性质的认识与附带民事诉讼不存在执行难的现象与内地形成鲜明的对比。

### 海来××故意伤害（致人死亡）案①

被告人海来××，男，彝族，20岁，被捕前系四川省××高等师范专科学校1994级预科班学生。被告人于1996年10月25日去本校台球室打台球，当时已经没有空的台球桌，于是被告人站在正在打台球的1992级学生李×身边等待，李×打台球时没有注意到身边的被告人，球杆刮了被告人的脸，被告人用拳猛击李×腰部，被告人身强力壮，李×的朋友罗×怕其不支，上前帮忙，结果海来××拔出随身携带的腰刀向罗×身上猛戳了3下，随后其他打台球的同学将他们拉开。很快学校组织担架将罗×送往所在地县人民医院抢救，因失血过多，罗×在送往医院的途中不治身亡。

本案经公安机关侦查，检察机关审查，认为事实清楚、证据确实，后果严重、被告人也供认不讳。为维护社会秩序安定，保护公民的人身不受非法侵犯，根据《中华人民共和国刑法》第一百三十四条第二款之规定，本应从重处罚，鉴于被害人的过错、被告人的悔罪态度及其家庭在彝族地区的影响，法院以故意杀人罪判处海来××有期徒刑七年，并没收凶器。

事件发生后，××高等师范专科学校立即通知双方家属到学校，海来××的父母及亲属近10人于当天晚上赶到了学校；罗×的母亲生病，父亲在一位亲戚的陪同下于案件发生后的第二天晚上到了学校。海来××的父母在知道罗×的父亲到达后，主动要求学校安排双方家属的会面，

---

① 本案例为1994年笔者在四川省××高等师范专科学校学习期间亲历。

以表达他们的歉意并想要提前支付罗×的父亲一笔赔偿金。但罗×的父亲毫不犹豫地拒绝了海来××父母想要见面和先行支付赔偿金的要求,并怒气冲冲地对学校负责协调的老师说:"我虽然穷,但有骨气,不会被他的金钱收买,除了上法庭的那一天,其他时候我不会见他。那个杀我儿子的人必须偿命,法院会给我主持公道的。"

罗×的父亲相较于前述案例中永青××的父亲郎×,并没有对案件事实进一步了解,他不会像郎×那样认为这只是一个偶然事件。当然,从法律的角度看,罗×的父亲更具有法律意识,他追求法律正义的精神无可厚非。

(5) 宗教组织与宗教人员参与纠纷的解决

有人类社会就有纠纷,纠纷破坏社会内部的平衡,使社会随时都有失序的危险,为了族群的繁衍和生产的发展,维护社会内部的动态平衡就成为社会的一项重要职能,也就是说,发生纠纷后,必须对这些纠纷加以调解,使其恢复到平衡的状态,否则即使很小的纠纷也会酿成大的冲突,因此需要在群落内拥有权威的纠纷裁决者。①

在人类社会早期处于部落公社时,没有中心化的权力,纠纷的解决不是通过强制实现的,调解者的权威也并非法律所赋予,而是在社会中自然形成的,这种社会中自然长成的权威乃是社会各种力量相互作用的结果。②

那些声称自己能与神秘力量(天、神、魔等)对话的权威者乃人类历史上最早的法官——纠纷调解人,匍匐在神明脚下的原始人肯定愿意将纠纷裁决权交给他们崇拜的神明的代理人。这些早期的法官(实际上也是巫师)用神明裁判的方式调解纠纷。具体到藏族早期文化史,这些最早的纠纷裁决者即苯教巫师,他们担任王室官员,参与部落的军政大事,裁决是非曲直。③

7 世纪中期,松赞干布征服青藏高原各部落,建立统一的吐蕃政权。苯教因不能给王室权力的至高无上性提供理论支持,不能发挥积极的政治功能,为防止"小邦叛逆……恶行泛滥,民众困苦"④,松赞干布通过倡立佛教以削弱苯教的权威,并建立了世俗司法体系。

---

① NADER L, TODD H F. The Disputing Process: Law in Ten Societies [M]. New York: Columbia University Press, 1978: 55.
② 罗维. 初民社会 [M]. 吕叔湘,译. 南京: 江苏教育出版社, 2006: 153-200.
③ 次旺俊美. 西藏宗教与社会发展关系研究 [M]. 拉萨: 西藏人民出版社, 2001: 309.
④ 欧阳修, 宋祁. 新唐书 [M]. 北京: 中华书局, 1975: 6076.

吐蕃王朝崩溃后，中央权力瓦解，部落头人或寺庙活佛参与包括"赔命价"在内的纠纷调解。部落头人常常自行调解本部落内部纠纷，对跨部落纠纷往往只有协调权、组织权，而无决定权，对于一些重大的人命纠纷和草场纠纷引起的械斗，部落头人的作用有限，只好请活佛出面。在藏族聚居区，宗教人士，特别是上层宗教人士的意见对纠纷的解决有绝对性影响，藏族百姓对这样的调解结果也非常认可。究其原因主要有以下方面。

首先，僧人参政与政教合一制强化了上层僧人的地位和作用。吐蕃法律明确规定要敬信佛教，任用僧侣参与政治决策，如《新唐书·吐蕃传》记载：吐蕃"喜浮屠法，习咒诅，国之政事，必以桑门参决"。赤德松赞更"封比丘为政教掌相"。

其次，藏族民间群众的"以僧为荣"观念提升了僧人的社会地位，使他们能够成为有威信的裁判者，藏族群众认为由他们主持的调解最公正。吐蕃王朝及其后的政权都优待僧人，任用僧人参政议政的行为一代代地强化了民间群众的记忆，渐渐地形成了藏族群众崇敬僧人的观念。政教合一政治制度的建立则进一步强化了该观念，许多父母竭力使自己的子女成为佛门信徒。若一个家庭有几个男孩，除留下最小的孩子娶妻传承家族外，其余的则出家为僧。长期氤氲在这种敬僧的环境下，藏族民众养成了小事自行和解、大事找喇嘛调解的习惯，所以在藏族聚居区，发生不能自行和解的纠纷后，当事人最先寻求的救助方式不是诉讼，而是主动请活佛进行调解，老一辈的藏族群众更是如此。

最后，也是最重要的原因，僧侣的教育使他们有能力成为出色的裁决者。过去，西藏群众的识字率较低，文盲所占比重大，而寺院除了对僧人进行识字教育外，还会对他们进行佛教经典、因明（逻辑）、辩论和藏族文化方面的教育。这样培养出来的一些高僧大德不仅知书识礼，而且擅长说理，作为藏族和藏传佛教文化的继承者与传承者，他们在藏族聚居区受到人们的尊敬、顶礼膜拜，藏族谚语谓之："山岳之上是日月，国王之上乃上师。"藏族群众遇到纠纷也喜欢找活佛或一些有名望的喇嘛调解，他们的意见往往比法律还管用。这些纠纷裁决者的语言往往是生活性的，如"两只豹子打架也不会撕破豹皮"（意思是说即使有矛盾也要互留情面，要留有余地）、"与其在山里修一座塔，不如在山下使一个家庭和睦"（适用于调解离婚）等调解话术，为文化知识水平不高的牧民喜闻乐见，与冷冰冰的法律语言相比，这些俗语更容易让他们接受。

活佛不仅参与具体纠纷的裁决，还在集体场合，如一些群众参与的大型宗教节日里或以具体纠纷为例或用教理、道德直接进行说教，大力倡导宗教道德。

作为一个权威的纠纷裁决者,他不仅对已经发生的纠纷作出裁判,而且对那些可能违反宗教道德的行为、可能发生的纠纷进行事前裁判,给这些行为贴上标签,从而达到惩恶扬善的作用,活佛这种参与纠纷裁决的行为"使宗教表现为一种社会制度"①。在藏族聚居区,寺院和喇嘛参与解决纠纷的事迹随处可见,如《维西见闻录》中就有关于云南藏族群众"其性强悍,偏执而能制,稍不如意,则纠党互斗,喇嘛排解之乃散"②的记载,喇嘛对在当地社会纠纷的解决实施管辖。

现在,一些喇嘛和活佛也经常调解藏族民间群众纠纷,大部分喇嘛均能站在公正的立场上解决纠纷,大部分民众也认可他们的调解结果。根据笔者在西藏自治区昌都市、那曲市,青海玉树藏族自治州,四川甘孜藏族自治州和阿坝藏族羌族自治州等地的调查,在这些地区,喇嘛和活佛参与调解刑事案件和民事案件的比例不小,调解的效果好,如昌都市的民间借贷纠纷80%以上均由喇嘛或活佛调解,基本能案结。一些大的草场纠纷,政府若无从下手,便会邀请活佛参与调解,如在青海和四川交界的草场纠纷中,当地政府就邀请了著名的贡唐仓活佛出面化解矛盾,前面提到的"尼江事件"最后能够成功解决也离不开活佛的帮助。当然宗教人员参与纠纷调解,也有一些负面影响,如混淆刑事处罚和民事赔偿的界限,还有一些喇嘛和活佛利用宗教进行政治活动也是不容忽视的问题。

(三) 强烈的非讼心理

孔子曰:"听讼,无犹人也,必也使无讼乎。"孔子的这句话代表了儒家追求无讼的理想境界,同时也体现了古代国家的诉讼理念。与国家追求的无讼相适应,民众则表现出强烈的厌讼心理,国家追求与民众心理形成的两股合力导致了对诉讼的否定,如梁治平所言:"中国古代的法律,就其本质而言,并非社会正常生活必需的一部分。我国古代法律,也像其他制度一样,服从文化的根本追求,乃是实现社会中'绝对和谐'的手段。法律设施被建立来究治违礼的行为,官司的职责便不仅是明辨曲折,扬善抑恶,而且要教民息讼,使民无诉,从根本上消灭狱讼之事。"③

---

① 埃米尔·迪尔凯姆. 迪尔凯姆论宗教 [M]. 周秋良,等译. 北京:华夏出版社,2000:10.
② 余庆远. 维西见闻录 [M] //王锡祺. 小方壶斋舆地丛钞(第八帙). 杭州:西泠印社出版社,2004:631.
③ 梁治平. 寻求自然秩序中的和谐:中国传统法律文化研究 [M]. 北京:中国政法大学出版社,1997:212.

传统法律的追求与传统文化的追求一致,都是"和谐"。以西方的法律概念视之,古代中国法律具有威塞尔所谓的"国家未出现的法律"的某些特征,它努力在当事人中间寻求一种平衡,而不是"一方全输,另一方全赢",达到平衡的方法是妥协调和,而不是对抗性的"诉讼"。藏族习俗性规范在追求"和谐"方面与中原法律文化旨趣相同,这是因为藏族文化的根本特征就是和谐。

与内地基层民众一样,大部分藏族群众解决一般的纠纷倾向于和解和调解,而不愿意或不太愿意到法院打官司,对诉讼持否定态度。[1] 造成藏族群众非讼心理的原因很多,主要有宗教方面、制度供给方面和经济方面。藏传佛教的一些观念如因果报应、生死轮回等,使藏族群众把今生看得很淡,他们与世无争,这样自然不会锱铢必较,遇到纠纷时他们也会"口伤口养",先扪心自问是不是自己错了,自然不会上法院打官司,即使不能自行和解,也会请人按照习俗性规范进行调解。

制度供给上的不足导致藏族群众对习俗性规范的依赖。历史上的藏族聚居区主要靠道德和宗教来规范人们的行为和维护社会秩序。在法律供给和制度设计方面,无论是当时的中央政府还是地方政府都未能很好地履行其职责,因此藏族群众只好长期沿用习俗性规范,这导致了他们的路径依赖,即在遇到纠纷时,他们自然会驾轻就熟地适用习俗性规范。古代中央王朝在制度供给方面的不足,除了各王朝在治藏指导思想上存在问题外,藏族聚居区经济状况是出现问题的客观原因。法律经济学认为,"法律的需求与法律的发达之间有着非常直接的因果联系,法律的发达必须建立在社会需求的基础上"[2]。历史上,由于宗教和三大领主剥削的原因,藏族聚居区经济发展迟缓,经济类型单一,因此对法律的需求不旺盛。总之,历代中央王朝在藏族聚居区的法律供给不足为习俗性规范留下了空间,对习俗性规范的依赖强化了藏族群众的非讼心理。

人们对纠纷解决方式的选择受到诸如文化、教育背景、特殊心理倾向和诉讼成本等因素的影响。民主改革前,藏族部落形成了一套自己的纠纷解决机制,虽然它无法与现代社会相提并论,但却与藏族社会发展水平相适应,其中具有

---

[1] 一些实证研究材料可以支持藏族民众非讼心理的结论,如牛绿花对甘肃省舟曲县拱坝乡先锋村 200 个藏族农牧民做问卷调查,发现"不太愿意"和"不愿意"到法院打官司的群众占 90%,8% 的群众甚至"没考虑过"这个问题,"愿意"打官司的只有 4 个人,占 2%。具体参见:牛绿花. 藏族农牧民厌诉的经济分析:基于对甘肃省舟曲县拱坝乡先锋村的调查 [J]. 西北第二民族学院学报(哲学社会科学版),2006(2):65-70.

[2] 王成. 侵权损害赔偿的经济分析 [M]. 北京:中国人民大学出版社,2002:18.

代表性的纠纷解决方法有个人和解、第三者参与下的调解与司法审判。① 其中，选择调解与和解的方式解决纠纷的藏族群众较多。② 藏族民众之所以做出这样的选择，除了宗教文化外，诉讼成本对其选择无疑具有决定性意义。

诉讼成本可以分为诉讼的经济成本和诉讼的道德成本。所谓诉讼的经济成本，指当事人为整个诉讼所付出的金钱、精力、时间等可以折合成物质和财产的支出。既然诉讼只是人们解决纠纷的一种方式，作为理性的经济人，人们往往从功利的角度考虑选择解决纠纷的方式。藏族聚居区地域辽阔、交通不便等地理原因本就使诉讼成本增加，过去部落头人任意收取诉讼费用更是增加了当事人的负担，这对本来就经济落后的藏族民众来说无异于雪上加霜，当事人往往不堪忍受，因而他们更愿意选择经济代价更小的和解与调解。实证研究表明，人们在考虑个人成本的时候，不仅限于经济因素，还包括精力、体力、面子，在相应场域中的地位影响等许多可用经济方面进行衡量或不可用经济方面进行衡量的，以及与纠纷解决直接相关的个人所做的现实与潜在的投入，所得到的直接与间接的回报等因素。对藏族群众来说，影响更大的是诉讼的道德成本——藏族社会对诉讼持否定的价值取向，使人们对诉讼的心理倾向降低，因而加大了诉讼的道德成本，抑制了人们的诉讼欲望。

法经济学认为，尽管诉讼能够使个别原告获得损害赔偿和其他救助，从而在诉讼中受益。但从整体上来看，诉讼纯粹是一种损失，因为对整个社会而言，诉讼所支出的经济成本和道德成本与通过诉讼所获得的程序利益之间的比较值永远是负的。法律体系和程序存在的理由并不是它增进了社会的整体财富，而在于它用一种较轻的邪恶来解决争执，胜于血亲复仇和报复等方式所带来的损失。对社会来说，诉讼的增加会加大整个社会成本，诉讼量大体取决于社会的经济水平。藏族聚居区落后的经济抑制了他们选择以诉讼的形式来实现自己权利的愿望，最后形成压迫型的非讼心理。其实，压迫型非讼心理在很多社会中都有体现，民谚"衙门八字开，有理无钱不进来"即其生动写照。

---

① 华热·多杰.藏族部落纠纷解决制度探析[J].青海民族学院学报，1999（3）：74-78.
② 今天，在藏族聚居区，诉讼仍然是人们很少选择的纠纷解决方式。2007年8月，在西藏自治区类乌其县进行田野调查时，笔者专门走访了该县人民法院。他们告诉我，该法院审理的民、刑事案件年平均不到100件，99%以上的民事案件、90%以上的刑事案件最后都能通过法庭调解结案。在藏族聚居区，虽不能说法院门可罗雀，但可说车马稀少。

# 第四章

# 少数民族习俗性规范现代化的基本原则

**一、法律多元主义及其批判**

在所谓的"习惯法""民间法"等"非国家法"的研究中,有一种理论与思想的影响非常大,那就是法律多元主义。西方舶来的法律多元主义为透视"习惯法"和"民间法"提供了一种新视野,强化解释张力,它对"非国家法"的研究确实带来了积极影响。但在拿来主义盛行的潮流中,法律多元主义的来源、真实含义、是否符合中国历史与现实情况,以及可能带来的问题却从来不曾引起研究者的思考。

(一)法律多元主义:一个西方舶来的理论

1. 西方法律多元主义的发展历程

法律多元主义从西方舶来,其英文、法文和德文对应的词分别为"legal-pluralism""pluralisme juridique""Rechtsvielfalt"。要了解法律多元主义的真实含义,必须对该理论的产生和发展史进行认真梳理,即必须进行一番知识上的"考古"。

法律多元主义随着近代西方国家法中心主义的消解而出现,它随着法人类学和法社会学的兴起而产生。早在19世纪末20世纪初,在法社会学和法人类学的研究中,就有了法律多元主义的影子。奥地利法学家尤根·埃利希(Eugen Ehrlich)提出"活法"的概念,他从社会学的视角出发,认为从本质上讲法律是社会秩序的调整者和承担者,在同一社会领域中的社会法、法学家法与国家法三种法之间形成共存、合作或竞争的互动关系,共同构成社会秩序。[①] 尤

---

[①] 尤根·埃利希. 法律社会学基本原理[M]. 叶名怡,袁震,译. 北京:九州出版社,2007:815-1033.

根·埃利希的"多元法律互动秩序"理论和"活法"概念已经揭开"法律多元主义"的面纱。俄裔法国法社会学家乔治士·古维奇（Georges Gurvitch）指出，自治的社会法秩序的产生及其冲突将导致社会多元与法的多元（Jural Pluralism）。英国人类学家马林诺夫斯基通过对西太平洋岛屿原始部落的研究，发现在以互惠为基础的社会结构中，能够产生类似现代社会法律的"特定的具有约束力的社会机制"并不唯一，从功能主义的角度看，存在法律、秩序和纠纷解决机制的多元替代物。[①] 由此可见，此时期为法律多元主义的萌芽时期，法律多元主义的概念还没有明确提出，但国家法一元主义已经受到侵蚀，法社会学和法人类学为现代法律多元主义奠定了规则多元和秩序多元的理论基础。

20世纪五六十年代，随着西方国家"法律与发展"运动的发起，掀起了对亚非拉各国大规模的法律输出，原有的殖民地国家已经存在的法律多元现象加重新一轮的"法律殖民"；原来未被殖民的国家，也在大力引入西方先进法律制度的过程中使其法律呈现出不同程度的多元化倾向。1969年，在比利时布鲁塞尔自由大学召开了首次以"法律多元"为名的研讨会，范德林登（J. Vanderlinden）首次比较系统地提出并阐释了"法律多元主义"的概念。他认为人类社会的存续需要各种规制性系统，在这些规制性秩序中，如果不止有一种"法律"秩序，还存在其他各种各样的规制性社会秩序，那么这种状况就是"法律多元主义"。[②] 但范德林登所阐释的法律多元主义并不是建立在封闭共同体内部的，而是指"一些比邻而居的群落，各自受其法律支配的那样一种状态"[③]。范德林登的"法律多元主义"根植于殖民主义国家或"法律殖民主义"国家，在这些国家中，出于被迫或自愿，在自己固有的法律之外，还移植宗主国或先进国家的法律，从而形成两套互不隶属的法律系统。该思想对此后一段时期内的法律多元主义研究产生了较大影响，一大批研究者进入殖民主义国家或者法律殖民

---

① 马林诺夫斯基. 原始社会的犯罪与习俗 [M]. 原江, 译. 昆明: 云南人民出版社, 2002: 13-14.
② VANDERLINDEN J. Return to Legal Pluralism: Twenty Years Later [J]. Journal of Legal Pluralism and Unofficial Law, 1989, 21 (28): 149-157.
③ VANDERLINDEN J, GILISSEN J. Le Pluralisme Juridique [M]. Brussel: Vrige University van Brussel, 1972: 15-56.

<<< 第四章　少数民族习俗性规范现代化的基本原则

国家进行实证研究，得出这些国家存在法律多元主义。① 其中，胡克（M. B. Hook）在长期考察东南亚殖民主义国家秩序的基础上，写成第一部以"法律多元主义"为名的专著，提出"文化差异中的法律多元主义"的观点。胡克认为，在东南亚殖民主义国家，存在由现行国家法和传统固有法构成的多重法律义务体系的法律多元主义现象。其中，国家法在政治上具有较高地位，能够废除本土法或固有法；在多重法律义务体系发生冲突时，国家法律体系往往胜出；国家法与其他法并不是平行并列关系，而是"支配法"和"从属法"的关系。桑托斯（S. Santos）受胡克的法律多元主义理论启发，认为不同的阶级之间也存在法律多元主义现象。根据对巴西贫民区的实地考察，1977 年桑托斯发表《被压迫者的法：帕萨嘎达法制的建构与再生产》一文。在该文中，桑托斯阐释"阶级之间的法律多元主义"，他认为帕萨嘎达法制能够在一定程度上保障被压迫阶级的利益。②

从胡克的观点来看，法律多元主义的理论大厦在逐渐瓦解，既然其他法与国家法并不是平行、并列关系，而是支配与从属的关系，那么其他法就不能成为与国家法并立的一元，多元也就无从谈起。因此，约翰·格里菲斯（John Griffiths）把这种以法律中心主义为前提的法律多元主义称为"弱势的法律多元主义"，他提出"强势的法律多元主义"概念，并说道："法律多元主义是社会领域，而非法律或法律体系的属性，描述性的法律多元主义理论指各种来源的法律可以在人和社会领域内运行。当人们观察到不止一种法律来源或法律秩序存在于社会领域时，这样的社会秩序便可以称为'法律多元主义'。"③ 约翰·格里菲斯对法律多元主义概念的重新界定，使法律多元主义的研究从殖民主义

---

① M. B. HOOKER. Legal Pluralism: An Introduction to Colonial and Neo-colonial Laws [M]. Oxford: Clarendon Press Oxford University Press, 1975; MOORE S F. Archaic Law and Modern Times on the Zambezi: Some Thoughts on Max Gluckman's Interpretation of Baroste Law [M] //GULLIVER P H. Cross-examination: Essays in Memory of Max Gluckman. Leiden: E. J. Brill, 1978: 53-71; CARE J C, ZORN J. Statutory Developments' in Melanesian Customary Law [J]. Journal of Legal Pluralism & Unofficial law, 2001, 33 (46): 49-101; Esther Meininghaus. Legal Pluralism in Afghanistan [Z]. ZEF Working Paper Series, Department of Political and Cultural Change Center for Development Research, University of Bonn, 2007.

② DE SOUSA SANTOS B. The Law of the Oppressed: The Construction and Reproduction of Legality in Pasargada [J]. Law and Society Review, 1977, 12 (1): 89.

③ GRIFFITHS J. What is Legal Pluralism? [J]. Journal of Legal Pluralism and Unofficial Law, 1986, 18 (24): 38.

国家和不发达社会的秩序体系中走出来，进入工业社会，一些研究者认为在法律发达的欧洲也存在法律多元主义现象，如萨利·恩格尔·梅里（Sally Engle Merry）就谈道"新的法律多元主义"，认为其"研究范围并非仅限于探讨习惯法与国家法的关系，它也应包括诸如宗教法和公司及商业分支机构、伦理团体、黑手党、地方性团体及各种各样的组织内部的自律性规定"①。

20世纪90年代，随着全球化进程的加快，在法律全球化的声浪之下，法律多元主义又实现了理论的转型，"全球法律多元主义"被提出，研究者认为法律多元主义可以推进法律全球化的进程。20世纪90年代中后期，桑托斯开始关注全球化中法律多元主义问题，他认为法律多元主义与反对霸权的法律全球化理论之间存在辩证关系：一方面现代法律面临着霸权自由主义理论和法律实证主义导致的法律国家主义危机，而法律多元主义所提倡的宽泛的法律概念，可以恢复法律的地方性和全球性时空，把法律从民族国家的宰制中拯救出来，让其游走在地方、国家和全球构成的自由时空；另一方面，唯有把法律全球化的范式解读（自下而上的反霸权全球化）和次范式解读（自上而下的霸权性全球化）结合起来，才能更全面地理解全球化，自下而上的反霸权全球化理论可以给法律多元主义提供更好的分析框架。②

1999年，人类学家斯奈德（F. Snyder）第一次在论文中提出"全球法律多元主义（Global Legal Pluralism）"概念，斯奈德认为全球经济竞争领域在一定程度上是由多元的法律所组织和构成的，全球法律多元主义不仅提供游戏规则，而且构成游戏本身。③ 斯奈德提出的超越民族国家的"全球法律多元主义"概念对学界产生了较大影响。

2. 西方法律多元主义存在的问题

西方学者主导的法律多元主义从其萌芽至今已经有一百多年的历史，它对西方国家法律主义传统提出有力挑战，为人们重新思考和解读法律问题提供了新视角，但任何理论都不是天衣无缝的，笔者认为西方法律多元主义存在以下三方面的问题：

---

① K. 冯·本达-贝克曼. 法律多元 [M] // 许章润. 清华法学：第九辑. 朱晓飞, 译. 北京：清华大学出版社, 2006: 288.
② 博温托·迪·苏萨·桑托斯. 迈向新法律常识：法律、全球化和解放 [M]. 刘坤轮, 叶传星, 译. 北京：中国人民大学出版社, 2009.
③ SNYDER F G. Governing Economic Globalization: Global Economic Networks and Global Legal Pluralism [J]. European Law Journal, 1999, 5 (4): 334-374.

第一，定义的模糊性。虽然约翰·格里菲斯和萨利·恩格尔·梅里等人均对"法律多元主义"进行过界定，但他们关于法律多元主义的定义均来自经验，是对法律多元主义实践的描述与分析，并未从经验描述中抽象出一般的具有普遍意义的概念。他们的定义中没有论及多元之"元"的含义，即没说明什么要素能称为"元"。同时，从他们的描述中也可以看出一些所谓的多元要素并不是并列的，既然不是并列的又怎么能称为"元"呢？胡克实际上已经看出法律多元主义中的"多元"之"元"并不是平等地位的并列关系，但他回避这个问题，而是以"支配法"和"从属法"关系来解释，胡克的解释没有任何道理，支配要素和从属要素不是并列的，也就不可能构成多元。

第二，概念适用范围的多变与广阔。法律多元主义萌芽于欧洲，最早它被用来描述西方国家规范多元的历史，应当说在欧洲历史上，因为国家与社会二元分立的事实，规范多元还是有一定事实基础的。后来在法律多元主义的形成期，该理论用来阐述殖民地或法律后进国家的法律现象也不无道理，因为在这些国家虽然有移植的法律制度，但确实存在固有法，而且固有法在社会生活中还起到一定作用。此后，法律多元主义理论走上了一个逐渐扩张的道路。桑托斯用它描述不同阶级之间的法律现象，提出了"阶级之间的法律多元主义"，这是对西方法学传统的极大挑战，打破了统治阶级对法律的垄断，但同时也开启了法律概念泛化的潘多拉魔盒，这样，所有的规范都可以称为法律，混淆了法律与其他规范之间的界限。法律多元主义概念的泛化必然走入梅里所谓的"新的法律多元主义"的泥淖之中，即把所有的规范都视为法律，这样，梅里把黑手党的内部规则视为法律多元主义的体现就不足为奇了。随着法律多元主义理论从原始社会、部落社会"进城"，法律多元主义遇到了更棘手的问题。现代民族国家立法是生成法律制度的唯一途径，尤根·埃利希的名言"法律的发展重心不在自身，而在社会"已经被历史的车轮辗为尘埃。在现代国家中，社会群体、民族等团体的传统规则和意志如果不能被国家立法认可或吸收，上升为国家意志，它就不可能在实践中被适用，即使它可能对国家法律的适用产生正面的影响。也就是说，各种社会团体的习俗性规范或新形成的规范并不具有"元"的特征和属性，自然也就不能形成法律多元主义现象。列宁说"真理多走一步就会变成谬误"[1]，法律多元主义现在的适用范

---

[1] 列宁. 共产主义运动中的"左派"幼稚病[M]//中共中央马克思恩格斯列宁斯大林著作编译局. 列宁选集：第4卷. 北京：人民出版社，1995：198.

围早已经背离其产生时的范围,那么其解释张力也会大打折扣。

第三,法律多元主义忽视权力在规范中的作用,法律多元主义以研究国家形成前的原始部落社会秩序为起点,因此过分强调社会团体、非政府力量在构建秩序中的作用。随着全球化视野进入该理论中,它又强调国际组织在形成国际社会秩序中的力量。应该说,在前国家社会和后国家社会中,法律多元主义的观点有一定的道理。但在国家形成后的社会中,权力既是法律的渊源(马克思所谓的"统治阶级的意志"),又是法律有力的维护者,没有国家暴力机器作为后盾的法律就像没有牙齿的老虎。我们也不能否认"当今民族国家在世界经济、政治和文化体系中仍占据十分重要的地位,在国家治理与全球治理中国家仍扮演着重要角色"[①],民族国家在建立法律规范、维护法律秩序和实现法律效力方面仍然发挥着主导作用,在国际组织的各项活动中,没有各国政府的参与也是不敢想象的。法律制度产生于不对称、不平衡的权力关系,离开国家权力谈法律,会犯"一叶障目,不见泰山"的认识错误。

(二)法律多元主义在中国的运用及其批判

1. 法律多元主义在中国法学研究中的运用情况

随着法律多元主义在20世纪八九十年代的转型,在西方学者垄断的法律多元主义领域逐渐出现非西方学者的声音。根据笔者搜集到的资料,日本学者千叶正士最早用法律多元主义理论来研究中国法律,她提出"法律文化的同一性原理",并以该理论阐明在中国存在的多种多样的法主体具有同一性,可称为"天道式的多元主义"。她进一步论述道:"在中国广阔的地域内存在着多种多样的法主体,实际上远远超出了通常仅意味着中央政权法的中国法的实体,能够将这种多元法的整体视为一个中国法的观念,是将其称为中国法而自豪的原理,即其法的同一性原理。与夷狄蛮戎相区别,维持法的主体性的边疆各民族的固有法,例如蒙古法、西藏法、新疆地区的伊斯兰法和山地民族的部落法,以及在以汉族为主体的民众社会中的宗教法、村落法、行会法,甚至台湾法,等等,

---

① 杨静哲. 法律多元论:轨迹、困境与出路[J]. 法律科学(西北政法大学学报), 2013, 31(2): 3-11.

实际上都是活的中国法整体的构成变数。"①

国内的研究者也积极引入西方法律多元主义来解释中国法律的复杂情况，以法律多元主义理论来研究中国古代法和现代法的风尚曾盛极一时。国内学者中，苏力最早有运用西方法律多元主义来研究中国古代法的设想，他说："即使在所谓的中国传统法律文化中，也绝不是铁板一块。中国古代的礼法之争，从法律多元主义的角度观察，实际上是两种法律规范性秩序之争。"②梁治平以西方国家的社会二分理论为基础，从功能主义的角度分析清代的法律多元主义现象。③王志强认为，清代的地方法规、条例中的地区性特别法、刑部的法律推理、成案的运用与婚娶和收继的法律实践是法律多元主义的体现。④类似的研究还有很多，如许多研究者用法律多元主义来分析阐释存在于基层社会的民间法、习惯法或民间社会规范，认为在中国古代社会和现代社会中存在的民间法、习惯法或民间社会规范与国家法一起建构了社会秩序。⑤

民族习惯法的研究者更是洞察到法律多元主义的积极意义，他们把法律多元主义运用到自己的研究中，把民族习惯法作为法律多元中的一元。徐晓光以法律多元主义为视角，"复原中国多民族国家各民族法制发展历史的原貌，使民族法制史的内容从历史的暗淡中凸现出来"⑥。张晋藩受费孝通"多元一体"理论的启发，提出中华法系多元一体的法律文化特征。张晋藩认为汉族和少数民

---

① 千叶正士. 法律多元：从日本法律文化迈向一般理论［M］. 强世功，王宇洁，范愉，等译. 北京：中国政法大学出版社，1997：250. 实际上，英国学者 S．斯普林克尔（Sybille Van-der Sprenkel）早在1962年出版的著作中研究大清律例等国家法时，将大量的篇幅用来描述和讨论普通的社会组织和日常的法律生活，具体参见：S. 斯普林克尔. 清代法制导论：从社会学角度加以分析［M］. 张守东，译. 北京：中国政法大学出版社，2000. 但斯普林克尔的著作出版时，法律多元主义概念还未诞生，因此不将其作为最早的用法律多元主义理论研究中国法的学者。

② 苏力. 法律规避和法律多元［J］. 中外法学，1993（6）：14-20.

③ 梁治平. 清代习惯法：社会与国家［M］. 北京：中国政法大学出版社，1996：30；中国法律史上的民间法：兼论中国古代的法律多元格局［EB/OL］. 北京大学网，2002-10-19.

④ 王志强. 法律多元视角下的清代国家法［M］. 北京：北京大学出版社，2003.

⑤ 以法律多元主义理论来研究中国法学的文献有：王铭铭，王斯福. 乡土社会的秩序、公正与权威［M］. 北京：中国政法大学出版社，1997；黄宗智. 民事审判与民间调解：清代的表达与实践［M］. 北京：中国社会科学出版社，1998；张仁善. 礼·法·社会：清代法律转型与社会变迁［M］. 天津：天津古籍出版社，2001；田成有. 乡土社会中的民间法［M］. 北京：法律出版社，2005；范愉. 纠纷解决的理论与实践［M］. 北京：清华大学出版社，2007；等等.

⑥ 徐晓光. 中国少数民族法制史［M］. 贵阳：贵州民族出版社，2002：6.

族共同缔造了中华法系，少数民族习惯法丰富了中华法系的内涵。[①] 白京兰将中华法系"多元一体"理论运用于清代新疆法制研究中，认为"由于复杂的地理与人文等因素，清代统一新疆后采取因俗而治的政策，新疆地区国家制定法、宗教法以及习惯法等同时并存，形成了法律体系及司法实践的一体与多元格局。一体之下多元并存，多元法律集于一体，成为清代新疆法律发展的基本脉络和突出特点"[②]。于熠认为受地理、宗教、习俗等因素的制约，西夏法律呈现出多元主义的特征，西夏法律体系是在对党项族的法律制度和唐宋的法律制度取长补短中形成的独特的法律体系，丰富了中华法系的内涵和外延。[③] 近年来，学界对其他历史阶段的少数民族政权或现今的少数民族习惯法的研究虽各有其特点，但其理论基础基本上都是奉行拿来主义的法律多元主义，或稍微有些变异的法律多元一体主义。

2. 法律多元主义在中国法学研究中存在的问题

将法律多元主义运用到中国法学研究，前面提到的法律多元主义本身的问题并没有消失或减少，反而有所增加。

首先，研究者奉行拿来主义，因此并不对法律多元主义的概念进行界定，更不会去厘清其中的"多元"究竟指什么。各个研究者在不同的含义上使用法律多元主义这个概念，一些学者将多元解释为"规则多元"，一些学者将知识多元或知识传统多元界定为多元，还有一些学者将多元纠纷解决机制或权利救济方式视为多元。[④] 而且一些研究对"元"的界定标准不一样，有从民族的角度来进行界定的，有从宗教的角度来进行界定的，有从生产方式的角度来进行界定的，有从文化的角度来进行界定的，有从风俗习惯等具体规范的角度来进行界定的，有从地理的角度来进行界定的，还有把上述因素混在一起来进行界定的，这些界定导致多元的概念混乱。那么究竟什么才是划分"元"的基本依据？这是中国法的研究者，特别是少数民族习俗性规范的研究者首先要解决的问题。民族能否作为"元"划分的标准，如果可以的话，中国法律能不能说有56个

---

[①] 张晋藩. 多元一体法文化：中华法系凝结少数民族的法律智慧 [J]. 民族研究，2011(5)：1-11, 108.

[②] 白京兰. 一体与多元：清代新疆法律研究（1759—1911年）[M]. 北京：中国政法大学出版社，2013：199.

[③] 于熠. 西夏法制的多元文化属性：地理和民族特性影响初探 [M]. 北京：中国政法大学出版社，2016.

[④] 周世中，等. 民族习惯法在西南民族地区司法审判中的适用研究 [M]. 北京：法律出版社，2015：16-17.

"元"？对此，笔者接受范忠信"'元'只能是民族精神个性，而不是民族习俗"①的观点。笔者想进一步指出：民族并不构成"元"，民族具体的生产生活方式也不构成"元"，民族及其生产生活方式、宗教、风俗习惯集成的文化才构成"元"。

其次，将法律多元主义拿来运用于中国法学研究是历史虚无主义的体现。《诗经》里的"普天之下莫非王土，率土之滨莫非王臣"拉开中央集权主义的帷幕，秦以来就建立统一的多民族中央集权国家织造帷幕上的制度之纬，汉代新儒学提倡的"大一统"则从精神上夯实思想之经，这样的中国古代是很难形成与"王法"并列的团体性规范的，所有的团体性规范只能是居于礼法秩序体系下的次级规范，多元自然也就无从谈起。至于少数民族习俗性规范在"大一统"治理体系下的地位因下面将专门论述，故暂时不表。

最后，法律多元主义缺乏对现实国情的关怀。作为一个统一的多民族国家，我国各民族"大杂居小聚居""既杂居又聚居"、少数民族多居于边疆的分布情况，汉族作为主体性民族所占比重大的现实，决定了处理族际（法律）规范关系不能采用族际主义的模式，只能采用区域主义的模式，即把少数民族习俗性规范作为地方性规范，而不是将其作为跨地域的民族性规范。这样少数民族习俗性规范作为区域性规范，也就不具有跟国族法律（即国家法律）平等的地位，因此也就不再具有"元"的性质，少数民族习俗性规范也就成为国家法律规范秩序下的次级地区性规范。当然，由于民族的特殊性，这类地区性规范又与一般的地区性规范有所不同，这也说明我国民族地区的自治是区域自治，而不是民族自治，体现了中国共产党人在解决民族问题上的智慧，民族区域自治是一项了不起的创举。

至于最近这些年流行的中国法律"多元一体"理论（或曰"规则多元，法律一体"），笔者认为该观点较为新颖，但语义不甚明确。费孝通提出的中华民族"多元一体"认为中华民族虽然具有多元起源，但始终存在"汉族"这样一个凝聚核心。北方民族不断融入，给"汉族"输入了新鲜血液；汉族的南向扩展和西向流动同样充实了其他民族，最终形成地区性的和全国性的多元统一。②费孝通的中华民族"多元一体"格局体现了学者的深刻洞见，具有中国特色。

---

① 范忠信. 序言二[M]//于熠. 西夏法制的多元文化属性：地理和民族特性影响初探. 北京：中国政法大学出版社，2016.
② 费孝通，等. 中华民族多元一体格局[M]. 北京：中央民族大学出版社，1989：1-36.

但把该理论拓展到法律领域是否恰当,笔者持质疑态度,因为法律与民族习俗性规范的融合毕竟与民族的融合不同。所以,笔者认为法律多元主义与法律多元一体主义均不能作为少数民族习俗性规范现代化的基本原则。

**二、"一元多层次"的合理性**

既然法律多元主义与法律多元一体主义均不能作为少数民族习俗性规范现代化的基本原则,那么少数民族习俗性规范现代化应坚持什么基本原则呢?笔者认为少数民族习俗性规范现代化应以"一元多层次"为基本原则。所谓"一元"是指在少数民族习俗性规范现代化进程中必须以国家法为核心,任何民族的习俗性规范都不能动摇国家法的根本地位;所谓"多层次"指在国家法律体系中,少数民族习俗性规范居于次级地位,根据民族地区的行政区划,把少数民族习俗性规范纳入不同层级的民族法制建设体系中。简言之,民族习俗性规范现代化就是在坚持国家法的主体地位下形成不同层次的民族法制体系。我国民族治理的历史经验和现实国情决定少数民族习俗性规范现代化必须坚持"一元多层次"的基本原则。

(一)历史经验的产物

在长期多民族国家治理过程中,历代中央政府积累了比较丰富的治理少数民族及民族地区的经验,有力维护了主权和领土完整,在保证中央政府法制或中华法系"一元"独统的同时,照顾到少数民族及民族地区的风俗习惯和特殊性。

在我国古代,统一的多民族国家的历史悠久漫长,各民族团结在以汉族为主体的中华民族大家庭中,此时所谓的"一元"指中央政权制定的法律制度。在民族分裂的状态下,少数民族建立的政权或锐意进取,创新了法律制度,这些法律制度为后世的中央政权所继承,成为王朝法制的有机组成部分;或学习、模仿中原王朝法律制度,建立既有自己特色又受中原王朝影响的法律制度,此时的"一元"即中华法系所承载的法律制度。简而言之,在统一时期,古代中国法的"一元"指当时中央政权的法律;在民族分裂时期,"一元"指中华法系所承载的法律制度。

1. 少数民族参与中华法系的共同缔造

顾颉刚在其文章《从古籍中探索我国的西部民族——羌族》中总结道:"各民族有它自己的文化,在民族的融合中,各民族的文化也随之融合而成为一个民族的文化，那就成为中国的正统文化。"该论述符合中华法系的形成和发展历程，少数民族法制在中华法系的形成过程中，与汉民族的法制交相辉映，形成良性互动，共同缔造了中华法系。

少数民族法制进入中华法系的历史最早可以追溯到黄帝时期。传说苗民祖先蚩尤，"惟始作乱，延及平民。罔不寇贼，鸱义，奸宄，夺攘，矫虔。苗民弗用灵，制以刑。惟作五虐之刑曰法。杀戮无辜，爰始淫为劓、刵、椓、黥。越兹丽刑并制，罔差有辞"①。意思是说蚩尤部落在扩张之后，内部混乱不定，他把常见的犯罪归纳为五类，即抢劫杀人、违背礼义、邪恶叛乱、掠夺财物和欺诈败俗，并用五种刑罚，即劓、刵、椓、黥、大辟进行惩罚。蚩尤在与黄帝的战争中失败，但蚩尤创制的五种刑罚却被黄帝吸收改造，称为墨、劓、刖、宫、大辟五种刑罚，改变了黄帝时中原刑罚仅有死刑和流刑的简单性，丰富了中原地区刑罚的种类，成为夏商周三代的主刑，一直沿用到汉初。

中国历史上，民族分裂时期，往往是民族大融合时期。民族大融合引起少数民族法制与汉民族法制相互交流激荡，形成新的法律制度。历史上民族大融合时期，如三国两晋南北朝时期，少数民族法制实现了制度创新，从而使其在中国法制史上占有重要地位。

魏晋南北朝时期，北方少数民族政权进入原来由汉族统治的中原地区，在效仿汉魏法制的基础上，锐意进取，积极创新，使北朝法制在法律形式、刑罚种类、法律儒家化、司法与律学发展等方面都颇有建树，所以有"北优于南"②的著名论断。在法律形式上，北朝的东魏、西魏两个政权分别创造了"格"和"式"两种法律形式，为中国古代法律形式从秦汉的"律""令""科""比"向隋唐的"律""令""格""式"转化奠定了基础。在律典编纂体例方面，北朝少数民族政权努力开拓，北齐政权制定的《北齐律》将西晋律典的刑名和法例合二为一，名之曰"名例"，至此，中国古代律典第一篇的篇目正式定型，一直沿用到清末修律，《北齐律》还首创十二篇体例之先河，隋唐宋的律典均为十二篇编纂体例，其仅对《北齐律》的体例做过一些小的调整。

在刑罚种类上，流刑升格为主刑并被等级化，解决了汉代文景刑制改革后留下的死刑与徒刑落差过大的问题。流刑为鲜卑惯用之刑，虽在先秦及汉也适用，但它常常作为贷死之刑，属于辅刑系列。北魏前期刑罚结构失衡，死刑比

---

① 孔安国. 十三经注疏·尚书正义·吕刑[M]. 北京：北京大学出版社，1999：535-536.
② 程树德. 九朝律考[M]. 北京：中华书局，1988：393.

重过大，生刑与死刑的级差太大，导致社会矛盾激化。孝文帝总结用刑经验，亲自勘定流刑实施细则，这标志着流刑成为主刑，从这一改造中我们"可以看出胡汉文化相融互补的创造性"①。流刑的等级化在北周政权时期完成，北周受五服制度②启发，创制了五等流刑制度，即根据流放地与罪犯居住地远近分为两千五、三千、三千五、四千、四千五里五等，五等流刑制度使原来因死刑与徒刑落差过大导致的肉刑存废之争渐消。隋唐在北周五等流刑的基础上将流放的路程缩短，并将流刑的等级减少为三等，从此流刑进入五刑主刑之列，影响中国刑罚史近一千五百年，至清末修律方废。

自汉代开始经义决狱，中国法律开始走上儒家化的道路，汉代的经义决狱主要体现在司法方面，至魏晋南北朝时期，法律儒家化进入立法层面，北朝政权在法律儒家化上的两大创举对后世有深远影响。北魏自太武帝神䴥四年命司徒崔浩制定律例以来，其法律走上了汉化和儒家化的道路。为维护孝道，北魏孝文帝拓跋宏于太和十二年（公元488年）下诏创制了曲法以申伦理的"存留养亲制度"，《魏书·刑罚志》规定："诸犯死罪，若祖父母、父母年七十已上，无成人子孙，旁无期亲者，具状上请。流者鞭笞，留养其亲，终则从流。"③ 北魏创制的"存留养亲制度"为隋唐宋明所继承，如《唐律疏议·名例律》规定："诸犯死罪非十恶，而祖父母、父母老疾则侍，家无期亲成丁者，上请。"清朝该制度发展为"留养存嗣"制度，《大清律例·名例律》规定："凡犯死罪，非常赦不原者，而祖父母、父母老疾应侍，家无以次成丁者，开具所犯罪名奏闻，取自上裁。若犯徒流者，止杖一百，余罪收赎，存留养亲。"这样不仅解决了赡养老人的问题，而且解决了传宗接代的问题，体现了清朝对孝道的真正维护。北朝法律儒家化另一大成就就是北齐形成的"重罪十条"，即将危及封建国家根本利益的十条最严重的罪名，集中置于律首，作为重点打击的对象。北齐律规定的"重罪十条"为："一曰反逆，二曰大逆，三曰叛，四曰降，五曰恶逆，六曰不道，七曰不敬，八曰不孝，九曰不义，十曰内乱。其犯此十者，

---

① 邓奕琦. 北朝法制研究 [M]. 北京：中华书局，2005：150.
② 此五服制度并非西周时期形成的确定亲属关系远近的五种丧服制度，而是《史记·夏本纪》记载的所谓大禹时期确定的根据距京师远近划分不同群体的五等人制度，分别为甸服、候服、绥服、要服、荒服，不同远近的群体对天子有不同的法律义务，天子对其在法律适用与制度安排上也不同。五服中的"要服"和"荒服"类似今天所谓的少数民族，具体参见：胡兴东. 中国少数民族法律史纲要 [M]. 北京：中国社会科学出版社，2015：21.
③ 魏收，等. 魏书·刑罚志 [M]. 北京：中华书局，1974：2878.

不在议论赎之限。"隋唐的"十恶"即由北齐的"重罪十条"发展而来,一直沿用到清末修律方才废除。

在司法制度方面,北朝也颇有建树:一是创制死刑复奏制度;二是对刑讯逼供的限制。秦汉时期,死刑的审定和执行不需要上报,地方官有专杀专擅之权,北魏太武帝在儒家思想的影响下,为慎重对待和处理死刑案件,规定:"当死者,部案奏闻。以死不可复生,惧监官不能平,狱成皆呈,帝亲临问,无异辞怨言乃绝之,诸州国之大辟,皆先谳报乃施行。"① 太武帝要求京师地区的死刑案件在执行前,要奏报给皇帝,由皇帝亲自提审,地方的死刑案件执行前要奏报中央,必须查明全无疑问或冤屈时方可执行。北魏创制的死刑复奏制度为隋唐继承发展。魏晋南北朝刑讯承秦汉之余绪,不能以情断狱,因战乱频仍,刑讯逼供之事愈演愈烈,因"时法官及州郡县不能以情折狱。乃为重枷,大几围;复以缒石悬于囚颈,伤内至骨;更使壮卒迭搏之。囚率不堪,因以诬服。吏持此以为能",孝文帝感到悲伤,乃于太和五年颁布诏书,规定"非大逆有明证而不款辟者,不得大枷"②。孝文帝的诏书将严厉的刑讯限定在谋反大逆等严重犯罪,并有明确的证据但罪犯拒不招供的情况下,这实际上减少了大枷这种严厉的刑讯措施的适用范围。此后,刑讯逐渐规范,隋唐及以后,合法刑讯仅限定在笞刑内。

律学为中国古代研究法律之学问,兴起于战国时期,盛于两汉魏晋南北朝时期。南北朝时期,南方汉族政权偏安江左,崇尚玄谈,虽出现会稽孔氏这样的律学世家,但无法与北方少数民族政权下的律学发展盛况相提并论,北方出现清河崔氏和渤海封氏等著名的律学世家。北朝少数民族统治者或少数民族化的汉族统治者在进入中原后,为了适应中原地区治理的需要,主动接受被征服者的法律文化,推动了律学的发展。正如恩格斯所说:"征服者,在绝大多数情况下,都不得不适应征服后存在比较高的经济状况,他们为被征服者所同化,而且大部分甚至还不得不采用被征服者的语言。"③

总之,正因为有北朝统治者开放的胸襟、锐意创新的精神和各民族法律文

---

① 魏收,等. 魏书·刑罚志 [M]. 北京:中华书局,1974:2874.
② 魏收,等. 魏书·刑罚志 [M]. 北京:中华书局,1974:2877.
③ 恩格斯. 反杜林论 [M]//中共中央马克思恩格斯列宁斯大林著作编译局. 马克思恩格斯选集:第1卷 [M]. 北京:人民出版社,1972:222.

化平等自由的交流,"才有隋唐时期中华法系的成熟与定型"①。

2. 少数民族政权对"汉法"的效仿

在历史上的民族分裂时期,前代统一时期境内的少数民族和周边民族纷纷建立自己的政权,效仿以前的或当时的中原汉族政权的法律制度来建立自己的法律制度;少数民族入主中原,建立起包括汉族在内的统一中央集权国家,更需要效仿汉法,证明自己的正当性,有效地实现自己的统治。总之,无论是少数民族建立的地方政权还是少数民族建立的统一的中央集权国家,只要是他们认为自己有资格,都会在法律制度上效仿"汉法",以获取争夺中原正统的资格。在这一过程中,少数民族通过对中华法系的主动认同以实现自己法律文化的转换,同时也通过这种方式得到中原社会对其的认同和接受,这样就建立了一个以中华法系为基础的法律文化圈。

历史上第一个少数民族政权主动效仿"汉法"的时期是五胡十六国和北朝时期。东汉后期至魏晋时期,北方出现了由匈奴、鲜卑、羯、羌和氐五个少数民族建立的后汉、前赵、后赵、前凉、前燕、前秦、后燕、后秦、西秦、后凉、南凉、西凉、北凉、南燕、北燕及胡夏十六个少数民族政权。这些少数民族政权效仿汉魏以来的中原汉族法制,实现了包括籍田、官制、朝仪、律令、崇儒、征隐逸、建学校、养老敬老等方面法律制度的汉化,促进了民族地区的进步。②前秦、前燕、后秦、后燕的法律汉化起到了改造其本族固有法律习俗的作用。前秦统治者苻坚认为"西戎荒俗,非礼仪之邦,羁縻之道,服则赦之,示以中国之威,导之以王化之法,无极武穷兵"③,故而对儒学推崇备至,其法制汉化主要体现为推行以德为先、礼法并用、约法省刑的法律原则和对符合儒家思想的一系列中原法制的移植。④后秦姚兴重视律学教育和法律执行,他"立律学于长安,召郡县散吏以授之。其通明者还之郡县,论决刑狱。若州郡所不能决者,谳之廷尉。兴常临谘议堂听断疑狱,于是号无冤滞"⑤。姚兴兼具中原明君和循吏之气象,在他的带动下,长安成为北方的律学教育中心,出现了法律

---

① 张晋藩. 多元一体法文化:中华法系凝结少数民族的法律智慧 [J]. 民族研究,2011 (5):1-11,108.

② 刘国石,王玮平. 十六国时期少数民族政权典章制度的汉化 [J]. 北华大学学报(社会科学版),2004 (3):27-31.

③ 房玄龄,等. 晋书·苻坚载记:下册 [M]. 北京:中华书局,1974:2914-2915.

④ 何宁生. 前秦法制初探 [J]. 西北大学学报(哲学社会科学版),2002 (3):75-79.

⑤ 房玄龄,等. 晋书·姚兴载记:上册 [M]. 北京:中华书局,1974:2980.

清明之景象。在政权建立初期，前燕和后燕君主实行"胡汉分治"策略，但后期均转向效仿中原"汉法"。[1]

北朝政权移用汉家制度，改造其原有的习俗，其中以北魏最为典型。北魏建立政权后，曾袭用鲜卑旧俗，如四部大人审理制度。在昭成建国二年，虽然规定"当死者，听其家献金马以赎；犯大逆者，亲族男女无少长皆斩；男女不以礼交皆死；民相杀者，听与死家马牛四十九头，及送葬器物以平之；无系讯连逮之坐；盗官物，一备五，私则备十"，但不过是对其旧俗的成文法化。在文明太后冯太后和孝文帝时期，北魏法制驶入了汉化的"快车道"：改革姓氏制度，要求鲜卑贵族改用汉姓，把皇族改为十姓，如"拓跋"氏改为"元"氏；改革婚姻制度，改革婚姻聘礼过重的陋习，规定"婚聘过礼，则嫁娶有失时之弊……著之律令，永为定准。犯者以违制论"[2]；效仿汉法，严厉打击同姓不为婚旧习，规定"自今悉禁绝之，有犯以不道论"[3]；打破鲜卑婚姻不分等级贵贱的习俗，命令"皇族、师傅、王公侯伯及士民之家，不得与百工、伎巧、卑姓为婚"[4]。此外，还引进大量的土地、职官管理等汉族法律制度。

我国历史上的第二个民族大融合时期是宋、辽、西夏、金时期，各少数民族政权通过吸收"汉法"，实现其法律制度的演进。契丹人建立的辽政权在法律制度上采用汉法与国俗相结合的二元制，史称"至于太宗，兼制中国，官分南北，以国治契丹，以汉制待汉人"[5]，即对契丹人适用本民族固有规范，对汉人则适用唐律。"辽国北南两面官制和'一国两制'的法制模式，对以后各封建王朝都产生了很大影响。"[6] 圣宗、兴宗两朝，大规模翻译唐宋法典，吸收中原汉法，改革契丹旧制，制定《重熙条制》，力图消弭蕃汉异制现象，对此过程《续资治通鉴长编》的记载为："先是，蕃人殴汉人死者，偿以牛马，汉人则斩之，仍没其亲属为奴婢，萧氏一以汉法论。"圣宗还将"十恶"等汉法收进辽的法律中。道宗提出"契丹汉人风俗不同，国法不可异施"，编成《咸雍重修条制》，统一适用于境内的契丹人与汉人，完成了辽国法制汉化的进程。

---

[1] 何宁生. 论后燕的法制 [J]. 西北大学学报（哲学社会科学版），2003（3）：104-108；何宁生. 论前燕的法制 [J]. 西北大学学报（哲学社会科学版），2004，5：113-118.
[2] 魏收，等. 魏书·刑罚志 [M]. 北京：中华书局，1974：2873.
[3] 魏收，等. 魏书·高祖纪：上册 [M]. 北京：中华书局，1974：153.
[4] 魏收，等. 魏书·高宗纪 [M]. 北京：中华书局，1974：122.
[5] 辽史·百官志（一）[M]. 北京：中华书局，1974：685.
[6] 徐晓光. 辽西夏金元北方少数民族政权法制对中国法律文化的贡献 [J]. 西南民族学院学报（哲学社会科学版），2002（7）：187-195.

继辽而兴起的女真人建立的金政权，在保留本民族固有规范的前提下，参考辽、宋之法，大量吸收隋、唐法律制度，史谓"以本朝旧制，兼采隋、唐之制，参辽、宋之法"①。世宗、章宗在位时，更是加速法律的汉化进程，于泰和二年（公元1202年）参照《永徽律疏》修成《泰和律令敕条格式》，其篇目数量、篇目顺序等形式、疏议和具体内容，均与《永徽律疏》相同或相似，仅倍增赎刑的黄铜量，徒刑增加为四年和七年，并删除过时条款，故《泰和律》又被称为《泰和律义》，历史上将其评价为"实唐律也"②。《泰和律》的颁布标志着金国法制从形式到内容实现了全面的汉化。

党项人建立的西夏政权，其法律指导思想受儒家思想影响，儒家的"尊君孝亲""矜恤慎刑"在西夏法律制度中均有所体现③；在罪名刑制与刑法原则方面，也较多地借鉴了唐宋法制，如刑罚借鉴宋代折杖法，杀人罪仿照中原法制分故杀与斗杀，规定"十恶""八议""官当""准五服制罪""亲亲相隐不为罪"等刑法原则；在司法方面，移植宋朝法制的痕迹更加明显，戴羽认为"《天盛律令》中不少司法制度直接移植自宋代律令，从来源上看，既有援自《宋刑统》的条文，也有太平兴国、元丰、绍圣、绍兴等各个时期的敕令；从内容上看，西夏的拷讯制度、案件审理期限、审理回避制、鞫谳分司制、悯囚制度等都存在明显的法律移植痕迹"④。西夏法律受到以《唐律疏议》为代表的中华法系全方位的影响，在民族地区传承和发扬了中华法系的基本精神。

蒙古族建立的元政权、满族建立的清政权，问鼎中原，深思治术，通过主动学习附会汉法以获取政权正当性，积极融入中华法系。元世祖接受徐世隆"帝中国，当行中国事"⑤的建议和认可许衡"北方之有中原夏者，必行汉法，乃可长久"⑥的观点，颁布诏书，宣布"祖述变通""稽列圣之洪规，讲前代之定制"⑦；接受汉族官僚"遵用汉法""附会汉法"⑧的建议，以唐宋法典为楷模，先后颁布《至元新格》《宪台格例》《风宪宏纲》《大元通制》等吸收汉族

---

① 脱脱，等.金史·刑志[M].北京：中华书局，1975：1015.
② 脱脱，等.金史·刑志[M].北京：中华书局，1975：1024.
③ 邵方.唐宋法律中儒家孝道思想对西夏法典的影响[J].法学研究，2007（1）：117-124；邵方.儒家思想对西夏法制的影响[J].比较法研究，2013（2）：13-24.
④ 戴羽.比较法视野下的《天盛律令》研究[D].西安：陕西师范大学，2014.
⑤ 宋濂，等.元史·徐世隆传[M].北京：中华书局，1976：3796.
⑥ 宋濂，等.元史·许衡传[M].北京：中华书局，1976：3718.
⑦ 宋濂，等.元史·世祖本纪[M].北京：中华书局，1976：65.
⑧ 宋濂，等.元史·高智耀传[M].北京：中华书局，1976：3073.

法律文化的法典,加速有元一代法制的汉化进程。《大元通制》承袭汉唐以来中原法典演进的成果,将五刑、五服、十恶、八议等制度纳入其中。元世祖"遵用汉法"还表现在完善监察机构的设置和制定监察立法,认为御史台是抑制中书和枢密的,他不仅效仿唐宋,于至元五年在中央设置御史台,还在江南、陕西设置行御史台,在地方设置按察司作为基层监察机构,同时还制定了《设立宪台格例》《行台体察等例》《察司体察等例》《廉访司合行条例》等监察立法。

满洲人在入关之前,就开始了法律的汉化进程,通过吸收汉族法律或中华法系子法之一的朝鲜法律来改造满洲旧俗。天聪五年(公元1631年)七月,皇太极认为:"明与朝鲜皆礼义之邦,故同族从不婚娶。彼亦谓既为人类,若同族嫁娶,与禽兽何异?"① 规定严禁同族为婚,违者以奸罪论处。天聪六年,效仿中原亲属容忍制度,规定"若子告父、妻告夫及同胞兄弟相告,果系反叛逃亡,有异心于上及诸贝勒者,许告,其余不许"②。崇德六年(公元1633年),在回答文馆大臣宁完我的奏议时,明确提出"参汉酌金"③的法制汉化指导思想,开始继受包括明朝法制在内的中原法制,在推进满洲法律汉化的同时,又促进了民族法律文化的融合。

顺治元年(公元1644年)六月,清军占领北京。一个月后,顺天巡抚柳寅东建言摄政王多尔衮"宜速定律令,颁示中外",多尔衮即令问刑衙门准依《明律》治罪。④ 虽然遭到满洲贵族的极力反对,但多尔衮却命令"法司官会同廷臣详译明律,参酌时宜,集议允当,以便裁定成书,颁行天下"⑤,确立了"详译明律,参酌时宜"的立法原则,满洲法律的汉化有了法律依据。经过近三年的努力,清代第一部成文法典《大清律集解附例》颁行,清世祖顺治帝在《大清律》御制序文中曰:"爰敕法司官,广集廷议,详译明律,参以国制,增损剂量,期于平允。"重申了清政府在继承明朝法律的基础上,也适当保留满洲固有法律制度。不过,实际上,从《大清律集解附例》的篇目与内容来看,"详译明律"是真,而"参以国制"已经流于口号,乾隆五年(公元1740年)修订《大清律例》时,除了一些保护满人利益的特权条款外,其"实质上已经成为与

---

① 张晋藩,郭成康. 清入关前国家法律制度史[M]. 沈阳:辽宁人民出版社,1988:416.
② 清实录:第二册[M]. 北京:中华书局影印本,1985:156.
③ 罗振玉. 天聪朝臣工奏议[M]//清初史料丛刊第四种. 沈阳:辽宁大学历史系翻印,1980:71.
④ 赵尔巽,等. 清史稿·刑法志一[M]. 北京:中华书局,1977:4182.
⑤ 清实录:第三册[M]. 北京:中华书局,1985:74.

唐明律相同的正统封建法典"①。

历史上,少数民族政权对汉法的效仿消融了少数民族法制与汉族法制之间的差距,元朝"附会汉法"、清朝"详译明律"的立法指导思想更是加快汉民族法制和少数民族法制的融合,使其逐渐趋于一体,建立起对中华法系的高度认同,为我国古代法制的一统奠定了基础。

3. 历代中央政府对境内少数民族的"因俗而治"与适当规制

自秦建立了统一的多民族国家以来,历代中央政府便认识到境内少数民族的特殊性,在中央和地方设置特殊的机构管理少数民族事务,对少数民族地区实行不同于汉族的法律。

秦朝在中央设"典客"掌"诸侯及四方归义蛮夷",在地方郡一级少数民族地区设"属邦",县一级设"道"等少数民族特别行政区来管理少数民族事务,在法律适用中也赋予少数民族一定特权。秦代汉族地区的郡县官员由皇帝任命,绝无世袭的可能,但在法律中规定少数民族的"臣邦君长"可以将其位传承给子孙,对少数民族群众的犯罪处罚也较汉人轻,且处罚方式更符合民族地区的习俗,也就是说适当的变通。②汉承秦制,汉代改"典客"为"大鸿胪",地方设置一如秦代,制定民族立法《蛮夷律》给予少数民族一定特权。秦汉时期的民族立法主要是调整中央与少数民族地区的关系,特别是中央与少数民族首领和上层人士关系,在给予他们封赏的同时,对他们严重破坏统治秩序的行为则会用大刑处置。汉成帝时"夜郎王兴与鉤町王禹、漏卧侯俞更举兵相攻",中央派遣张匡持节前去和解,夜郎王不听,反而"刻木象汉吏,立道旁射之",最后汉成帝命令大将军王凤带兵剿杀,王凤让新任命的牂柯太守陈立对其晓以利害,夜郎王仍不听从,陈立将其斩首示众。③

唐、宋时期,中央对少数民族的法律治理发生了两大变化:其一,在少数民族地区设立羁縻州县,羁縻州县设置于民族地区原有的社会组织上,不打破民族地区固有的部落形态。按照旧俗,少数民族政权可以称"国",有治理内部事务的权限,可以保留自己的习俗性规范、保留自己的军队,赋税上享有优待。少数民族政权的首领可以称"可汗"或"王",并可以世袭,但若要成为都督、

---

① 张晋藩. 多元一体法文化:中华法系凝结少数民族的法律智慧 [J]. 民族研究,2011 (5):1-11,108.
② 具体条文参见睡虎地秦墓竹简整理小组. 睡虎地秦墓竹简 [M]. 北京:文物出版社,1990:182,189,220,227.
③ 班固. 汉书·西南夷传 [M]. 北京:中华书局,1962:3843-3844.

刺史等地方实权官员，需经中央政府任命。其二，形成了处理"化外人"犯罪行为的法律原则。《唐律疏议·名例律》规定"诸化外人，同类自相犯者，各依本俗法；异类相犯者，以法律论"，即来自同一个民族民众之间的侵犯行为，一般按照他们自己的习俗处理，但若为来自不同的民族民众之间的侵犯行为，则按照大唐的国法处理。对严重危害本地秩序的犯罪，也不一定会"各依本俗法"，中央会颁布诏令对"俗法"加以禁断。牂柯蛮为居于西南地区的少数民族，其俗有"劫盗者二倍还赃，杀人者出牛马三十头，乃得赎死，以纳死家"①，唐玄宗开元年间颁行的《散颁刑部格》要求"宜委所管都督严加禁断"。

宋朝在《宋刑统》中除了继承《唐律》化外人"同类自相犯者，各依本俗法"的原则外，还编纂了大量调整民族地区法律事务的敕条和断例。宋代中央政府遵行民族地区首领继承方面的"本俗法"，制定法律对其加以认可，如熟羌"为首领者父死子继，兄死弟袭，家无正亲，则又推其旁属之强者以为族首，多或数百，虽族首年幼，第其本门中妇女之令亦皆信服，故国家因其俗以为法"②。

宋朝中央政府对少数民族犯罪，一般也适用其"本俗法"。宋真宗就曾指示边疆大臣"无得侵扰外夷，若自相杀伤，有本土之法，苟以国法绳之，则必致生事"③，对少数民族内部案件允许用固有的"和断"方式解决，要求汉族官员居中劝谕、调解，对少数民族中发生的严重刑事案件则按照国法来惩处。高宗十九年（公元1149年）颁布诏令："禁湖北溪洞（今侗族一支）用人祭鬼蛊及造毒，犯者保甲同坐。"④ 孝宗乾道三年（公元1167年）泸南沿边安抚司长官上奏称"泸州江安县南北两岸夷人有犯，断罪不一，自今江安县南岸一代夷人，有犯罪及杀伤人罪至死者，悉依汉法，余仍旧法施行"，刑部讨论后提出"于死罪上减等从流罪至死，并依本族专法，余沿边溪峒有熟夷人亦乞仿此施行"⑤，孝宗准奏。此处的"本族法"就是民族地区固有的习俗性规范。

范仲淹在西北为官时，他通过与少数民族立约的方式，承认和规制西北少数民族的习俗性规范，约曰："若仇已和断，辄私报之及伤人者，罚羊百、马二，已杀者斩。负债争讼，听告官为理，辄质缚平人者，罚羊五十、马一。贼

---

① 刘昫. 旧唐书·南蛮西南蛮列传 [M]. 北京：中华书局，1975：5276.
② 脱脱，等. 宋史·兵志 [M]. 北京：中华书局，1977：4755-4756.
③ 李焘. 续资治通鉴长编：卷七十二 [M]. 北京：中华书局，2004：1367.
④ 脱脱，等. 宋史·高宗本纪 [M]. 北京：中华书局，1977：569.
⑤ 徐松. 宋会要辑稿·蕃夷 [M]. 北京：中华书局，1957：7815.

马入界，追集不赴随本族，每户罚羊二，质其首领。贼大入，老幼入保本砦，官为给食；即不入砦，本家罚羊二；全族不至，质其首领。"① 史称"诸羌受命，悦服，自是始为汉用"②。

清朝作为一个少数民族建立的政权，没有"夏夷"之别，锐意进取，以通行律例为依据，制定大量的民族法规，认可部分民族习俗性规范，集中国古代民族立法之大成。这些法律法规一方面维护国家法制的统一，保障国家制定的法律在民族地区的顺利实施；另一方面尊重民族风俗习惯和宗教信仰，照顾其民族特点，满足少数民族群众的法律需要。因清代民族法制体系庞大，形式众多，内容广泛，笔者实在难以窥其全貌，仅以清朝中央政府对藏族聚居区的法律治理为例加以说明。

清廷以一系列章程和条约治藏，这些法律法规虽屡有调整，但基本上都贯彻了"若无必不可以之情节，总宜率由旧章"③ 的精神。具体来说，清朝西藏地方适用的法律主要是《十三法典》和其他一些在藏族聚居区长期适用的习俗性规范；司法则由各级行政司法官员如汗、万户长、宗本负责。雍正五年（公元 1727 年），康济鼐被阿尔布巴等噶伦杀害之后，清政府在西藏实行了驻藏大臣制，与达赖喇嘛共同管理西藏行政和司法事务。乾隆十六年（公元 1751 年），七世达赖喇嘛奉乾隆皇帝谕旨亲政，设立噶厦政府，委任三俗一僧四个噶伦办理地方政治事务。驻藏大臣衙门、第悉政府、摄政王府、噶厦政府，均是甘丹颇章最高行政和司法部门。噶厦政府有权审判民事、刑事以及涉外案件，具体审判工作由其下属的协康、细康列空和廓西列空办理。

乾隆五十四年（公元 1789 年）清廷颁布《设站定界事宜十九条》，以法律的形式认可西藏习俗性规范的法律地位，同时指明西藏旧有诉讼的弊端。《设站定界事宜十九条》中列有专条规定：

> 向来西藏遇有讼事，系归管理刑法头人朗仔辖听断，俱照夷例分别重轻，罚以金银牛羊，减免完结。恐有高下等弊，见在告知达赖喇

---

① 脱脱，等. 宋史·范仲淹传 [M]. 北京：中华书局，1977：10271. 范仲淹与诸羌的立约类似于 1951 年 8 月 28 日金秀瑶民自治区人民政府借鉴瑶族传统石牌制的影响力订立的《大瑶山团结公约》，具有地方立法的性质，在认可民族习俗的基础上又对其进行一定的规制，取得良好社会效果。

② 脱脱，等. 宋史·范仲淹传 [M]. 北京：中华书局，1977：10271.

③ 清实录：第七册 [M]. 北京：中华书局影印本，1985：930.

<<< 第四章 少数民族习俗性规范现代化的基本原则

嘛及噶伦等,凡有关涉汉、回、外番等事,均令朗仔辖呈报,拣员会同审理。①

该条款包含三层含义:(1)藏族群众内部的诉讼案件由藏族管理刑法的头人依照西藏地方法规或习惯法处理,中央政府不加干涉;(2)西藏境内其他民族之间、藏族群众与其他民族之间的诉讼案件通过"会审"处理;(3)达赖喇嘛及西藏地方行政人员对第二类案件有知情权。这实际上赋予西藏地方一定的司法自主权。

乾隆五十七年(公元1792年),廓尔喀入侵西藏,福康安率军大败廓尔喀。乾隆认为应该利用西藏上下层都感激朝廷的有利时机,对西藏制定一部"以期永远遵守"的法律,为此他亲自开列了六条内容,要求福康安会同达赖、班禅方面的人员妥议。乾隆五十八年(公元1793年),又在此基础上制定了《钦定藏内善后章程二十九条》(简称《二十九条》),《二十九条》是清廷治藏的纲领性法律文件,它的制定和确立标志着清代治藏法律已走向成熟和完善。《二十九条》主要内容可以归纳为十个方面,其中关于西藏司法的规定为:

> 对于打架、命案及偷盗等案件之处理,可以缘依旧规,但须分清罪行之大小轻重,秉公办理。近来噶伦即昂仔辖米本(相当于拉萨市市长),对案件之处理不惟不公,并额外罚款,还不将所罚金银牛羊等交付政府,反而纳入私囊。噶伦中还有利用权势,对地位低下之人,随便加以罪名,呈报达赖喇嘛,没收其财产者屡见不鲜。今后规定对犯人所罚款项,必须登记,呈缴驻藏大臣衙门。对犯罪者的处罚,都须经过驻藏大臣审批。没收财产者,亦应呈报驻藏大臣,经过批准始能处理。今后无论公私人员,如有诉讼事务,均须依法公平处理,噶伦中如有依仗权势,无端侵占人民财产者,一经查出,除将噶伦职务革除及没收其财产外,并将所侵占的财产,全部退还本人,以儆效尤。②

《二十九条》在继承命、盗、斗殴案件时在依西藏地方旧例处罚的基础上,赋予驻藏大臣司法监督权,规定必须将处罚犯人的款项登记并呈递驻藏大臣衙门,处罚犯罪、没收财产必须经驻藏大臣批准。此后的一些治理藏族聚居区的

---

① 昭梿. 啸亭杂录 [M]. 何英芳,点校. 北京:中华书局,1980:501.
② 牙含章. 达赖喇嘛传 [M]. 北京:华文出版社,2001:83-84.

法律文件基本上沿袭了《二十九条》的规定，即在对西藏旧有诉讼习俗保留的基础上，又以制度限制其弊端。

鸦片战争后，为适应新形势的变化，清廷于道光二十四年（公元1844年）颁行《酌拟裁禁商上积弊章程二十八条》（后文简称为《二十八条》），《二十八条》对西藏的罚赎习俗仍予以保留，但规定了罚赎的标准，并禁止任意抄没。具体规定如下：

> 琦善等奏：理藩院则例，番民争讼分别罚赎，不准私议抄没等语。自诺们罕掌事以来，任情爱憎，藉〔借〕事查抄，莫能禁止，与其逐案驳正，曷若明定规条，应请嗣后唐古特议罚之案，自一两至二十两，但期示儆而止，即至重之案，番民所罚连什物各项，至多不得逾番秤三十两，番目所罚连什物各项，至多不得逾秤三百两。其查抄家产，除婪索赃数过多，确有实据者，方准籍没外，其余公私罪犯，辄议查抄者，永行禁止，以符定例。不准藉〔借〕称商上，曾经赏过田房，以抄没为追缴，违者治罪。①

《理藩部则例》对驻藏大臣在民刑事案件上的司法权限进一步予以明晰，如罪名的拟定必须由驻藏大臣核拟办理，但在具体执行过程中，除涉整个藏族聚居区的贪腐案件须禀明驻藏大臣处理外，一般的民刑事案件均可由西藏地方依据本地相关法律及民族习俗性规范自行处理。具体条文如下：

> 番民争讼分别罚赎不得私议抄没。卫藏唐古忒番民争讼分别罚赎将多寡数目造册呈驻藏大臣存案，如有应议罪名，总须禀明驻藏大臣核拟办理。其查抄家产之例，除婪索赃数过多，应禀明驻藏大臣酌办外，其余公私罪犯，凭公处治，严禁私议查抄。②

由此可见，在满族人建立的清朝，即使它奉行"因俗从宜"的法制指导思想，但在允许藏族聚居区适用其地方法律和民族习俗性规范的同时，还会制定

---

① 中国藏学研究中心，中国第一历史档案馆，中国第二历史档案馆，等编. 元以来西藏地方与中央政府关系档案史料汇编［M］. 北京：中国藏学出版社，1994：929.
② 松森，等. 钦定理藩部则例·西藏通制［M］. 北京：全国图书馆文献缩微复制中心，1992：519.

法律法规对其习俗性规范的弊端加以革除,也就是说,没有哪个中央政府会允许民族习俗性规范无原则地适用于自己的管辖范围。需要特别指出的是,清朝中央政府在民族地区的法律政策乃权宜之计,其初衷还是希望能在藏族聚居区推行统一的律典——《大清律例》。还要特别注意的是,清朝中央政府对危害中央统治的犯罪,如阿尔布巴谋反案、珠尔默特那木扎勒反叛案、汉人在藏族聚居区的案子(包括汉人与汉人之间、汉人与藏族群众之间、汉人和其他民族人员之间的案子)、官员贪污腐败案等类型的案件一般都排除适用藏族地方法律和习俗性规范,甚至一些藏族群众之间的重大案件也要适用国家法,以宣示中央司法管辖权,彰显皇权在"普天之下"的至高无上。

### 拿获劫盗就地正法折[①]

#### 二月二十日

再,据署理西藏夷情怀唐武详称:据霍尔族总百户专差番目朗穷杂吗、扎里等二名禀称:于同治五年十月内由该族来藏上纳正赋银两,因将随带驮牛雇与果洛克番顺便驮脚回族,当令属下番民结噶、布穷二名,赴偏坡地方,与果洛克番交代牛的只数。于十二月十五日天明时,行至扎什城老坟园,贼将该番民二人杀毙,其随身所带银钱十二两、白银二两,并各带左插刀二把、小刀二把,均被抢去等情,恳请前往查验,并祈严拿凶犯治罪。该署夷情当即前赴老坟园地方验看,该番民等均各身受刀矛重伤,立时毙命,卑职除将验明伤痕录送外,并饬该番目将尸身安理,听候详情办理等情详报前来。

奴才以劫财戕命,案情重大,当饬噶伦同该管地方番官硕第巴等,勒限务将该犯严拿到案,以凭按律定拟。兹据该番官等回称:奉谕之下,当即派人昼夜查拿,于藏属地面拿获盗犯协饶曲批、协饶桑垫等二名,经该番官等审询,供词闪烁,情形可疑,恳请饬汉员审办等情。

……

奴才于本年二月十七日传集汉番各官,亲提该犯协饶曲批、协饶桑垫等二名,当堂审据,所供一切,核与原供无异。复查老坟园地方距藏密迩马蹄之下,该番等胆敢杀人劫财,实属目无法纪,今既拿获审实,追击赃据,若不照例严办,何以惩凶顽而安地方。奴才是以遵

---

① 吴丰培. 清代藏事奏牍[M]. 赵慎应, 校对. 北京: 中国藏学出版社, 1994: 376-377.

照新疆拿获劫盗之例,当于是日恭请王命,立将该二犯就地正法,悬首示众。并严饬该管地方番官,嗣后轮流派人巡查,遇有不法之人,随时查拿,分别惩办,以安地面。除将该犯供词抄录咨部备查外,所有拿获劫盗缘由,理合附片具奏,伏祈两宫皇太后、皇上圣鉴训示。谨奏。于同治六年二月二十日具奏。

一般情况下,发生在藏地的案件,当事人双方均为藏族群众的,由当地番官管辖审判,并且适用本地固有法。本案当事人结噶、布穷及协饶曲批、协饶桑垫都是藏族群众,案发地也在藏族聚居区,但因案情重大,最后由署理西藏夷情怀唐武传集汉番各官以当时的国家法,即《大清律例》进行审理,并适用了清朝晚期,即太平天国运动之后国家广泛适用的特别刑罚——"就地正法"。

清廷在藏族聚居区推行国家律例,对民族地区的犯罪"绳之以官法",是其一贯的方针政策,但又不乏权宜之计,如在云南藏族聚居区,清廷对命盗、抢拐及捉拏人口勒赎等重罪适用《大清律例》,其余轻罪则由土司按各自的习惯法处理。这并不是说国家法与习俗性规范井水不犯河水,而是在实践中存在时有交错适用的情况,甚至在具体个案中会出现国家法被民族习俗性规范代替的现象,中央王朝在纠纷的解决方式上也表现出地方化的趋向。光绪二十三年(公元1897年),香格里拉藏族聚居区发生陶瑶殴毙杨氏女案,人命大案,当然由中央王朝管辖,但裁判者们在适用规范的具体问题上存在较大分歧,土司要求按"夷情"处理,而且他的观点受到舆论的支持,"五境老民、伙头再三恳援照夷情办理",但当地流官认为人命案件按律严禁私和,应适用中央王朝规范,此案遂上报云南按察司,经云南巡抚和总督审查后批复:

兹于执法之中,参以权宜之计,姑准将陶瑶免其援例招解,由该厅酌年限,暂行监村,微示惩儆,嗣后该厅无论民夷,有犯人命等案,罪应论死者,均应按例写拟招解,永不准以牛马银钱抵偿,请归外结,亦不准援此案及惟前外结成案为例。①

陶瑶殴毙杨氏女案在适用具体法律上的争议着实耐人寻味。清末,随着云

---

① 佴澎. 在博弈中走向和谐:清代云南藏族纠纷解决机制研究[J]. 云南农业大学学报(社会科学版),2008(1):91-96.

南藏族聚居区改土归流的进行,即使是土司,对王朝垄断人命案件的管辖权也毫无异议,就是说清廷对人命案件享有不可置疑的司法主权,但土司为了使案件最后能按照传统的方式解决,把司法主权分解成两个组成部分,即案件管辖权和法律适用权,对前者他当然无能为力,但对后者他却携舆论与传统的势力与流官相持不下,最后只好报到按察使那里由巡抚和总督审查并做出批复。巡抚和总督的批复也耐人寻味,在讲了"不准以牛马银钱抵偿"的法律宏大叙事后,又笔锋一转,称要"参以权宜之计",允许对此纠纷适用云南藏族群众固有规范,也就是以"赔命价"的方式结案,但又"不准援此案及惟前外结成案为例",就是说这是特事特办,不可成为定例。

总之,历代中央政府在制定法律维护法制统一的同时,还制定地方性法规和通过对少数民族习俗性规范的部分认可来保障"一元"下的多层次,以此换取少数民族对国家法的认同,从而增强法律共识,壮大国家法的民族凝聚力。历代中央政府对境内少数民族的内部事务一般会遵循儒家"修其教不易其俗,齐其政不易其宜"的思想,对民族地区的习俗性规范,中央政府一般不会强行予以废除,但会进行适当规制,以消除其弊端。

(二) 现实国情的需要

少数民族习俗性规范现代化之所以要坚持"一元多层次",不仅是古代民族法律治理逻辑的必然结果,还是现实国情的需要。

1. 民族人口与分布情况

作为一个统一的多民族国家,我国各民族的人口构成比例差异大,一直存在汉族人口占绝对优势的情况。根据国家统计局 2011 年 4 月 28 日公布的第六次全国人口普查数据,汉族人口为 1,225,932,641 人,占 91.51%,各少数民族人口总和为 113,792,211 人,占 8.49%。同 2000 年第五次全国人口普查相比,汉族人口增加 66,537,177 人,增长 5.74%;各少数民族人口共增加 7,362,627 人,增长 6.92%。

从该数据可以看出,新中国成立后,国家在民族地区实行的一系列促进民族发展的政策取得了较大成绩,各少数民族人口占整个国家人口的比例有一定提高,汉族人口占整个国家人口的比例有所降低,但各少数民族人口所占比重仍低于 10%。从该统计数据还可以看出,少数民族的人口增长率呈下降趋势,1990 年第四次人口普查时,汉族人口的增长比例为 11.22%,少数民族的人口增长比例为 16.70%。可以预计,将来少数民族人口所占比重的增长速度会有所下降,汉族人口所占比重仍有绝对优势,汉族是我国的主体性民族,是凝聚我国各民族的核心，是铸牢中华民族共同体意识的内核。

  汉族所占人口比重具有绝对优势，汉族作为我国主体性民族的事实，必然影响到国家法律的制定和实施。汉族在国家法律上的这种优势地位与历史上的大民族主义不同，因为新中国成立后，党和政府制定了一系列帮助少数民族参与国家管理和实现其当家作主愿望的政策和法律，很多领域的政策都向少数民族倾斜，如全国人大代表名额向少数民族倾斜，保证所有的少数民族都有自己的代表参与，少数民族的人大代表在全国人大代表中所占的比重超过其总人口在全国总人口中所占的比重。国家法律与政策向少数民族倾斜，不存在民族不平等的情况，但现代立法要经过严格的讨论和表决程序，参与该过程的人大代表资格平等，少数民族代表和汉族代表都以一人一票的形式参与投票，最终的投票结果将影响法律的通过与否。人大代表并不是一个"空人"①，他（她）的民族、教育程度以及其他文化因素，无时无刻不在影响着他（她）的决策，他（她）的决策也会影响到整个法律政策。在我国人大立法模式中，法律的表决虽然不总是受人大代表所占比重的影响，但最终会受其影响。少数民族因为总人口所占比重较小，即使国家对其有较大政策性倾斜，但少数民族意志仍难以上升为"民族主体性法律"②。我国的人大制度与民族区域自治制度给少数民族意志上升为国家法提供了制度空间，少数民族可以利用这些制度提供的空间将其优秀的、符合民族特色的习俗性规范或其创制的新的规范上升为国家法律或地方法规。由少数民族习俗性规范上升而形成的国家法律与民族主体性法律组成整个国家法律，因为它们均是国家法，所以对中国境内的所有民族均产生法律效力，而由少数民族习俗性规范或新创制的规范形成的地方法规仅对居住在该地区的少数民族产生法律效力。

---

① 因用其他词均难以指称，本处特创"空人"这一概念，指没有任何分别心的人，如没有种族和民族分别心、没有贫富分别心、没有性别分别心、没有党派分别心、没有美丑分别心、没有文化先进落后分别心、没有一切分别心的人。"空人"只存在于理论中，现实中的人由于各种原因不可能没有任何前见，否则就不是人而是"佛"或"神"。

② "民族主体性法律"为笔者所创，指由主体性民族（人口占绝对优势的民族）的意志上升而形成的国家法，它是国家法的重要组成部分和核心。民族主体性法律不是某一民族的法律，而是经国家制定或认可的主体性民族的社会规范。笔者在藏族地区和彝族地区进行社会调查时，藏族民众和彝族民众常常将国家法误认为"汉人的法律"，部分藏族民众和彝族民众甚至认为他们反对的是汉人的法律而不是国家法。这样的经历让笔者创立了"民族主体性法律"这个概念，并把通常所谓存在于汉族地区的"习惯法""民间法"还原成汉族的习俗性规范。"民族主体性法律"因为是国家法的组成部分，对国内的所有民族均有法律效力。

<<< 第四章 少数民族习俗性规范现代化的基本原则

我国各民族的分布情况也是少数民族习俗性规范现代化必须坚持"一元多层次"指导思想的重要原因。首先，在历史的长河中，因为民族融合、民族分裂、民族战争和民族迁徙等，我国形成了"大杂居、小聚居""既杂居又聚居"的民族分布情况，各民族互相影响和学习，尤其是少数民族受中原汉族的影响，主动学习和接受汉族的法律，形成共同的行为规范，各民族在共同的生活中，对国家法产生认同感，这些都为国家法律的统一实施奠定基础。各民族的小聚居形成一些封闭的内部性规范，这些规范符合民族心理，利于维护民族内部的秩序，再加之少数民族大多居住在交通不便利的深山老林地区和荒漠高原等条件恶劣的地区，与外界交往少，民族习俗性规范保存较完好。少数民族群众对这些习俗性规范较为熟悉，认为这些习俗性规范能给他们带来安定的生活，和解、调解的纠纷解决方式在他们的熟人社会中能够发挥恢复当事人之间关系的作用，并能够节约诉讼成本，因此，他们希望能够继续适用原来的习俗性规范和纠纷解决方式。现代社会是法治社会，中国共产党中央委员会第十九次全体代表大会提出建设社会主义法治社会的目标，我们面临着满足民族地区群众法律的需要和建设民族地区法治社会的双重任务，因此需要以"一元多层次"为基本原则来推进民族习俗性规范的现代化。通过民族地区法治"一元化"来实现国家法在民族地区生根发芽，为民族地区法治社会建设夯实法律基础，以"多层次"的法制建设来满足民族地区民众日益增长的法律需要。

其次，我国的少数民族大部分分布在边疆地区，民族地区的法制建设关系到国家法制统一、司法主权和民族地区稳定的问题。笔者在西藏昌都调查时发现，个别少数民族犯罪嫌疑人在犯罪之后，偷越国境逃亡到印度等国，然后向国内亲人捎口信要求司法机关按照习俗处理，否则就不回国，这样国家法律对其犯罪行为就不能进行制裁；在西藏昌都三岩地区，帕措戈巴等传统父系势力很强大，他们私自用习惯法调解纠纷，影响国家法律的统一实施，危害国家法制统一。另外，这些地区存在多种规范的适用，而且与宗教势力、分裂势力纠缠在一起，给民族地区的稳定和领土完整带来不确定性因素，因此必须以"一元多层次"为基本原则促进民族习俗性规范的现代转化，把好的传统习俗性规范纳入国家法制现代化的框架内，对可能破坏国家法制统一、司法主权、民族地区稳定和民族团结的习俗性规范予以废除，对利用民族习俗性规范挑起民族仇恨、干扰国家司法的势力要严厉打击。

2. 党和政府对民族地区法治建设认识的转变

近代以来，社会急剧变革，国家权力在民族地区不断扩张，不断压缩民

189

族社会传统势力的权力空间，主导民族地区的法律事务，如在藏族聚居区，国家势力已经逐渐深入寺院和部落等基层组织中，在国家、寺院、部落组成的权力三角中，国家权力明显居于主导地位，其他权力处于从属地位和被支配地位。

新中国成立后，中央政府继续近代以来在民族地区进行的权力扩张，在少数民族地区实行规划的社会制度变迁，实行急剧的社会变革和大规模的"送法下乡"。这些活动激起了民族地区的反弹，民族习俗性规范在民族地区的适用转入地下，进入不可控状态，少数民族群众给国家法律贴上"汉人的法律"的标签加以反对，国家法律在民族地区得不到较好的贯彻执行，民族群众要求适用本民族固有习俗性规范的呼声不被认可，民族地区进入事实上的秩序真空状态，前面提到的隆×案就是这种秩序状态的表现。

党的十一届三中全会以后，中央对民族工作、民族的风俗习惯与民族地区法制建设有了新的认识，改变了推进民族地区法制化的方式，不再搞"一刀切"，不再急于求成。1982年《中华人民共和国宪法》第四条第三款规定："各少数民族聚居的地方实行民族区域自治，设立自治机关，行使自治权。各民族自治地方都是中华人民共和国不可分离的部分。"第四款规定："各民族都有使用和发展自己语言文字的自由，都有保持或者改革自己的风俗习惯的自由。"这些规定以基本法的形式赋予少数民族保留或改革风俗习惯的权利和自由，并以民族区域自治制度这一中国共产党人的创举来保障其实现。1984年中国共产党中央委员会第5号文件提出"对少数民族的犯罪分子要坚持'少捕少杀'，在处理上一般要从宽"的"两少一宽"刑事政策。1997年《中华人民共和国刑法》第九十条进一步规定："民族自治地方不能全部适用本法规定的，可以由自治区或者省的人民代表大会根据当地民族的政治、经济、文化的特点和本法规定的基本原则，制定变通或者补充的规定，报请全国人民代表大会常务委员会批准施行。"1984年中国共产党中央委员会第5号文件提出的"两少一宽"刑事政策与1997年《中华人民共和国刑法》赋予民族地区制定刑法的变通或者补充规定的权力，体现党和政府在维护国家法律统一、法律主权的前提下，适当允许少数民族保留自己的习俗性规范和给予少数民族群众司法上的优待。

自党的十一届三中全会召开以来，党在民族地区的刑事政策给予少数民族群众的司法优待与国家制定赋予民族地区法律权利的法律法规，标志着党和政府已经认识到民族法制的特殊性，认识到了民族地区法治建设坚持"一元多层次"的积极意义。

3. 民族地区群众对国家法律态度的变化

新中国成立后，党和国家在少数民族地区进行民主改革，其中一项内容就是废除民族地区固有的习俗性规范。共产党政权在民族地区倡导人人平等的精神，废除固有习俗性规范规定等级制；宣布婚姻自由，废除习俗性规范中存在的等级内婚、包办婚、买卖婚；宣布土地公有，废除习俗性规范维护的奴隶主阶级或封建领主、寺院独占土地的私有制。这一巨大的、疾风骤雨式的变革遭到少部分少数民族社会上层人士的反抗，他们把国家的法律与政策贴上"汉人的法律"的标签，利用他们的传统势力，组织民族群众集体反抗国家法律政策，使国家法律政策的效力大打折扣。

党的十一届三中全会以后，党和政府在少数民族地区推行温和、渐进式的法律变革运动，再加之社会变迁、普法运动、教育普及以及在内地开办民族学生班，民族地区习俗性规范作为民族群众解决纠纷首选的坚冰逐渐融化。首先，虽然还有些民族地区的群众仍然对习俗性规范有感情，甚至个别群众还会因为各方面的原因坚持用习俗性规范处理纠纷，但他们不再像之前那样对国家法律一味地反抗，更不会像以前那样给国家法贴上"汉人的法律"的标签，在现代观念的洗礼下，他们开始认识到习俗性规范存在不合理的地方。彝族阿尔洋铁德古认为，"国家法律还是挺不错的，比如，它可以制止家支械斗，让人们不再因为这样而死伤……彝族社会现在比以前更有秩序了。况且，我们习惯法确实也有不完善的地方，需要国家法律来管管"[1]。问卷调查资料显示，90%以上受过高中以上教育的少数民族群众在法律适用上会更多地选择国家法律，因为他们认为国家法律更公正，更能满足他们的法律需求。2016年8月，笔者在西藏自治区昌都市芒康县人民法院调研时，遇到一位藏族群众拿出50元钱给法院工作人员说一定要把这个婚离了，问他为什么，他说他老婆经常疑神疑鬼，过不下去了，问为什么不按照习俗方法找双方亲戚调解，他说："我们藏族人都信佛，相信谚语所说'宁拆一座庙，不拆一桩婚'，亲戚调解只会劝和不劝离。"问他为什么不用藏族习俗规定的方式，即直接告诉他妻子他不愿意和她在一起了，他说已经说过了，但他妻子不认，他躲到哪里，他妻子就追到哪里。由此可见，少数民族群众在纠纷解决中越来越多地选择国家法律，虽然他们选择国

---

[1] 吴亚楠. 国家法与少数民族习惯法的互动关系研究：以四川凉山彝族"德古"个人生活史为视角 [D]. 重庆：西南政法大学，2016.

家法律在很大程度上是基于自身利益的考量,但从他们的诉求看,并不能完全否定他们信任国家法律,正是由于国家法律的公正性,使他们升起对国家法律的信仰。

其次,改革开放后,民族地区习俗性规范的回潮,一个根本原因就是当时国家法的制度供给不足,又没有充分考虑到当事人的法律诉求,无法完全满足民族群众的法律需要。近年来,能动司法与和谐司法改革,充分回应了当事人的法律诉求,在公平公正的前提下能够尽量满足当事人的各种法律需要。1980年至2010年,在藏族地区侵犯人身权利的犯罪中,被害人或其家属坚决要求"赔命(血、奸)价",甚至纠集家族势力与司法机关对抗①,一个根本原因就是当时的刑法与刑事诉讼法的规定不能充分满足他们的诉求。2010年后,被害人或其家属要求被告"赔命(血、奸)价"的情况有所缓解,究其原因主要是刑事附带民事诉讼制度在藏族聚居区的推行,特别是最高人民法院公布的第一批指导性案例汇编中的第4号案例将被告人积极赔偿作为从轻处罚依据的情节②,利于缓解被害人家属与被告人及其家属的紧张关系,被害人家属与被告人及其家属可以私下或在法院组织下达成赔偿协议,签订和解协议书,还可以据此请求法院从轻或减轻判决。因为现在国家法能从形式上极大地满足藏族聚居区群众的法律需要,所以他们愿意利用国家法律的制度构建,来达成固有习俗性规范给予他们的预期利益。在当前,国家法律的介入,实际上起到平衡当事人双方利益和实现公平正义的作用,"在这样的环境中,国家作为主导,秉持抓大放小原则,平衡了'合意'和'决定'的关系"③。更妙的是,在少数民族社

---

① 强行索要"赔命价"的行为严重干扰司法机关的正常活动,引起藏族聚居区各级党委、人大和司法机关的警觉,从而出台了一系列禁止"赔命价"的地方性法规和文件,如青海省果洛藏族自治州政法委于1995年3月30日颁布《关于坚决禁止"赔命价"问题的暂行规定》,西藏自治区高级人民法院、人民检察院和政法委于1995年发出《关于坚决制止我区个别地区私自赔偿"赔命金"的通知》,青海省黄南藏族自治州州委于2000年4月13日颁布了《青海省黄南州委关于严格依法办事,坚决禁止赔偿"命价"的决定》和2002年西藏自治区人大常委会发布了《关于严厉打击"赔命金"违法犯罪的决定》。
② 该案例的裁判要点为:因恋爱、婚姻矛盾激化引发的故意杀人案件,被告人犯罪手段残忍,论罪应当判处死刑,但被告人具有坦白悔罪、积极赔偿等可作为从轻处罚的情节,同时被害人亲属要求严惩的,人民法院根据案件性质、犯罪情节、危害后果和被告人的主观恶性及人身危险性,可以依法判处被告人死刑,缓期二年执行,同时决定限制减刑,以有效化解社会矛盾,促进社会和谐。参见中国裁判文书网,2018年7月25日内容。
③ 胡小鹏,高晓波.国家权力扩张下的近代藏边民族纠纷解决机制:以甘青藏边多民族聚居区为例[J].西北师范大学学报(社会科学版),2012,49(1):60-66.

会习俗性规范与国家法的这种合作中,只要国家法律公正并尊重其宗教与文化,政府就能以最小的成本实现最大的法律治理效果,这种合作还在保证"国家法一元"的同时,最大限度地满足少数民族群众的法律需要。

第五章

# 少数民族习俗性规范现代化的双向四维进路

少数民族习俗性规范现代化的必要性和特殊性及其现代化进程中的基本原则业已申明，想必大家已经认识到少数民族地区的法治建设虽然是我国法治现代化、国家治理体系和治理能力现代化的一个有机组成部分，但因少数民族地区的历史传统、民族风俗习惯、民族心理等，少数民族地区法治建设有自己的特殊性，其中最重要的一个问题就是如何实现少数民族固有习俗性规范的现代化转化，把它作为少数民族地区法治现代化的驱动力和智力资源。

**一、国家法律与少数民族习俗性规范的双向建构**

今天，少数民族群众面临国家法律与民族固有习俗性规范两套社会规范体系，国家法律的强力推行并不能使民族固有习俗性规范消亡，相反，民族固有习俗性规范表现出它特有的灵活性，与国家法律呈现出复杂的互动关系。在国家法律与民族固有习俗性规范的互动中，有一些互动强化了国家法律的效力，推动了民族国家的法律建构；有一些互动消解、削弱了国家法律的效力，不利于民族国家的法律建构。因此，需要通过国家法律与民族固有习俗性规范的协商性对话，实现二者的双向建构。

（一）国家法律与少数民族习俗性规范的互动情况

如今，随着国家权力与国家法律的强势输入，少数民族地区固有的习俗性规范与社会权力结构逐渐式微，在国家权力与国家法律的主导下，少数民族习俗性规范与国家法律呈现出复杂的互动情况。

1. 少数民族习俗性规范与国家法律的合作

近些年来，随着国家司法在民族地区的深入和和谐司法的开展，国家司法不再表现出"高不可攀的威严状态"①,对民族群众的法律诉求也会在法律许可的范围内加以最大限度地考虑,如在青海省玉树藏族自治州的一起伤害案件中,原告提出要求被告赔偿一部无量寿佛经,被告因经济困难要求法院允许其用一部分酥油折抵赔偿,这些要求都得到法院的认可,并写进了法院的判决书。因为法院回应双方当事人基于宗教、情感、经济原因等方面而提出的要求,满足了民族群众的特殊需要,再加之他们认识到国家司法的权威和公正,基于自身利益的权衡,弱势的一方会选择通过司法途径来解决纠纷,最终把案件带入国家司法和国家法控制的势力范围内。现代司法将合意引入民事案件和刑事附带民事诉讼案件中的民事赔偿部分,所以,在少数民族地区大量的民事案件与刑事附带民事诉讼案件中的民事赔偿部分基本上都是双方当事人通过和解达成协议解决的,而调解的依据是在国家法律允许的范围内尽量适用民族固有习俗性规范。

### 俄×为索命价故意杀人案②

案情:被告人俄×,四川省甘孜藏族自治州石渠县长须干玛乡人,1978年6月13日生。2009年8月20日下午,被告人俄×到乡政府去领低保金,在路上遇到了泽×和占×,于是纠集三人去找穷×(死者)索要命价。俄×的侄儿被穷×的亲戚杀害,一直没有得到任何赔偿,因为藏族固有习俗性规范实行团体责任,命价是伤害者家族赔偿给受害者家族的金钱或物质,俄×认为穷×经济条件好,应该拿钱代家族进行赔偿。泽×抽出随身携带的刀子,骑着摩托车冲到穷×面前,与其发生打斗,随后俄×、占×赶到也抽出随身携带的刀子参与到打斗中,致穷×倒地身中数刀(其中头部两处刀伤系俄×砍伤),而后被告人俄×与泽×、占×三人分别骑摩托车逃离现场,被害人穷×在被送往温波卫生院途中死亡。2014年11月22日,被告人俄×被石渠县公安局抓获。犯罪嫌疑人泽×和占×仍在逃亡。

司法机关处理情况:甘孜藏族自治州中级人民法院经过审理查明,认为被告人俄×伙同他人故意非法剥夺他人生命,持刀致被害人穷×死

---

① 在四川省甘孜藏族自治州和凉山彝族自治州调查时,许多少数民族群众都认为国家司法人员显得高不可攀、无比威严,这是他们发生纠纷却不愿意走司法途径的原因之一,而藏族和彝族传统调解纠纷的人员不穿制服,说的是本民族日常用语,显得温和可亲。

② 该案为笔者2016年4月在四川省甘孜藏族自治州石渠县调查所搜集。

亡的行为，已构成故意杀人罪。其犯罪手段残忍，情节恶劣，后果严重，应依法予以严惩，但鉴于被告系初犯，归案后如实供述自己的犯罪事实，认罪态度好，且在案发后对被害人家属进行了民事赔偿，可对其从轻处罚，判处被告人俄×犯故意杀人罪，判处死刑，缓期二年执行，剥夺政治权利终身。

赔偿情况：本案件因被告认为死者未赔偿命价而起，再加之当事人双方亲属多，事态复杂，矛盾激化，2009年底，长须干玛乡组成调解委员会，调解委员会成员有乡党委书记尼某甲，乡长降×，长须干玛乡洞呷寺活佛尼某乙，死者家属，凶手俄×、泽×、占×的家属。为了使双方更好、更快地达成协议，所某乙和尼×（长须干玛乡洞呷寺活佛）各给了死者家一匹马，被告人家属向被害人家属赔偿200头牛，由于死者鼻子和脚筋被砍断，又另赔了死者家50头奶牛。当时双方在调解委员会的调解下达成协议，参加调解的双方亲属都是自己签字按印的，赔偿当天除了长须干玛乡五村的村干部外，其他各村村干部都到了赔偿现场。

从俄×为索命价故意杀人案中可以看出，该案件的缘起是赔偿诉求没有得到满足，在被告杀人后，调解委员会用固有习俗性规范和调解的方式解决赔偿问题，法院对俄×杀人的行为判处死刑缓期，实现了国家法律打击犯罪、维护社会秩序的功能。该案中司法机关处理刑事处罚的部分，体现了国家公权力的存在；调解委员会解决命价赔偿的问题，相当于现行法律中的刑事附带民事的赔偿部分。按照法律规定刑事附带民事诉讼的赔偿也应由司法机关判决，但在该案中却由调解委员会根据民族固有习俗性规范和纠纷解决方式来处理，而且赔偿金额的决定以及赔偿的履行均在刑事判决之前五年就已经完成，在最后的判决中，法院对五年前的调解是认可的，双方当事人签订的藏文调解书和谅解备忘录作为从轻处罚的情节得到法院的确认。在此案件的调查过程中，笔者发现对同一事物，有两套不同的话语，法院与政府公职人员把双方的赔偿称为经济赔偿，而当事人双方用的还是传统话语，将其称为"命价"或"命金"。

2. 少数民族习俗性规范对国家法律效力的强化

在少数民族地区，国家法律作为输入型规范，民族群众，特别是居住在农村或牧区的民众对其还不熟悉，一些基层民众甚至认为作为少数民族的人还是用传统固有规范来解决纠纷比较合适，他们虽然不会反对国家法律，但是国家法律的效力却难以得到保证。这时，一些经过法院判决的案子，若能再通过民族固有习俗性规范的仪式处理，则会在双方当事人之间和亲属之间产生较强的效力。因为，在少数民族地区，传统的纠纷解决模式并不以暴力机关的外在强制作为后盾，而因其内心信仰或对超自然力量的震慑自愿履行。

### 吉×、且×离婚案[①]

案情：被告人且×，男，彝族，40岁，系四川省昭觉县××局职工。1990年与原告本县×公司职工吉×结婚。婚后因为性格不合，被告经常侮辱、殴打原告，2001年原告向昭觉县人民法院起诉离婚。

法院处理结果：经法院调解不成，法院判决离婚。孩子判决给女方，男方每年支付抚养费两千元。夫妻共有财产平分。法院判决后双方当事人均未上诉，判决在上诉期满后生效。

后续：吉×、且×离婚后，双方父母及邻居和家乡的人虽然认为他们两人因性格不合离婚对双方有利，但处理方式欠妥，都不认可他们的离婚。甚至有些人还因为男方欠债而找女方要求归还，或者因为女方的问题而找到男方解决，二人不堪其扰，只好找德古调解离婚。德古调解离婚后，按照彝族节威惯例，组织双方家属举行"西各则"仪式，德古杀死一只鸡，将鸡血滴在地上，然后德古说道："从现在起，且×与吉×已经调解离婚，双方不许反悔，否则如刚才死去的鸡一样。双方的亲属也不得再以二人未离婚而找麻烦。"

吉×、且×离婚案，从表面上看，法院根据国家法律作出的判决没有得到认可，最后不得不根据习俗性规范来处理，似乎习俗性规范架空了国家法律，但只要注意到该案件当事人双方亲属居住的地方以及双方亲属不认可判决离婚的动机，就不会这么认为。吉×、且×的老家位于彝族腹心地带昭觉县农村，离县城有80多千米，当时交通条件很差，从他们的老家到县城要将近2天。吉×、且×老家的亲属遇到纠纷都通过德古根据彝族节威来调解，法院判决从来没有出现在他们的生活中，因此他们也不会明白法院判决的效力，吉×、且×老家的亲属与双方当事人之间还有经济方面的往来，害怕二人利用法律规避责任。由此

---

[①] 该案为笔者2002年4月17日参加本校彝族习惯法调查组在四川省凉山彝族自治州昭觉县搜集。

*197*

可见，吉×、且×老家的亲属并不是反对法院依据国家婚姻法所作出的判决，只是对其效力不清楚，再加之亲属们怀疑二人利用国家法律来规避责任，所以才要求把法院判决离婚的结果用他们熟悉的彝族节威再重复演示一次，并用他们深信的结案仪式"西各则"来强化效力。

我国少数民族大多数全民信仰宗教或原始宗教，如藏族、傣族、蒙古族等民族信仰藏传佛教，维吾尔族、回族、哈萨克族、柯尔克孜族等民族信仰伊斯兰教，彝族信仰毕摩教，北方一些少数民族信仰萨满教等原始宗教。少数民族习俗性规范能够在民族社会中起到维护社会秩序的作用，其中一个原因就是习俗性规范与宗教规范结合起来，利用人们对神秘力量和超自然力量的慑服而加强其效力。国家法律作为一种外来输入的力量在民族地区虽已生根发芽，但并未深入人心，借助习俗性规范中的赌咒反而可以使其效力得以加强。笔者调查发现，在藏族地区，之所以不存在判决执行难的问题，就在于习俗性规范中的赌咒和发誓对藏族群众有很大的约束力，如在2013年发生在西藏自治区昌都市贡觉县的俄×杀害四××一案中，双方当事人家属在贡觉县和莫洛镇党委政府及民间人士的调解下，于2015年12月20日达成被告人家族向被害人家族赔偿14万元的协议，并在贡觉县素龙寺护法殿以保留头发和指甲的方式发誓和睦相处，永不翻案。昌都市中级人民法院在2016年11月22日作出的判决中认为双方家族经调解达成协议，有效化解矛盾纠纷，且被告人俄×归案后认罪态度较好，其亲属积极赔偿被害方经济损失，取得被害人亲属谅解，决定酌情从轻处罚，判处俄×无期徒刑。①

3. 少数民族习俗性规范对国家法律漏洞的补充

我国幅员辽阔，人口众多，各地区经济、文化和社会发展很不平衡，地区差异明显，民族的存在又增添了问题的复杂性。国家法律针对整个国家，往往是原则性、一般性的规定，适用于全国可能会出现的法律漏洞。

法律漏洞指"法律体系上之违反计划的不圆满状态"②。一些法律漏洞可以通过法律解释加以弥补，但因为人类生活类型的无限广阔性，一些漏洞即使在进行法律解释后仍然存在。那么这个时候，就需要有一些规范来对国家法律留下的漏洞进行补充，什么样的规范能够实现弥补漏洞的功能呢？笔者认为存在

---

① 西藏自治区昌都市中级人民法院. 俄×故意杀人罪一审判决 [EB/OL]. 中国裁判文书网，2017-05-01.
② 黄茂荣. 法学方法与现代民法 [M]. 北京：中国政法大学出版社，2001：293.

各民族、各团体内部固有的习俗性规范可能是弥补漏洞最好的资源。各民族、各团体内部固有的习俗性规范往往由历史积淀而成，为各民族群众或各团体成员熟悉和认可，而且具有自然形成的权威，用哈耶克的说法就是"自生自发的秩序"。国家法在少数民族地区适用中出现的漏洞，由本民族固有的习俗性规范来补充效果最好。

藏族"赔命（血）价"习俗在20世纪90年代以及21世纪头十年的回潮，与我国刑事被害人损害赔偿制度上的法律漏洞有关。长期以来，我国刑法受"犯罪是孤立的个人反对统治阶级关系的斗争"观点的影响，过分强调公权力对犯罪的惩罚功能，刑事诉讼法也强调如何对犯罪嫌疑人进行公正的审判，使其免于对公权力的不法侵害，而未考虑刑事被害人的利益和法律要求，更不可能对不同文化的不同诉求，如藏族被害人要求赔偿一部佛教经典的诉求加以考虑。在这种情况下，藏族固有的"赔命（血）价"习俗，虽一度受到国家势力的打压，但因为民众"最为清楚自己的利益和需求，也会最为竭力地去坚持和争取自己的权益"①，它被重新激活，其与国家法律在价值理念上的冲突，注定会在其复活后与国家法律发生冲突，但随着国家法律对刑事和解制度的吸收，它们之间的冲突逐渐减弱了。

### 仁×等人故意伤害案②

案情：被告人仁×、向秋××（仁×的舅舅）于2004年10月20日20时许开车回向秋××家，途中要经第三被告罗×家的庄稼地，罗×及其妻贡秋××拒绝，仁×用石头和酒瓶砸罗×家的窗户并叫罗×下来，罗×夫妇下楼来到庄稼地里，此时向秋××的妻子斯朗××来劝罗×，罗×从地上捡起酒瓶砸在斯朗××头上，致其当场昏倒。向秋××看见妻子倒地，向罗×前臂打了一个石头，罗×也从地上捡起一块石头打过去，一石打在向秋××脸上致其轻伤。仁×持刀冲向罗×，被贡秋××抓住，罗×扑向仁×，仁×为脱身，一刀捅向贡秋××并致其当场死亡，罗×看到妻子被捅，持刀砍向仁×致其轻伤。同晚，三被告向公安机关自首，罗×在看守所提审时交代自己藏有一支火药枪，并供述向秋××也藏有一支火药枪。

---

① 杜宇.重拾一种被放逐的知识传统：刑法视域中"习惯法"的初步考察［M］.北京：北京大学出版社，2005：152.
② 该案为笔者2007年8月20日在西藏自治区芒康县人民法院搜集。

司法机关处理情况：芒康县人民检察院根据《中华人民共和国刑法》第二百三十四条第二款、第一百二十八条第一款之规定向芒康县人民法院提起公诉。芒康县人民法院开庭审理了此案，鉴于三被告在案发后能够主动投案自首并如实供述自己的罪行且认罪态度较好，故依法从轻判处。以故意伤害（致人死亡）罪判处被告仁×有期徒刑十二年，以故意伤害（重伤）罪和私藏枪支罪判处被告向秋××有期徒刑四年，以故意伤害（重伤）罪和私藏枪支罪判处被告罗×有期徒刑三年。

"赔血价"情况：案发后，仁×的家属主动向罗×家赔付"赔血价"30000元，罗×的亲属也支付了斯朗××的医药费。

该案发生在2004年，当时国家法律已经建立刑事附带民事诉讼制度，被伤害者可以通过附带民事诉讼获得赔偿，但根据笔者搜集到的那个时代的大量判决书，笔者发现很少有提到刑事附带民事诉讼的案件，所以在法院的判决书中也未提到伤害赔偿，但被告及其家属却以传统的"赔血价"方式对受害人进行了赔偿。

4. 少数民族习俗性规范为国家法律的创新提供资源

少数民族习俗性规范不仅可以弥补国家法律的漏洞，还可以为创制新的国家法提供资源。我国古人说"礼失求诸野"，美国人类学家克利福德·格尔茨（Clifford Geertz）主张"通过边缘来理解中心的缺失"，美国法社会学家埃里克·埃里克森（Erik Enkson）认为"世界的偏僻角落发生的事情可以说明有关社会组织的中心问题"。一些少数民族的固有习俗性规范承载着人类的原始智慧，蕴含着原创精神，如原始的平等观、和谐理念、和解与调解精神、自律精神，这些观念和精神可以照亮现代法治。一些原创法律精神虽然应该是法律的基本精神，但在法律的发展过程中它们被遮蔽、被遗忘甚至被抛弃，能够给国家法律的创新提供资源的少数民族习俗性规范很多，如藏族传统的多种草场所有制形式，许多少数民族的互助养老习俗，等等，其中占里村侗族婚育习俗可谓这类习俗性规范的典范。

占里侗族村位于贵州省黔东南自治州从江县，早在数百年前就形成独特的婚育习俗性规范：一对夫妇只生两个孩子，一般为一男一女；禁止未婚先孕，严禁超生；男女晚婚晚育，夫妻分居时间长。占里侗族人从迁入占里村就认识到人与自然的和谐对于他们种族的繁衍、生活水平的提高有很重要的意义，为

了"使欲必不穷乎物,物必不屈于欲,两者相持而长"①,他们编成《劝世歌》:

祖祖辈辈住山坡,没有坝子也没河。
种好田地多植树,少生儿女多快活。
一株树上一窝雀,多了一窝就挨饿。
告知子孙听我说,不要违反我款约。②

款约是侗族的习俗性规范,款约通过村寨的集体商议而制定,凡触犯款约的人,由大家集体商议处理办法。为了使自然与人口的增长协调,款约规定一对夫妻只能生两个孩子,通过民族"特有的生育技术",尽量保证一男一女。男继承女出嫁;若为两子,则长子继承,次子上门;若为两女,则长女出嫁,次女招上门女婿。为了使人口的增长不超过自然的负荷,款约规定,若未婚先孕和超生均要罚款,罚没的款项用来买酒备菜,宴请各户户主,并禁止未婚先孕和超生之人与同龄异性交往,屡禁不止,则宰杀违反者家里的牲口,严重的赶出村庄。为了控制人口增长,占里侗族实行晚婚晚育,女子婚龄为20岁以上,而且结婚后不住夫家,一般三年后甚至更久才回夫家;男子进山劳动,减少同居时间,控制生育。

占里侗族婚育习俗先进而科学。在普遍早婚的时代,提倡晚婚晚育,保证了后代的质量。一对夫妻只生两个孩子,保证了正常的代际更替,既不会出现人口暴涨,导致资源紧张产生与自然环境不和谐的问题,又不会出现严重的老龄化问题。一男一女的生育技术可以满足大部分中国人的意愿。占里侗族婚育习俗可以为解决我国人口问题和老龄化问题的立法提供资源。

5. 少数民族习俗性规范对国家法律效力的消解

少数民族习俗性规范在少数民族的历史上起到了维护民族秩序和保障民族生存和繁衍的积极作用,但我们也应该认识到少数民族习俗性规范所存在的与今天法治观念不一致甚至冲突的地方。一些少数民族群众认识到通过国家法来解决纠纷,他们的利益不能最大化,于是便以"民族的习俗就是这样的"为借口,与国家法律发生冲突,或者私自以习俗性规范处理纠纷,这样就使国家法

---

① 王先谦. 荀子集解(卷十三)[M]. 沈啸寰,王星贤,点校. 北京:中华书局,1988:346.
② 罗康智,罗康隆. 传统文化中的生计策略:以侗族为案例[M]. 北京:民族出版社,2009:130.

律在民族地区的效力大大降低。利用少数民族习俗性规范对国家法律效力造成消解主要有两种方式，一种是公然对抗国家法，强烈要求按照少数民族习俗性规范来处理；另一种是私下不报案，以习俗处理方式置换国家司法制裁。

### 噶玛××故意伤害（致人死亡）案①

犯罪嫌疑人噶玛××，西藏自治区昌都市江达县汪布顶乡人。噶玛××于1993年与被害人泽汪四郎发生口角，噶玛××拿出自己的藏刀将被害人砍成重伤后逃走，被害人因失血过多死亡。噶玛××知道被害人死亡后，逃到印度。后来，噶玛××托人带口信给江达县人民法院，要求按照藏族习俗"赔命价"办理此案，并告诉法院如果允许"赔命价"就回国，如果不允许"赔命价"就不回来。噶玛××的兄长和父母都想通过传统的"赔命价"方式来了结此案。不久，噶玛××的哥哥松××在拉萨与被害人泽汪××的哥哥签订了赔偿20800元"赔命金"的协议，松××当即支付了20000元，余下的800元由噶玛××在汪布顶乡的父母支付给泽汪××的父母，其中现金200元，酥油50斤，折合人民币600元。

### 扎西××强奸幼女案②

扎西××，青海省玉树藏族自治州玉树市人，时年20岁。2016年7月25日到玉树市××朗玛厅玩耍，认识了在该朗玛厅打暑期工的曲××。曲××时年15岁，长相比较成熟。在几次与曲××见面后，扎西××约曲××到康巴风情街玩，并提出要与曲××谈朋友。曲××说她才15岁，还不能谈朋友。过了几天，扎西××喝醉了，打电话给曲××说晚上下班后去看她，曲××同意了。曲××把扎西××带到朗玛厅楼上，看到扎西××醉得很厉害，就让他睡在楼上，半夜扎西××强行与曲××发生了关系。曲××逃出来后向其母亲哭诉，并要向公安机关报案，但她母亲却告诉她，扎西××家与他们家有亲戚关系，若报案的话，扎西××会受到国家法律的惩罚，以后两家人就会变成仇人。于是，曲××的母亲给扎西××的父母打电话，扎西××的父母提出用藏族习俗解决此事，并表示曲××的母

---

① 本案为笔者2007年8月25日在西藏自治区昌都市江达县汪布顶乡搜集。
② 本案为笔者2017年8月在青海省玉树藏族自治州玉树市调查时搜集。

亲一人抚养曲××不容易，他们会尽自己家的财力赔偿。曲××的母亲同意扎西××的父母提出的解决方案，最后通过协商，扎西××的父母赔偿曲××及其母亲5万元。

如今，像噶玛××故意伤害（致人死亡）案那样选择与国家法律对抗，坚持用少数民族习俗性规范解决纠纷的情况已经不多见了。究其原因，一是现在即使在少数民族地区选择与国家法律及其背后的国家势力对抗，成本大，代价也非一般人所能接受，少数民族群众也在理性地考量抗拒国家法律的成本与收益；二是国家法律创设的一些新制度，如刑事和解制度、和谐司法改革也在回应民众的法律诉求，原来只能在少数民族固有习俗性规范中才能实现的法律诉求，如今在国家法律中也能够实现。但是，今天像扎西××强奸幼女那样用少数民族固有的纠纷解决机制来解决纠纷，从而置换国家法律的现象却比较普遍。究其原因，首先是少数民族群众对少数民族固有习俗性规范熟悉，对国家法律不是很熟悉，遇到案件会受惯性的影响把习俗性纠纷解决机制作为首选；其次是少数民族地区一般地广人稀，国家权力渗入密度有限，并不能对所有的违法犯罪行为进行有效的打击；再次是少数民族固有纠纷解决机制能节约时间、金钱与财物等社会成本，实现各方利益最大化；最后，也是最重要的原因，少数民族固有纠纷解决机制允许通过协商的方式解决纠纷，能够在双方当事人意见的基础上达成合意，当事人的意见得到了最大限度的尊重，找到双方当事人均能接受和认可的公正临界点，是一种协商和妥协的正义。

但少数民族的固有习俗性规范或固有纠纷解决机制对国家法律的置换，消解了国家法的效力，影响了国家法在少数民族地区的推行，不利于少数民族地区法治社会的建设，也不利于对民族地区国家法律认同的构建，因此必须在国家法与少数民族固有习俗性规范对话的基础上进行二者的双向构建。

（二）国家法律与少数民族习俗性规范的对话建构

前面总结了少数民族习俗性规范与国家法律的五种互动关系，即与国家法律合作、强化国家法律的效力、补充国家法律的漏洞、给创制新的国家法律提供资源和消解国家法律的效力，前四种互动关系都会对国家法律在少数民族地区的实施和国家法律的完善与发展产生积极、正面的影响，最后一种互动关系，即少数民族习俗性规范对国家法律的对抗和置换，却会对国家法律在少数民族地区的实施、少数民族地区法治社会的建设产生消极影响，甚至还可能迟滞少数民族地区国家法律建设的进程，影响到国家政权的统一效能。①

　　清末以来，我国法律现代化总体上走的是效仿西方法律、移植西方先进法制的道路，这种法律不能有效回应中国古代传统与存在乡土社会的礼法，导致我国法律现代化始终面临着结构性的挑战，国人总是在试图打破旧的秩序、重构新的秩序，近代以来的历次法律变革无不是在重复打破旧秩序建立新秩序的老路，结果却导致社会失序，费孝通谓之"法治的好处未得，而破坏礼治的弊端却先发生了"②。近代以来的法律变革运动确实使我国实现了法律制度的变革，但这些带有浓烈移植色彩的法律制度究竟在中国老百姓生活中起到什么样的作用？法律的社会效果如何？百姓对法律的服从与遵守究竟有多少来自对法律的信仰和内心的认可？这些都是打折扣的。现代社会诚信的普遍缺失、司法人员的不作为、百姓的抗法失范行为层出不穷，无不昭示着我们可能陷入"法律越多，而秩序越少"的尴尬境地。反观一些原始部落社会或我国少数民族社会，虽然他们几乎没有成文的法律制度，也没有专门化的执法机构和暴力机器，但那里的社会却秩序井然。③ 为什么出现这么大的反差？究其原因，原始部落社会或我国少数民族社会的习俗性规范形成于他们的生产生活中，满足人们对秩序的需要，因此受到人们内心的尊重和外在的遵从。而现代社会的法律制度，从功能上讲并不能有效满足民众的需要，现代国家立法虽然也设立有草案讨论的程序以吸收民众的建议，但许多制度都是专家们移植外国"先进法制"的结果，离百姓生活远，百姓只能"敬而远之"。

　　少数民族习俗性规范现代化不能走国家法律现代化的老路，否则也会因为疏远少数民族群众的生活，在少数民族社会中不能充分发挥其功能。根据笔者在藏族地区和彝族地区的田野调查资料，用国家法律强行改变少数民族习俗性规范的运动在少数民族地区基本上都失败了。如凉山彝族地区民主改革时期所进行的婚姻改革运动，他们在晚上偷偷用彝族习俗解决婚姻纠纷，一些改革措施激起彝族民众的激烈反抗。藏族的"赔命（血、奸）价"习俗在国家权力机关与国家法的打击下，也没有销声匿迹，而是转向地下。那么，国家权力机关

---

① 具体参见：王勇. 西北国族与东南民主：中国区域政治发展非均衡的一个解释框架 [M] //《朝阳法律评论》编委会，冯玉军. 朝阳法律评论，2013（上）. 北京：中国华侨出版社，2011：310-319.
② 费孝通. 乡土中国 [M]. 北京：生活·读书·新知三联书店，1985：59.
③ 关于原始部落社会秩序井然的研究参见：马林诺夫斯基. 原始社会的犯罪与习俗 [M]. 原江，译. 昆明：云南人民出版社，2002；关于国内少数民族社会秩序的研究参见：王学辉，高登荣. 云南独龙族原始习惯法初探 [J]. 现代法学，1994（4）：87-89.

与国家法律在少数民族习俗性规范现代化进程中应该怎样对待习俗性规范呢？美国法社会学家诺内特（P. Nonet）和塞尔兹尼克（P. Selznick）的"回应型法"理论可能会对解决国家法律与少数民族习俗性规范的矛盾有所启发。诺内特按照法律发展阶段将法律分为压制型法、自治型法和回应型法，并将回应型法界定为"作为回应各种社会需要和愿望的一种便利工具的法律"①。国家法律在少数民族地区的实施要回应少数民族群众的法律需要和愿望，为此应做到下列三点。

首先，国家法律要放下自己的身段，与少数民族习俗性规范开展平等对话。对话和协商可以使国家法律与少数民族习俗性规范增强了解，形成开放体系。因为国家法律有国家权力和暴力机关作为后盾，国家法律主动响应少数民族群众的法律需要，可以吸引或引导少数民族群众认可国家法律，从而实现习俗性规范的现代变迁。

其次，在国家法律与少数民族习俗性规范的双向互动中，应该把少数民族习俗性规范作为在少数民族地区推行国家法律的基础和资源。少数民族习俗性规范并不必然成为国家法律在少数民族地区实施的阻力，因为它对构建少数民族地区社会秩序和稳定少数民族心理发挥着巨大的作用，若国家法律能够在双向互动中处理好二者的关系，少数民族习俗性规范能够为国家法律在少数民族地区的实施奠定基础。国家法律在少数民族地区的实施要吸收少数民族习俗性规范的合理成分，对于少数民族习俗性规范中的不合理成分和消极因素，国家法律可以通过新的制度建设将其限定在法律可接受的范围内。笔者一直认为，最近十年，藏族"赔命（血、奸）价"习俗不再像以前那样对国家刑事司法造成冲击的一个最根本原因，就是刑事诉讼制度改革以及刑事和解制度的确立，极大限度地回应了藏族群众的法律需要，而允许双方当事人之间协商赔偿并在双方当事人及其家属之间找到了他们认为的"正义"的临界点，协议赔偿的金额虽然较大，但没有超出法律的限制，公私合力圆满地解决了问题。

最后，在国家法律与少数民族习俗性规范的双向互动中，必须坚持国家法律的主导地位。少数民族习俗性规范现代化是为了强化民族—国家的建构，由中央政府发起的一场旨在改变民族地区社会秩序体系，将其纳入法治社会范畴的现代法律运动。这场运动通过对少数民族习俗性规范的吸收和转化，将少数

---

① 诺内特，塞尔兹尼克. 转变中的法律与社会［M］. 张志铭，译. 北京：中国政法大学出版社，2004：16.

民族习俗性规范转化为具有少数民族特色的地方性规范，纳入国家法律体系中，实现少数民族社会的治理模式向更为理性、稳定的法理型社会转化。从历史的角度来看，这是继唐宋的羁縻制度、明清的改土归流制度之后，中央政府在治理少数民族地区政策的又一次巨大转型。这场运动不同于历史上的任何一次变革，它是根本性的，因此需要由国家权力和国家法律主导。这场运动是国家法律凝聚少数民族习俗性规范中的合理有益成分，建构中华民族法律共同体，而不是国家法律向少数民族习俗性规范的弥散，形成边疆的法律。

**二、少数民族习俗性规范的四维现代化进路**

为了建构中华民族法律共同体，少数民族习俗性规范通向现代化的进路不应该是单一的，应该打开少数民族习俗性规范通向国家与社会的现代化道路，必须全方位、多角度地开放少数民族习俗性规范的现代化进路。

（一）立法吸收的进路

我国少数民族自治地方共有三级，分为自治区、自治州和自治县（旗）。目前，我国共建立155个少数民族自治地方，其中自治区5个、自治州30个、自治县（或旗）120个。在我国的55个少数民族中，有44个建立了自己的少数民族区域自治机关，实行区域自治的少数民族人口占全国少数民族总人口的71%，少数民族自治地方的面积占全国总面积的64%左右。[1]

所谓立法吸收的进路，指在《中华人民共和国宪法》《中华人民共和国民族区域自治法》（以下简称"民族区域自治法"）和《中华人民共和国立法法》（以下简称"立法法"）所规定的少数民族自治立法权的权限范围内，将少数民族习俗性规范吸收进来，制定适合本民族地方经济、社会发展和少数民族特色的法律法规。少数民族自治地方的立法机关在制定自治立法时，将少数民族习俗性规范中积极的、正面的有益成分吸收进来，把它们作为自治立法的法源，既使新制定的自治立法有社会基础和群众基础，又实现了少数民族习俗性规范的现代化。

根据《中华人民共和国宪法》、民族区域自治法、立法法的规定，自治区、自治州和自治县（旗）均享有立法自治权。自治区以及自治区所在地的市享有制定地方性法规和地方政府规章的权力，该立法权力与一般地区所享有的立法

---

[1] 中华人民共和国国务院新闻办公室. 中国的民族区域自治 [N]. 人民日报，2005-03-01 (1).

权力并无差别。自治立法权包括制定自治条例和单行条例的权力，而根据法律的授权，少数民族自治地方还有制定变通（或补充）规定的权力。[①] 据此，将立法吸收少数民族习俗性规范的进路分为两类。

1. 制定自治条例与单行条例

《中华人民共和国宪法》、民族区域自治法和立法法赋予各级少数民族自治地方人民代表大会权力，依照当地少数民族的政治、经济和文化特点，制定针对少数民族地区本民族内部关系和本地区与上级国家机关关系的综合性自治法规或单项自治法规，前者即自治条例，后者即单行条例。

自治条例和单行条例的制定"应在我国社会主义法律体系下考虑中央、地方、民族等因素"[②]，并建立以自治机关为主导的草案制定机制。我国1954年颁行的《中华人民共和国宪法》中就对自治条例和单行条例作出规定，但直到1985年，吉林省延边朝鲜族自治州才制定出我国第一部自治条例，到目前为止，5个自治区均没有颁布自己的自治条例。自治条例和单行条例的制定需要结合地方与民族两个特色，需要对少数民族特色的习俗性规范有深入的了解和认识，但直到目前大多数民族自治地方对本地民族习俗性规范的了解非常少，对少数民族习俗性规范的历史沿革及其价值、意义和功能几乎一无所知，不能制定出高水平的自治立法。例如，广西壮族自治区自治条例的立法过程极为曲折艰难，1958年形成草案，18次易稿，但最终也未能正式颁布。其中除了政治原因外，

---

① 关于民族法的形式学界有不同的观点，胡启忠认为可以分为自治条例、单行条例和变通规定三种，具体内容参见：胡启忠. 论民族地区的法律变通［J］. 西南民族学院学报（哲学社会科学版），2002（7）：82-101，276. 张殿军基于法律变通的角度，认为法律变通规定和补充规定要么属于自治条例，要么属于单行条例，也就是说他认为民族法的形式仅有自治条例和单行条例两种，法律变通规定和补充规定只可能是其中一种形式的变种，具体内容参见：张殿军. 民族自治地方法律变通研究［M］. 北京：人民出版社，2016：29-30. 张殿军的分类符合《立法法》的规定，该法修订后的第七十五条第二款规定："自治条例和单行条例可以依照当地民族的特点，对法律和行政法规的规定作出变通规定，但不得违背法律或者行政法规的基本原则，不得对宪法和民族区域自治法的规定以及其他有关法律、行政法规专门就民族自治地方所作的规定作出变通规定。"为行文的便利，本书创制前将其分为两类，即将自治条例、单行条例归为一类，它们都是民族自治地方直接制定的，前者是关于民族自治地方的综合性自治法规，后者是关于民族自治地方某一类专门事务制定的单项法规；将民族地区的法律变通规定和补充规定归为一类，它们都是因为国家制定的法律法规不适应民族特殊情况而由民族自治机关制定的法规，是对国家法律法规的变通（或补充）。

② 彭建军. 自治区自治条例所涉自治立法权问题研究［J］. 民族研究，2015（2）：15-27，123-124.

没有体现少数民族特色也是其胎死腹中的重要原因。如1987年形成的《广西壮族自治区自治条例》第十三稿，在报全国人民代表大会民族事务委员会征求意见时，全国人民代表大会民族事务委员会认为该草案存在一个问题，即"《中华人民共和国宪法》规定自治条例要'依照当地民族的政治、经济和文化的特点'制定，而'草案'的规定比较一般化，尚未深刻反映广西的特点"[1]。考诸《广西壮族自治区自治条例》第十三稿，应当说全国人民代表大会民族事务委员会的这个评价相当中肯。

那么，如何才能制定出能够深刻反映民族自治地方的地方特色和少数民族特色的自治条例和单行条例呢？简而言之，从哪里找少数民族特色和地方特色？答案显而易见，地方特色和少数民族特色隐含在少数民族自治地方民族群众的生活中，与法律结合最紧密的是少数民族固有习俗性规范。为此，需要民族自治地方的人民代表大会委员会组织法学家、民族学家和政府工作人员启动对少数民族习俗性规范的田野调查，搜集仍发挥效力的少数民族习俗性规范。然后对搜集到的少数民族习俗性规范进行整理汇编成册，再把这些整编成册的习俗性规范拿到民众中辨伪存真。下一步召集各方面的专家对这些习俗性规范的历史沿革、功能价值进行考订，然后把符合现代法律精神与价值取向，并能够促进人类合作、形成秩序、满足人类精神物质需要的少数民族习俗性规范筛选出来，编入自治条例或单行条例草案。接着，将草案提交给自治地方的人民代表和群众、法学专家与民族学专家进行讨论，在汇总讨论意见的基础上进行修改，最后报全国人民代表大会常务委员会批准。

我国《民族法制体系建设"十二五"规划（2011—2015）》提出，推动条件成熟的自治区适时启动自治条例草案的起草工作，《民族法制体系建设"十二五"规划（2011—2015）》的出台为自治区自治条例的制定提供了绝佳的契机。虽然各民族自治区都错过了这个机会，但民族地区法治社会建设是中国共产党第十九次全国代表大会报告中提出的既定目标之一，而自治区自治条例的制定可以推动民族地区法治社会建设。因此，各自治区人民代表大会及其常务委员会还是应该早做筹划，从基础工作开始，加强对少数民族习俗性规范的调查和了解，把少数民族习俗性规范作为法源，进行认真筛选，修订出具有少数民族特色的自治条例草案。

---

[1] 全国人民代表大会常务委员会. 全国人民代表大会常务委员会简报[R]. 1989, 4: 23.

2. 制定变通（或补充）规定

列宁在谈到处理民族问题时曾指出："要考察、研究、探索、揣测和把握民族的特点和特征。在运用一些基本原则时，要把这些原则在细节上正确地加以改变，使之正确地适应和运用于民族的和民族国家的差别。"[①] 列宁的论断同样适用于统一多民族国家的法制建设，一方面为了维护国家法制统一要制定统一的法律，另一方面为了保障法律在少数民族地区的有效实施，又要允许法律变通。

《辞海》对"变通"一词的解释为"灵活运用、不拘常规"，《现代汉语词典》对其的解释为"依据不同情况，做非原则性的变动"。从字面意思讲，"变通"就是有不通畅的地方，需要做出变化调整，以使其通畅。"法律变通"就是指国家制定的统一适用于全国的法律，在少数民族地区或其他特殊的地区，不适合当地特点，需要对其进行适当变更或补充，才能保障国家法在该地区的正确贯彻实施。

我国早在1950年4月13日颁布的新中国的第一部法律——《中华人民共和国婚姻法》第二十七条中就规定："在少数民族聚居的地区，大行政区人民政府（或军政委员会）或省人民政府得依据当地少数民族婚姻问题的具体情况，对本法制定某些变通或补充的规定，提请政务院批准施行。"该条文第一次规定法律变通，赋予少数民族婚姻一定的自治权。但此后，一直到1980年颁布的《中华人民共和国婚姻法》，我国的法律中再也没有规定任何有关少数民族的"变通"条款，反而在1975年的《中华人民共和国宪法》中删去了1954年《中华人民共和国宪法》中规定的"各少数民族聚居的地方实行民族区域自治""各民族都有保持或改革自己风俗习惯的自由"等条款。但在1978年的《中华人民共和国宪法》中又很快恢复了民族区域自治制度，并赋予少数民族地方权力机关制定自治条例和单行条例的自治立法权。

1982年12月4日通过的《中华人民共和国宪法》和1984年颁布的《中华人民共和国民族区域自治法》都没有出现"变通规定"或"补充规定"的字眼。1982年的《中华人民共和国宪法》第一百一十五条规定，民族自治地方的自治机关"同时依照宪法、民族区域自治法和其他法律行使自治权，根据本地方实际情况执行国家的法律、政策"；第一百一十六条规定，"民族地方的人民

---

① 列宁. 共产主义运动中的"左派"幼稚病[M]//中共中央马克思恩格斯列宁斯大林著作编译局. 列宁选集: 第4卷. 北京: 人民出版社, 1995: 194.

代表大会有权依照当地的政治、经济、文化的特点，制定自治条例和单行条例"。由此可见，1982年的《中华人民共和国宪法》关于民族地区法律权利的条款均没有规定法律变通或法律补充的自治立法权，自治立法权方面仅规定制定自治条例和单行条例的权力，若一定要说第一百一十五条赋予少数民族地区法律自治权的话，也只能把"根据本地方实际情况执行国家的法律、政策"理解为法律实施或执行的变通。1984年制定的民族区域自治法在自治立法权方面与1982年的《中华人民共和国宪法》类似，在第十九条规定制定自治条例和单行条例的权力，在第二十条规定"上级机关的决议、决定或指示，如不适合民族自治地方实际情况，自治机关可报上级国家机关批准，变通执行或停止执行"，仍然没有赋予其立法变通权。但1980年至今颁布的十三部法律法规，却明确授权民族自治地方制定变通或补充规定的权力。

（1）1980年《中华人民共和国婚姻法》（以下简称"婚姻法"）第五十条规定："民族自治地方人民代表大会和它的常务委员会可以依据本法的原则，结合当地婚姻家庭的具体情况，制定某些变通或补充的规定。自治州、自治县制定的规定，须报省、自治区人民代表大会常务委员会批准。自治区制定的规定，须报全国人民代表大会常务委员会备案。"（已废止）

（2）1982年《中华人民共和国民事诉讼法（试行）》[以下简称"民事诉讼法（试行）"]第十五条规定："民族自治地方的人民代表大会和它的常务委员会，根据宪法和本法的原则，可以制定某些变通或补充的规定。自治州、自治县制定的规定，须报省、自治区人民代表大会常务委员会批准。自治区制定的规定，须报全国人民代表大会常务委员会备案。"（已废止）

（3）1984年《中华人民共和国森林法》（以下简称"森林法"）第四十八条规定："民族自治地方不能全部适用本法规定的，自治机关可以根据本法的原则，结合民族自治地方的特点，制定变通或者补充规定，依照法定程序报省、自治区或者全国人民代表大会常务委员会批准施行。"

（4）1985年《中华人民共和国继承法》（以下简称"继承法"）第三十五条规定："民族自治地方的人民代表大会可以根据本法的原则，结合当地民族财产继承的具体情况，制定变通的或者补充的规定。

自治区的规定，报全国人民代表大会常务委员会备案。自治州、自治县的规定，报省或者自治区的人民代表大会常务委员会批准后生效，并报全国人民代表大会常务委员会备案。"（已废止）

（5）1986年《中华人民共和国民法通则》（以下简称"民法通则"）第一百五十一条规定："民族自治地方的人民代表大会可以根据本法规定的原则，结合当地民族的特点，制定变通的或者补充的单行条例或者规定。自治区人民代表大会制定的，依照法律规定报全国人民代表大会常务委员会批准或者备案；自治州、自治县人民代表大会制定的，报省、自治区人民代表大会常务委员会批准。"[1]（已废止）

（6）1988年《中华人民共和国全民所有制工业企业法》（以下简称"全国所有制工业企业法"）第六十八条规定："自治区人民代表大会常务委员会可以根据本法和《中华人民共和国民族区域自治法》的原则，结合当地的特点，制定实施办法，报全国人民代表大会常务委员会备案。"

（7）1991年《中华人民共和国民事诉讼法》（以下简称"民事诉讼法"）第十六条规定："民族自治地方的人民代表大会和它的常务委员会，根据宪法和本法的原则，结合当地民族的具体情况，可以制定某些变通或补充的规定。自治州、自治县制定的规定，报省、自治区人民代表大会常务委员会批准。自治区制定的规定，报全国人民代表大会常务委员会备案。"

（8）1992年《中华人民共和国妇女权益保障法》（以下简称"妇女权益保障法"）第六十条规定："民族自治地方的人民代表大会，可以依据本法规定的原则，结合当地民族妇女的具体情况，制定变通的或者补充的规定。自治区的规定，报全国人民代表大会常务委员会备案；自治州、自治县的规定，报省或者自治区人民代表大会常务委员会批准后生效，并报全国人民代表大会常务委员会备案。"

---

[1] 在全国人民代表大会2017年2月召开的新闻发布会上，时任全国人大常委会法制工作委员会民法室一处处长石宏指出，《中华人民共和国民法典（草案）》通过后暂不废止民法通则，待民法典各编内容进行系统的整合后，再予以废止。民法总则与民法通则的规定不一致的，根据新法优于旧法的原则，适用民法总则的规定。2020年5月28日第十三届全国人民代表大会第三次会议通过的《中华人民共和国民法典》（以下简称"民法典"）第一万三千二百六十条明确废止婚姻法、继承法、民法通则等法律，民法通则在被废止的法律之列。

(9) 1994年《中华人民共和国婚姻登记管理条例》（以下简称"婚姻登记管理条例"）第三十三条规定："民族自治地方人民政府可以依照本条例的原则，结合当地民族婚姻登记的具体情况，制定变通的或补充的规定。"（已废止）

(10) 1996年《中华人民共和国老年人权益保障法》（以下简称"老年人权益保障法"）第八十三条规定："民族自治地方的人民代表大会，可以根据本法的原则，结合当地民族风俗习惯的具体情况，依照法定程序制定变通的或者补充的规定。"

(11) 1997年《中华人民共和国刑法》（以下简称"刑法"）第九十条规定："民族自治地方不能全部适用本法规定的，可以由自治区或者省的人民代表大会根据当地民族的政治、经济、文化的特点和本法规定的基本原则，制定变通的或者补充的规定，报请全国人民代表大会常务委员会批准施行。"

(12) 1998年《中华人民共和国收养法》（以下简称"收养法"）第三十二条规定："民族自治地方的人民代表大会及其常务委员会可以根据本法的原则，结合当地情况，制定变通的或者补充的规定。自治区的规定，报全国人民代表大会常务委员会备案。自治州、自治县的规定，报省或者自治区的人民代表大会常务委员会批准后生效，并报全国人民代表大会常务委员会备案。"（已废止）

(13) 2000年立法法第六十六条①第一款规定："民族自治地方的人民代表大会有权依照当地民族的政治、经济和文化的特点，制定自治条例和单行条例。自治区的自治条例和单行条例，报全国人民代表大会常务委员会批准后生效。"第二款规定："自治州、自治县的自治条例和单行条例，报省、自治区、直辖市的人民代表大会常务委员会批准后生效。""自治条例和单行条例可以依照当地民族的特点，对法律和行政法规的规定作出变通规定，但不得违背法律或者行政法规的基本原则，不得对宪法和民族区域自治法的规定以及其他有关法律、行政法规专门就民族自治地方所作的规定作出变通规定。"

上述十三部法律法规中，除了1980年的婚姻法、1982年的民事诉讼法（试

---

① 在2015年修改后，变为第七十五条。

行)、1985年的继承法、1986年的民法通则、1994年的婚姻登记管理条例和1998年的收养法六部法律已经被明令废止外,其他七部法律均现行有效。除立法法[①]外的六部现行有效的法律中,赋予制定变通或者补充规定的主体不同:民事诉讼法赋予的主体为民族自治地方的人民代表大会及其常务委员会;妇女权益保障法和老年人权益保障法赋予的主体为民族自治地方的人民代表大会;森林法赋予的主体为民族地方的自治机关,根据立法权唯一的原则,可以将其理解为民族自治地方的人民代表大会或人民代表大会及其常务委员会;全民所有制工业企业法赋予的主体为自治区人民代表大会常务委员会;刑法赋予的主体为自治区或者省的人民代表大会,可能立法者认为刑法调整的关系太重要,将其变通权留置在自治区人民代表大会和下辖有民族自治州或民族自治县的省人民代表大会。六部现行有效的法律中,除全民所有制工业企业法所赋予的权力为制定实施办法外,其他五部法律所赋予的都是制定变通或补充规定的权力。六部现行有效法律中,赋予民族地区变通权的原因,在各法典的表述中差异较大,但综合来看不外乎三种情况,一种强调地区特点,一种强调民族特点,一种既考虑地区特点又考虑民族特点。六部现行有效法律中,制定变通规定的程序也不一样,民事诉讼法、妇女权益保障法规定的程序差不多,均为自治区的规定,报全国人民代表大会常务委员会备案;自治州、自治县的规定,报省或者自治区人民代表大会常务委员会批准后生效,并报全国人民代表大会常务委员会备案;刑法规定自治区或省制定的变通或补充规定报全国人民代表大会常务委员会批准;全民所有制工业企业法规定自治区的实施办法报全国人民代表大会常务委员会备案;老年人权益保障法未规定变通的程序。

与上述法律的变通或补充规定不同,2000年制定的立法法规定"自治条例和单行条例可以依照当地民族的特点,对法律和行政法规的规定作出变通规定",根据该法的条文,并未单独把变通规定视为民族立法,而是把自治条例和单行条例视作对法律和行政法规的变通。若立法法的变通条款可以视作传统的变通条款的话,那么它不仅改变了变通的语境,而且还进一步改变了变通权的性质,将变通权由原来的授权性立法权变为自治立法权,这是违背《中华人民共和国宪法》和民族区域自治法中关于民族自治地方自治立法权的规定的,因为这两部法律规定的自治立法权为制定自治条例和单行条例。当然,也可以把立法法的变通理解为一种通过制定自治条例和单行条例来变通法律和行政法规

---

① 立法法的规定比较特殊,留待后面单独论述。

的权力，这样就没有违背《中华人民共和国宪法》和民族区域自治法的相关规定。但这样又会产生新问题：随着新法律的制定，若新法律的规定与民族特色发生冲突，就要重新制定或修订自治条例和单行条例，这样将加重民族地区的立法负担；若不重新制定或修订自治条例和单行条例，那么《中华人民共和国宪法》和民族区域自治法的规定就会成为具文。

毛泽东在审议1954年的宪法草案时曾指出："少数民族问题，它有共同性，也有特殊性。共同的就适用共同的条文，特殊的就适用特殊的条文。"① 毛泽东的讲话体现了马克思辩证唯物主义的普遍性和特殊性的结合，对民族立法有指导意义。制定适用于全国的法律满足少数民族和汉族共同的规范需要，但少数民族具有自己的民族特色，他们还有特殊的规范需要。那么，在坚持法律统一的前提下，民族自治地方制定变通（或补充）规定，这样既节约立法成本，满足了少数民族的法律需要，又维护了法制的整体性和统一性。笔者认为应该保留民族自治地方的法律变通权，明确该权力的性质，规范行使该权力的主体和程序。民族自治地方的法律变通权应为法律的授权，也就是说只有法律有明确的规定，民族自治地方才能制定变通规定，这样才能维护法制统一和保障少数民族的权利，也才符合"变通"的本意。将制定基本法变通规定的权力赋予自治区、省或直辖市人大，将制定一般法律法规变通规定的权力赋予自治地方人大。进一步规范制定变通规定的程序，自治州、自治县制定的变通规定，均报自治区、省或直辖市人大常务委员会批准，报全国人大常务委员会备案；自治区、省或直辖市人大制定的变通规定报全国人大常务委员会批准。

少数民族习俗性规范在制定变通（或补充）规定中，可以起到说明原因和直接作为变通（或补充）规定的法源。少数民族习俗性规范作为变通（或补充）规定的法源类似于自治条例和单行条例对其的吸收，兹不赘述。少数民族习俗性规范能起到说明制定变通（或补充）规定的原因，是说民族自治地方在依据法律法规授权的情况下制定变通（或补充）规定总要说明原因。笔者考察了藏族自治地方制定的变通（或补充）规定，发现它们都是直接拿出变通（或补充）规定的具体条文，存在说理不充分的情况。为了解决该问题，必须对少数民族习俗性规范有深入的了解和研究。

---

① 毛泽东. 关于中华人民共和国宪法草案 [M] //毛泽东选集：第一卷. 北京：人民出版社，1991：309.

## （二）司法援引的进路

立法吸收部分少数民族习俗性规范。那些优良的、稳定的、具有民族共同性的风俗制定为民族地方的立法后，起到规范指引民族群众行为的作用。但立法不可能把少数民族习俗性规范全部吸收，那么在这个时候，司法就应该发挥其能动性，将那些优良的、具有民族共同性的，且灵活的、随着社会变化而变化的，或者被现代法律排斥的非理性，但能促进人类合作形成秩序的少数民族习俗性规范运用到司法中。

习俗性规范或习惯进入民事司法审判乃当今世界之普遍现象。《法国民法典》第六条规定，"个人不得以特别约定违反有关公共秩序和善良风俗的法律"；《德国民法典》第一百三十八条第一款规定："违反善良风俗的行为无效"；《瑞士民法典》第一条第二款规定，"如本法无相应规定时，法官应依惯例"；日本《法例》第二条规定，"不违背公共秩序或善良之风俗、习惯，无论在法令规定中得到承认的，还是法令中无规定的，均有与法律相同之效力"；"中华民国"南京国民政府制定的《中华民国民法典》第一条也规定，"民事，法律所未规定者，依习惯；无习惯者，依法理"。由此可见，通过立法确认习俗的法源地位，从而使其进入司法，实属中外的普遍做法。民法典颁布前，我国《中华人民共和国合同法》第六十一条规定，"合同生效后，当事人就质量、价款或者报酬、履行地点等内容没有约定或者约定不明确的，可以协议补充；不能达成补充协议，按照合同有关条款或者交易习惯确定"。《中华人民共和国物权法》第八十五条规定，"法律、法规对处理相邻关系有规定的，依照其规定；法律、法规没有规定的，可以依照当地习惯"。《中华人民共和国民法总则》第十条规定，"处理民事纠纷，应当依照法律规定；法律没有规定的，可以适用习惯，但是不得违背公序良俗"。这些法律规定为包括少数民族习俗性规范在内的习惯进入民事司法提供制度保障。民法典颁布后，虽然没有赋予少数民族地区变通权，但民法典第十条吸收民法总则第十条，给包括少数民族习俗性规范在内的习惯进入民事司法留下一定的制度空间。

至于习俗性规范或习惯进入刑事审判，法律实务界普遍反对，学术界众说纷纭，莫衷一是。规范法学研究者普遍认为，我国是实行罪刑法定的成文法国家，因此不存在习俗性规范进入司法的制度空间。但民族习惯法文化研究者认为，尽管刑事习惯不能成为入罪的直接法源，但为了谋求个案正义，刑事习惯可以发挥出罪的功能，刑法第九十条的规定授权少数民族地区可以制定变通规定，给少数民族地区习俗性规范进入刑事司法留下了制度空间，对少数民族刑事习俗性规范应置于文化的背景中理解，并通过法律的文化解释进入到司法模式。① 李可进一步提出具体方案，他说："民族地区的自治机关都可以进行积极的制度探索，在维护国家法治的前提下最大限度地拓展、拓宽、拓深习惯的生存空间。例如，如果国法认为是犯罪而习惯认为不是犯罪的（诸如刀耕火种、依俗狩猎、大义灭亲、拘禁小偷、打死奸夫此类），民族自治机关应当根据案件性质和危害程度在自治条例或单行条例中对这些情形予以'除罪化'或'轻刑化'处置；如果习惯和国法都认为是犯罪，但前者所预期之刑期比后者要轻的，民族自治机关应当在自治条例或单行条例中对这些情形予以'轻刑化'处置。"② 笔者同意司法援引少数民族习俗性规范的观点，但还想补充一点，那就是少数民族地区应该充分利用国家在少数民族地区实行的"两少一宽"刑事政策和全国实行的"宽严相济"刑事政策，根据刑法第九十条的授权尽快制定出符合少数民族特色和少数民族习俗的刑事变通规定，以缓解国家法与少数民族习俗性规范的冲突，在维护国家法制统一的前提下保障少数民族地区群众的法律权利。

并不是所有的少数民族习俗性规范都可以进入民事司法和刑事司法，少数民族习俗性规范进入司法必须达到一定的规范要求和经过一定的识别程序。所谓少数民族习俗性规范必须具备的规范要求，指进入司法的少数民族习俗性规范要具备一定的标准。笔者认为，进入司法的少数民族习俗性规范应符合四个方面的标准：1. 现行有效，用埃利希的说法就是"活法"，是现存的、长期持续适用的习俗，历史上的习俗不能进入司法，偶尔适用的习俗也不能进入司法；2. 共同适用，同一族群内部共同适用或不同族群共同适用的习俗，同一民族内部亚群体或不同族群适用的不同习俗不能进入解决他们之间纠纷的司法领域；3. 符合良善标准，根据世界各国的惯例，进入司法领域的习俗应是能够促进共同体内部团结、形成秩序的善良风俗，如盟誓、赌咒③、大义灭亲、拘禁小偷、打

---

① 苏永生. 正义的妥协：民族法文化视域的刑法思考 [M]. 北京：法律出版社，2009.
② 李可. 习惯如何进入国法：对当代中国习惯处置理念之追问 [J]. 清华法学，2012，6 (2)：136-153.
③ 历史上，藏族民众在遇到是非不明的情况下，往往通过盟誓、赌咒等形式的神判来决断是非，清代制定的《番例》六十八条中有十二条涉及盟誓、赌咒，由此可见清朝对其予以认可了。现代立法当然不能认可这种非理性的裁判是非的做法，但是因为少数民族地区群众证据意识薄弱，不能妥善保存证据，作为权宜之计，笔者主张国家司法不参与他们自行举行的神判，但可以设置程序把神判证据转化为司法证据。

死奸夫等；4. 进入司法的习俗应与国家法的禁止性规定或国家法的变通规定不发生冲突，也就是说进入司法领域的习俗必须是国家法律法规未做规定的事项，至少不得违背国家法律法规的禁止性规定或国家法的变通规定。

所谓少数民族习俗性规范的司法识别，指当事人证明少数民族习俗性规范和法官确认少数民族习俗性规范，并适用少数民族习俗性规范的过程。当事人可以主动启动少数民族习俗性规范的司法识别，法官也可以依职权启动少数民族习俗性规范的司法识别。当事人主动启动司法识别时，当事人要负担证明的责任。中国台湾地区对习惯引入民事诉讼中的证明责任作出了规定，即"习惯法之成立，以习惯事实为基础，故主张习惯法则，以为攻击防御方法者，自应依主张事实之通例，负举证责任。如不能举出确切可信之凭证，以为证明，自不能认为有此习惯之存在"①。由此可见，中国台湾把民事审判中的习俗性规范视作法律事实一样的存在，遵循谁主张谁举证的民事责任通则，中国台湾的做法可供参考。刑事诉讼中，引入习俗性规范应由谁举证，到目前为止，还未查阅到相关的法律规定，但有研究者提出要根据"习惯法"（即本书所谓的习俗性规范）所扮演的功能和角色来定，若习惯法的调查和查明成为行为构成要件，公诉方应承担证明责任；若习惯法作为一种阻却行为人行为违法犯罪或量刑从轻减轻的理由，应当由被告人承担证明责任。②

当然，在司法审判中，法官也可以根据职权主义启动习俗性规范的司法识别程序，法官可以根据自己的知识储备、以前的案例或通过其他方式主动查明少数民族习俗性规范的存在，将其引入判决中。但现实中的问题往往是当事人证明了少数民族习俗性规范的存在，法官却无法进行确认，即法官因为不了解少数民族习俗性规范，无法对主张者提出的习俗性规范和反对者的异议加以判断。例如，凉山彝族地区法院实行的"德古"任陪审员的方式，可能有助于问题的解决，法院聘请熟悉彝族节威的"德古"当人民陪审员，涉及少数民族习俗性规范的判断就提交给"德古"，由他们来判断该习俗性规范是否存在。英国历史上也有类似的做法，"法官可以召集12名有知识的人，要求他们通过一位发言人来报告某一特定的习惯或某些习惯是否存在"③。揆诸中国台湾地区的

---

① 王泽鉴. 民法总则 [M]. 北京：中国政法大学出版社，2001：57.
② 杜宇. 重拾一种被放逐的知识传统：刑法视域中"习惯法"的初步考察 [M]. 北京：北京大学出版社，2005：249-250.
③ 哈罗德·J. 伯尔曼. 法律与革命：西方法律传统的形成 [M]. 贺卫方，高鸿钧，张志铭，等译. 北京：中国大百科全书出版社，1993：570.

"法律"规定和英国的做法，它们实际上是把习俗性规范视作事实一类的东西，由当事人和陪审员分别承担证明的责任和辨别真伪。凉山彝族地区法院聘请"德古"任人民陪审员的做法值得推广。另外，民族自治地方的法院还可以通过编辑民族疑难案例汇编来解决法官不熟悉少数民族习俗性规范的问题。

通过立法吸收和司法援引少数民族习俗性规范的过程是少数民族习俗性规范现代化的过程，是识别和评价少数民族习俗性规范的过程，是保留少数民族优良风俗习惯的过程，是淘汰废除少数民族落后、不良风俗习惯的过程，是将少数民族群众的行为纳入国家法制轨道的过程，也是建构法律的国家认同的过程，还是增强国家法律凝聚力的过程。

（三）纳入村规民约的进路

立法吸收和司法援引只是解决了少数民族习俗性规范中那些具有民族普遍性和共同性的习俗性规范，进入国家地方立法和司法从而实现其现代化的问题，还有大量的少数民族内部局部适用的习俗性规范的现代化问题没有解决。

正如沈家本所言的"然所谓习惯，有一般习惯与局地习惯之不同"①，由于少数民族地区交通不便利、封闭落后、习俗的不成文等原因，少数民族自治地方内部的习俗性规范也有很大差异。《十六法典》的制定者贝色认为，当时西藏最大的问题就是"一条沟有一条沟的法律"，今天这种情况也没多大改观。笔者在藏族聚居区调查发现，一山有一山的习俗，一湾有一湾的习俗，一沟有一沟的习俗。根据其他研究者的调查报告，其他民族也存在差异很大的习俗性规范。千差万别、零散不成系统是少数民族习俗性规范的显著特征，这些零散的、千差万别的少数民族习俗性规范可以采用将其整合进村规民约的方式来实现其现代化。

民族地区的乡村是少数民族基层群众居住的地方，在那里少数民族习俗性规范保存完好，适用最多。乡村是少数民族习俗性规范适用的主要场所，也是改造少数民族习俗性规范，实现其现代化的主要阵地。1998年制定的《中华人民共和国村民委员会组织法》第二十条规定："村民会议可以制定和修改村民自治章程、村规民约。"由此可见，村规民约是基层自治组织集体制定的，进行自我约束、自我管理，并自觉自愿履行的民间公约。

我国的一些少数民族有制定村规民约的历史传统，如苗族的埋岩议榔、瑶

---

① 张生. 清末民事习惯调查与《大清民律草案》的编纂[J]. 法学研究，2007（1）：125-134.

族的立石牌等。藏族在历史上，也有制定村规民约等习俗性规范的传统，但往往是由老人口口相传，不立文字。例如，四川省阿坝藏族羌族自治州若尔盖县求吉乡嘎哇村，在明朝末年就有不成文的类似今日乡（村）规民约的民间约定，嘎哇村以前的村规民约中保留了一些旧的风俗习惯：如草场纠纷每户要派人参加巡逻队，不派人的要罚钱，一人一天20元；"打狗"后，若女子怀孕产子，根据孩子的相貌确定生父；男孩到18岁要去临近部落抢劫一头牛回来，以表明成年；等等。这些风俗习惯明显与现代社会格格不入，因此嘎哇村新通过的村规民约就废除了这些风俗。嘎哇村新村规民约也存在一些问题：如政府的色彩较浓，削弱了村民自治权；对赌博、吸毒等行为规定罚款，超越了法律的授权，而且有以罚代法的嫌疑；一些规定操作性不强，流于形式；基本上没有民族特色，未能把藏族一些好的习俗性规范吸收进来。

嘎哇村新村规民约中存在的问题，在少数民族地区村规民约中具有普遍性。这些村规民约大都千篇一律，没有针对性，究其根本原因是没有认识到村规民约是村民群众自我教育、自我管理、自我约束的行为规范，未能充分发掘本地那些促进人们团结和规范社会秩序的习俗性规范。因此，村规民约的制定未能充分发挥以少数民族的习俗、宗教、文化为基层自治和社会治理服务的功能，而是简单地把国家法律条文用民族语言重新表达出来。

党的十八届四中全会通过的《中共中央关于推进全面依法治国若干重大的决定》明确提出"坚持依法治国和以德治国相结合"，党的十九大报告也指出要"构建乡村治理新体系，要完善自治、法治与德治体系"，这给少数民族地区优良的习俗性规范进入基层治理提供了政策依据。少数民族地区优良的习俗性规范必定能起到在少数民族地区"培育社会公德、职业道德、家庭美德、个人品德"的作用，从而滋养少数民族地区的法治精神，对其法治文化建设起到支撑作用，为了强化少数民族地区群众规范意识观念和发挥善良风俗对法治观念的滋养作用，应把少数民族地区优良的习俗性规范立进村规民约，将其规范化。

少数民族习俗性规范在民族地区已经存在了很长时间，有些甚至绵延上千年，具有很强的稳定性，民众对它非常熟悉，而且遵从它是出于内在的信念，而非外在的强制，如古罗马法学家赫尔莫杰尼安（Hermogenianus）所说"那些由长期习惯确认了的并且被长年遵守的东西，同写成文字的法一样，被作为公民间的默认协议"①。所以,今天的乡村治理中,若能好好利用习俗,则能事半功倍。2012年7月举行望果节的时候,西藏自治区山南市扎囊县桑耶寺村的两委会组织本村的赌博人员参加煨桑祈祷仪式,向诸佛、高僧大德和信教群众保证不再参与赌博,这样做效果很好,此后桑耶寺村几乎没有人再参与赌博。

乡村是中国社会的最基层,是国家法和习俗性规范交融的地方,正如党的十九大报告指出的那样,现在的乡村治理当然不能仅仅靠德治和自治,还要依靠法治,国家法要进入乡村治理中,为德治和自治保驾护航,为良善习俗性规范的实行提供法治保障,因此好的村规民约应该把国家法与良善的习俗性规范有机结合起来。

(四) 融入各类调解的进路

少数民族习俗性规范生长并长期适用于少数民族地区基层社会,而其适用方式主要是调解,所以少数民族习俗性规范与调解有着天然的亲和力。在国家司法进入少数民族地区之前,民族地区的刑事、民事纠纷在大多数少数民族中均是以调解结案的,部分民族虽然也建立有司法机构,但这些地区的大多数案件仍然由当地司法机关调解结案。调解作为一种少数民族地区传统的纠纷解决方式,对今天的司法仍然有很大影响,最近十多年,笔者在彝族地区和藏族地区法院的调查中发现,大多数案件均是调解结案,例如2007年7月,笔者在西藏自治区昌都市类乌齐县人民法院民事审判庭调查时,一位法官告诉笔者调解结案的情况占到所有民事案件的95%。

少数民族地区的调解方式种类繁多,有当事人之间的和解、民间调解、群团组织组织的调解、政府组织的调解和司法调解等。在少数民族传统中,自行和解和民间调解最多。藏族人信奉"口伤口养"的处理方式,所以在藏族地区,自行和解占很大比重,自行和解不成,私人报仇或家族、部落参与的械斗就成为解决纠纷的主要方式。民间调解在少数民族传统中也相当盛行,组织者往往由德高望重、客观公允、经验丰富的老年人充任,如景颇族的"寨老";在一些少数民族中还发展出专门化、职业化的阶层,如彝族的"德古";在藏族中组织调解的一般是活佛、喇嘛或部落头人等具有宗教权威或世俗权力的人。

由于调解在少数民族地区影响大,所以今天调解组织仍然相当发达。传统的调解者在现代的各类调解中仍然活跃。在凉山彝族自治州,"德古"仍然活跃

---

① 桑德罗·斯奇巴尼. 民法大全选译:正义和法 [M]. 黄风,译. 北京:中国政法大学出版社,1992:63-64.

在民间调解中,在政府调解和司法调解中也能看到"德古"的身影。在藏族地区的各类调解组织,如村调解委员会、乡调解委员会、县调解委员会等组织的政府调解和法院或检察院组织的司法调解中,均能看到活佛的身影。因宗教的势力很大,有时甚至寺院管委会也出现在调解中。2014 年,甘肃省甘南藏族自治州玛曲县发生的加央次××伤人致死案,在曼日玛夏秀寺院管理委员会的主持下,双方家属在案件进入审判前已经完成赔偿并签订协议;2015 年,四川省甘孜藏族自治州发生的根秋××故意伤人致死案,该案进入审判前,民事赔偿协议已经在仲学寺管委会的主持下完成赔偿并签订谅解书。传统的调解者参与少数民族地区案件的调解有助于纠纷的积极解决,但也会产生一些负面影响,如违背国家法律、政策等。

根据 2009 年最高人民法院颁布的《最高人民法院关于建立健全诉讼与非诉讼相衔接的矛盾纠纷解决机制的若干意见》第十七项规定:"有关组织调解案件时,在不违反法律、行政法规强制性规定的前提下,可以参考行业惯例、村规民约、社区公约和当地善良风俗等行为规范,引导当事人达成调解协议。"2011 年《中华人民共和国人民调解法》(以下简称"人民调解法")第三条第二款规定调解"不违背法律、法规和国家政策"。最高人民法院的规定与人民调解法的规定有些出入,但根据后法优于前法和二者制定者的位阶来看,应以人民调解法的规定为准。由此可见,调解中适用的少数民族习俗性规范必须是在国家法律或政策没有规定的情况下。这对调解人员的法律素质有更高要求,为此需要将传统的调解人员作为法律培训的对象和普法工作的重点。只有调解人员知法懂法,他们才能更好地利用良善的少数民族习俗性规范来解决纠纷。

# 结　语

少数民族地区法治社会建设关系到我国法治社会建设的未来，少数民族地区法治社会建设无论如何也不能回避少数民族习俗性规范。少数民族习俗性规范现代化能否顺利实现，决定少数民族地区法治社会建设的成功与否。

为此，首先，要把少数民族习俗性规范还原成具有少数民族特色的地方性社会规范，而不是与国家法律或地方法规相比具有平等地位的法律规范。少数民族习俗性规范虽然在少数民族地区存续了几百上千年，在少数民族的历史上曾起到建立社会秩序和维护社会稳定的类似法律的作用，但在近代以来的民族—国家的建构中，少数民族与汉族一起融入中华民族大家庭，少数民族习俗性规范和汉族习俗性规范一样，并不自然具有法律的性质，它们必须经过国家的认可才能成为国家法律或地方法规。

少数民族习俗性规范和汉族习俗性规范一样，可以成为国家法律或地方法规的法源，因此必须辩证地看待少数民族习俗性规范，认识到少数民族习俗性规范中精华与糟粕共存。按照其与国家法治精神的关系，可以把少数民族习俗性规范分为三个层次：第一个层次是与国家法治精神完全吻合的少数民族习俗性规范；第二个层次是虽然与国家法治精神不完全吻合，但能够形成秩序，促进民族团结和社会稳定的少数民族习俗性规范；第三个层次是与国家法治精神相背离的少数民族习俗性规范。对于第一个层次的少数民族习俗性规范，国家应该尽量利用其在少数民族社会中的影响，来让国家法律和地方法规生根发芽，使其成为培养现代法治理念的基础和起点。国家法作为外部植入少数民族地区的行为规范，不容易为文化教育比较落后的少数民族群众认同和接受，若能利用少数民族固有习俗性规范，则容易被接受。对于第二个层次的少数民族习俗性规范，因为体现了少数民族特色，是少数民族善良风俗的体现，国家不要过多干预，可以通过变通或补充立法的方式使其合法化，让其更充分地发挥作用。对于第三个层次的少数民族习俗性规范则要通过教育和法律宣传，帮助少数民族地区群众摒弃落后习俗。

其次，要认识到少数民族地区的法治现代化是我国法治现代化在少数民族地区的展开，因此它既与国家法治现代化有共性，又有少数民族地方的特色。少数民族地区的法治现代化是我国法治现代化的有机组成部分，它们应有共同的目标、方向和价值追求。但因历史的原因和少数民族独有的特点，少数民族地区法治现代化应具有自己的特色。少数民族地区法治现代化能否实现在很大程度上取决于少数民族习俗性规范的现代化，取决于少数民族习俗性规范在多大程度上能够接纳国家法制，也取决于国家法在多大程度上能够容忍少数民族习俗性规范。前者保证国家法制统一和建构超越族群的法律认同，法律制度将取代少数民族文化成为国家的凝聚力，各民族之所以凝聚成为一个民族国家是因为法律给不同民族的人提供了人们共同需要的秩序和公平正义；后者使具有少数民族特色的制度得以保留，获得少数民族群众的认可，强化该制度在少数民族地区的实施效果，从更深远的意义上来说提供了一种实现秩序的选择方式。

最后，少数民族习俗性规范现代化必须坚持国家的主导地位，坚持国家主导地位的根本即坚持国家法的中心地位。一方面，在少数民族习俗性规范现代化进程中必须以"一元多层次"为基本原则。在我国统一多民族国家的历史中，少数民族为中华民族贡献了法律智慧，少数民族对"汉法"的效仿，历代中央政府对少数民族地区的法律治理，以及各民族人口占总人口的比重严重不均，各民族"大杂居小聚居"的分布情况等现实国情无不表明"一元多层次"既能保证国家统一和法制完整，又能实现民族团结。另一方面，必须用国家法来统摄整合少数民族习俗性规范和把少数民族习俗性规范的适用纳入制度轨道上来。因此，国家法应该开放良善的少数民族习俗性规范进入国家立法和司法通道；同时，通过村规民约和人民调解制度吸收接纳良善的少数民族习俗性规范，全面实现良善的少数民族习俗性规范现代化，防止少数民族习俗性规范的异化与堕落。在国家法与少数民族习俗性规范的双向良性互动中，走出一条符合少数民族地区发展实际情况的法治社会建设道路。

# 参考文献

## 一、中文文献

### （一）古籍

[1] 十三经注疏·春秋左传正义［M］.左丘明，传，杜预，注，孔颖达，疏.北京：北京大学出版社，1999.

[2] 吕不韦.吕氏春秋新校释［M］.陈奇猷，校释.上海：上海古籍出版社，2002.

[3] 十三经注疏·尚书正义［M］.孔安国，传，孔颖达，疏.北京：北京大学出版社，1999.

[4] 十三经注疏·礼记正义［M］.郑玄，注，孔颖达，疏.北京：北京大学出版社，1999.

[5] 十三经注疏·毛诗正义［M］.毛亨，传，郑玄，笺，孔颖达，疏.北京：北京大学出版社，1999.

[6] 司马迁.史记［M］.北京：中华书局，1963.

[7] 班固.汉书［M］.北京：中华书局，1964.

[8] 魏收.魏书［M］.北京：中华书局，1974.

[9] 萧子显.南齐书［M］.北京：中华书局，1972.

[10] 李筌.神机制敌太白阴经［M］.海口：海南国际新闻出版中心，1995.

[11] 皮日休.皮子文薮［M］.上海：上海古籍出版社，1981.

[12] 房玄龄，等.晋书［M］.北京：中华书局，1974.

[13] 欧阳修，宋祁.新唐书［M］.北京：中华书局，1975.

[14] 刘昫，等.旧唐书［M］.北京：中华书局，1975.

[15] 徐梦莘. 三朝北盟会编 [M]. 上海：上海人民出版社，2006.

[16] 脱脱，等. 金史 [M]. 北京：中华书局，1975.

[17] 脱脱，等. 辽史 [M]. 北京：中华书局，1974.

[18] 脱脱，等. 宋史 [M]. 北京：中华书局，1977.

[19] 李焘. 续资治通鉴长编 [M]. 北京：中华书局，2004.

[20] 宗喀巴. 菩提道次第广论 [M]. 索达吉堪布，译. 色达：四川色达县喇荣五明佛学院，1998.

[21] 宋濂，等. 元史 [M]. 北京：中华书局，1976.

[22] 清实录 [M]. 北京：中华书局，1985.

[23] 余庆远. 维西见闻录 [M] // 王锡祺. 小方壶斋舆地丛钞：第8帙. 杭州：西泠印社出版社，2004.

[24] 徐松. 宋会要辑稿 [M]. 北京：中华书局，1957.

[25] 昭梿. 啸亭杂录 [M]. 何英芳，点校. 北京：中华书局，1980.

[26] 松森，等. 钦定理藩部则例·西藏通制 [M]. 北京：全国图书馆文献缩微复制中心，1992.

[27] 王先谦. 荀子集解 [M]. 沈啸寰，王星贤，点校. 北京：中华书局，1988.

[28] 赵尔巽，等. 清史稿 [M]. 北京：中华书局，1977.

（二）著作

[1] 柏尔. 西藏志 [M]. 董之学，付勤家，编译. 上海：商务印书馆，1936.

[2] 云南调查组. 云南西盟佤族的社会经济情况和社会主义改造中的一些问题 [M] //民族研究工作的跃进. 北京：科学出版社，1958.

[3] 王尧. 敦煌古藏文历史文书 [M]. 西宁：青海民族学院，1979.

[4] 田继周，罗之基. 西盟佤族社会形态 [M]. 昆明：云南人民出版社，1980.

[5] 韦清风，冯小舟，等. 凉山变革资料选编（内部资料）[M]. 北京：中国社会科学院民族理论研究室，1981.

[6] 罗振玉. 天聪朝臣工奏议 [M] //清初史料丛刊第四种. 沈阳：辽宁大学历史系翻印，1980.

[7] 王尧. 吐蕃金石录 [M]. 北京：文物出版社，1982.

[8] 王辅仁. 西藏佛教史略 [M]. 西宁：青海人民出版社，1982.

[9] 土观·洛桑却季尼玛. 土观宗派源流史（藏文版）[M]. 刘立千，译. 拉萨：人民出版社，1984.

[10] 中国科学院青藏高原综合考察队. 西藏气候 [M]. 北京：科学出版社，1984.

[11] 中国大百科全书总编辑委员会《法学》编辑委员会，中国大百科全书出版社编辑部. 中国大百科全书·法学卷 [M]. 北京：中国大百科全书出版社，1984.

[12] 北京大学法律系法学理论教研室. 法学基础理论 [M]. 北京：北京大学出版社，1984.

[13] 廓诺·迅鲁伯. 青史 [M]. 郭和卿，译. 拉萨：西藏人民出版社，1985.

[14] 云南省编辑组. 景颇族社会历史调查 [M]. 昆明：云南人民出版社，1985.

[15]《法学辞典》编辑委员会. 法学辞典 [M]. 上海：上海辞书出版社，1986.

[16] 中国大百科全书总编辑委员会《民族》编辑委员会，中国大百科全书出版社编辑部. 中国大百科全书·民族卷 [M]. 北京：中国大百科全书出版社，1986.

[17] 王尧，陈践. 吐蕃简牍综录 [M]. 北京：文物出版社，1985.

[18] 徐杰舜，彭英明. 民族新论 [M]. 南宁：广西人民出版社，1987.

[19] 孙国华. 法学基础理论 [M]. 北京：法律出版社，1987.

[20] 程树德. 九朝律考 [M]. 北京：中华书局，1988.

[21] 沈宗灵. 法学基础理论（新编本）[M]. 北京：北京大学出版社，1988.

[22] 西藏社会历史调查资料丛刊编辑部. 藏族社会历史调查 [M]. 拉萨：西藏人民出版社，1987.

[23] 费孝通. 民族研究文集 [M]. 北京：民族出版社，1988.

[24] 梁启超. 饮冰室合集：文集第十三册 [M]. 北京：中华书局，1989.

[25] 费孝通. 中华民族多元一体格局 [M]. 北京：中央民族大学出版社，1989.

[26] 大司徒·绛求坚赞. 朗氏家族史 [M]. 赞拉·阿旺，佘万治，译. 拉

萨：西藏人民出版社，1989.

[27] 中央档案馆. 中共中央文件选集：第1册［M］. 北京：中共中央党校出版社，1989.

[28] 睡虎地秦墓竹简整理小组. 睡虎地秦墓竹简［M］. 北京：文物出版社，1990.

[29] 中共中央统战部. 民族问题文献汇编［M］. 北京：中共中央党校出版社，1991.

[30] 彭英明，徐杰舜. 从原始群到民族：人们共同体通论［M］. 南宁：广西人民出版社，1991.

[31] 施嘉明. 难忘的历程：开辟凉山彝族地区工作的回忆录［M］. 成都：四川民族出版社，1992.

[32] 黎宗华，李延恺. 安多藏族史略［M］. 西宁：青海民族出版社，1992.

[33] 刘黎明. 契约·神裁·打赌：中国民间习惯法习俗［M］. 成都：四川人民出版社，1993.

[34] 张济民. 青海藏区部落习惯法资料集［M］. 西宁：青海人民出版社，1993.

[35] 罗荣渠. 现代化新论［M］. 北京：北京大学出版社，1993.

[36] 刘广安. 清代民族立法研究［M］. 北京：中国政法大学出版社，1993.

[37] 中国藏学研究中心，中国第一历史档案馆，中国第二历史档案馆，等. 元以来西藏地方占中央政府关系档案史料汇编［M］. 北京：中国藏学出版社，1994.

[38] 吴丰培. 清代藏事奏牍［M］. 赵慎应，校对. 北京：中国藏学出版社，1996.

[39] 洲塔. 甘肃藏族部落的社会与历史研究［M］. 兰州：甘肃人民出版社，1996.

[40] 金炳镐. 民族理论通论［M］. 北京：中央民族大学出版社，1994.

[41] 山南民间文学三套集成总编委会，山南地区民族文化遗产抢救领导小组办公室. 山南民间谚语集成［M］. 拉萨：西藏人民出版社，1994.

[42] 李涛，李兴友. 嘉绒藏族研究资料丛编［M］. 成都：四川藏学研究所，1995.

[43] 崔丹. 嘉绒藏族史志 [M]. 北京：民族出版社, 1995.

[44] 徐晓光. 清代蒙藏地区法制研究 [M]. 成都：四川民族出版社, 1996.

[45] 班班多杰. 拈花微笑 [M]. 西宁：青海人民出版社, 1996.

[46] 云南省德宏景颇族自治州史志编写办公室. 德宏史志资料：第十八集 [M]. 芒市：德宏民族出版社, 1996.

[47] 陈光国. 青海藏族史 [M]. 西宁：青海民族出版社, 1997.

[48] 王铭铭, 王斯福. 乡土社会的秩序、公正与权威 [M]. 北京：中国政法大学出版社, 1997.

[49] 梁治平. 寻求自然秩序中的和谐：中国传统法律文化研究 [M]. 北京：中国政法大学出版社, 1997.

[50] 黄维忠. 佛光西渐：藏传佛教大趋势 [M]. 西宁：青海人民出版社, 1997.

[51] 郭良鋆. 佛陀和原始佛教思想 [M]. 北京：中国社会科学出版社, 1997.

[52] 王筑生. 人类学与西南民族 [M]. 昆明：云南大学出版社, 1998.

[53] 王铭铭. 想象中的异邦：社会与文化人类学散论 [M]. 上海：上海人民出版社, 1998.

[54] 黄宗智. 民事审判与民间调解：清代的表达与实践 [M]. 北京：中国社会科学出版社, 1998.

[55] 梁漱溟. 东西方文化及其哲学 [M]. 北京：商务印书馆, 1999.

[56] 费孝通. 乡土中国·生育制度 [M]. 北京：法律出版社, 1999.

[57] 梁治平. 清代习惯法：社会与国家 [M]. 北京：中国政法大学出版社, 1996.

[58] 中共广西壮族自治区委员会党史研究室. 中国共产党与少数民族人民的解放斗争 [M]. 北京：中共党史出版社, 1999.

[59] 牙含章. 达赖喇嘛传 [M]. 北京：华文出版社, 2000.

[60] 刘立千. 印藏佛教史 [M]. 北京：民族出版社, 2000.

[61] 洲塔. 吐蕃法律流变研究 [M]. 兰州：甘肃人民出版社, 2000.

[62] 星全成, 马连龙. 藏族社会制度研究 [M]. 西宁：青海民族出版社, 2000.

[63] 娄云生. 雪域高原的法律变迁 [M]. 拉萨：西藏人民出版社, 2000.

［64］张冠梓. 论法的成长：来自中国南方山地法律民族志的诠释［M］. 北京：社会科学文献出版社，2002.

［65］俞荣根. 羌族习惯法［M］. 重庆：重庆出版社，2000.

［66］五世达赖喇嘛. 西藏王臣记［M］. 刘立千，译注. 北京：民族出版社，2000.

［67］马戎. 民族与社会发展［M］. 北京：民族出版社，2001.

［68］黄茂荣. 法学方法与现代民法［M］. 北京：中国政法大学出版社，2001.

［69］王泽鉴. 民法总则［M］. 北京：中国政法大学出版社，2001.

［70］张仁善. 礼·法·社会：清代法律转型与社会变迁［M］. 天津：天津古籍出版社，2001.

［71］刘作翔. 法律文化理论［M］. 北京：商务印书馆，2009.

［72］丹珠昂奔. 藏族文化发展史［M］. 兰州：甘肃教育出版社，2001.

［73］朱越利. 当代中国宗教禁忌［M］. 北京：民族出版社，2001.

［74］尕藏才旦. 史前社会与格萨尔时代［M］. 兰州：甘肃民族出版社，2001.

［75］徐晓光. 藏族法制史研究［M］. 北京：法律出版社，2001.

［76］次旺俊美. 西藏宗教与社会发展关系研究［M］. 拉萨：西藏人民出版社，2001.

［77］徐文明. 轮回的流转［M］. 北京：北京语言文化大学出版社，2001.

［78］马丽华. 灵魂像风［M］. 北京：中国社会科学出版社，2002.

［79］王成. 侵权损害赔偿的经济分析［M］. 北京：中国人民大学出版社，2002.

［80］孙中山. 三民主义［M］. 长沙：岳麓书社，2000.

［81］陈庆英. 藏族部落制度研究［M］. 北京：中国藏学出版社，2002.

［82］张济民. 寻根理枝藏族部落习惯法通论［M］. 西宁：青海人民出版社，2002.

［83］张济民. 诸说求真：藏族部落习惯法专论［M］. 西宁：青海人民出版社，2002.

［84］南文渊. 高原藏族生态文化［M］. 兰州：甘肃民族出版社，2002.

［85］徐晓光. 中国少数民族法制史［M］. 贵阳：贵州民族出版社，2002.

［86］张羽新. 清代治藏典章研究［M］. 北京：中国藏学出版社，2002.

[87] 高其才. 中国少数民族习惯法研究 [M]. 北京: 清华大学出版社, 2003.

[88] 尹伊君. 社会变迁的法律解释 [M]. 北京: 商务印书馆, 2003.

[89] 冉春桃, 蓝寿荣. 土家族习惯法研究 [M]. 北京: 民族出版社, 2003.

[90] 王志强. 法律多元视野下的清代国家法 [M]. 北京: 北京大学出版社, 2003.

[91] 苏力. 道路通向城市 [M]. 北京: 法律出版社, 2004.

[92] 恰白·次旦平措, 诺章·吴坚, 平措次仁. 西藏通史: 松石宝串 [M]. 陈庆英, 格桑益西, 何宗英, 等译. 拉萨: 西藏古籍出版社, 2004.

[93] 孙镇平. 清代西藏法制研究 [M]. 北京: 知识产权出版社, 2004.

[94] 杨士宏. 藏族传统法律文化研究 [M]. 兰州: 甘肃人民出版社, 2004.

[95] 李安宅. 藏族宗教史之实地研究 [M]. 上海: 上海人民出版社, 2005.

[96] 田成有. 乡土社会中的民间法 [M]. 北京: 法律出版社, 2005.

[97] 邓奕琦. 北朝法制研究 [M]. 北京: 中华书局, 2005.

[98] 李可. 习惯法: 一个正在发生的制度性事实 [M]. 长沙: 中南大学出版社, 2005.

[99] 杜宇. 重拾一种被放逐的知识传统: 刑法视域中的"习惯法"的初步考察 [M]. 北京: 北京大学出版社, 2005.

[100] 韦森. 经济学与哲学: 制度分析的哲学基础 [M]. 上海: 上海人民出版社, 2005.

[101] 冯天瑜, 何晓明, 周积明. 中华文化史 [M]. 上海: 上海人民出版社, 2005.

[102] 孙镇平, 王立艳. 民国时期西藏法制研究 [M]. 北京: 知识产权出版社, 2006.

[103] 吴仕民, 俸兰, 金炳镐. 中国民族理论新编 [M]. 北京: 中央民族大学出版社, 2006.

[104] 格勒. 藏族早期历史与文化 [M]. 北京: 商务印书馆, 2006.

[105] 李星星. 蟹螺藏族: 民族学田野调查及研究 [M]. 北京: 民族出版社, 2007.

[106] 范愉. 纠纷解决的理论与实践 [M]. 北京: 清华大学出版社, 2007.

[107] 才让. 吐蕃史稿 [M]. 兰州: 甘肃人民出版社, 2007.

[108] 陈金全, 巴且日火. 凉山彝族习惯法调查报告 [M]. 北京: 人民出版社, 2008.

[109] 张镭. 论习惯与法律: 两种规则体系及其关系研究 [M]. 南京: 南京师范大学出版社, 2008.

[110] 罗康智, 罗康隆. 传统文化中的生计策略: 以侗族为案例 [M]. 北京: 民族出版社, 2009.

[111] 苏永生. 正义的妥协: 民族法文化视域的刑法思考 [M]. 北京: 法律出版社, 2009.

[112] 甘措. 藏族法律文化 [M]. 西宁: 青海人民出版社, 2009.

[113] 刘旺洪. 比较法制现代化研究 [M]. 北京: 法律出版社, 2009.

[114] 四川省编写组《中国少数民族社会历史调查资料丛刊》编辑委员会. 四川彝族社会历史调查资料档案资料选编 [R]. 北京: 民族出版社, 2009.

[115] 华热·多杰. 藏族古代法新论 [M]. 北京: 中国政法大学出版社, 2010.

[116] 李鸣. 新中国民族法制史论 [M]. 北京: 九州出版社, 2010.

[117] 钱穆. 文化学大义 [M]. 北京: 九州出版社, 2012.

[118] 牛绿花. 藏族盟誓研究 [M]. 北京: 中国社会科学出版社, 2011.

[119] 白京兰. 一体与多元: 清代新疆法律研究 (1759—1911年) [M]. 北京: 中国政法大学出版社, 2013.

[120] 吕志祥. 藏族习惯法及其转型研究 [M]. 北京: 中央民族大学出版社, 2014.

[121] 淡乐蓉. 藏族"赔命价"习惯法研究 [M]. 北京: 中国政法大学出版社, 2014.

[122] 赵天宝. 景颇族习惯规范研究 [M]. 北京: 民族出版社, 2014.

[123] 杨日然. 法理学 [M]. 台北: 三民书局, 2005.

[124] 周世中, 等. 民族习惯法在西南民族地区司法审判中的适用研究 [M]. 北京: 法律出版社, 2015.

[125] 胡兴东. 中国少数民族法律史纲要 [M]. 北京: 中国社会科学出版社, 2015.

[126] 喜饶尼玛, 周润年, 韩觉贤. 藏族传统法律研究论辑 [M]. 北京:

中央民族大学出版社，2015.

［127］马戎."中华民族是一个"：围绕1939年这一议题的大讨论［M］.北京：社会科学文献出版社，2016.

［128］于熠.西夏法制的多元文化属性：地理和民族特性影响初探［M］.北京：中国政法大学出版社，2016.

［129］张殿军.民族自治地方法律变通研究［M］.北京：人民出版社，2016.

（三）译作

［1］中共中央马克思恩格斯列宁斯大林著作编译局.马克思恩格斯全集：第4卷［M］.北京：人民出版社，1958.

［2］中共中央马克思恩格斯列宁斯大林著作编译局.马克思恩格斯全集：第16卷［M］.北京：人民出版社，1964.

［3］中共中央马克思恩格斯列宁斯大林著作编译局.马克思恩格斯全集：第19卷［M］.北京：人民出版社，1963.

［4］中共中央马克思恩格斯列宁斯大林著作编译局.马克思恩格斯全集：第23卷［M］.北京：人民出版社，1972.

［5］中共中央马克思恩格斯列宁斯大林著作编译局.马克思恩格斯全集：第46卷［M］.北京：人民出版社，1979.

［6］中共中央马克思恩格斯列宁斯大林著作编译局.马克思恩格斯选集：第1卷［M］.北京：人民出版社，1972.

［7］中共中央马克思恩格斯列宁斯大林著作编译局.马克思恩格斯选集：第2卷［M］.北京：人民出版社，1972.

［8］中共中央马克思恩格斯列宁斯大林著作编译局.马克思恩格斯选集：第3卷［M］.北京：人民出版社，1972

［9］中共中央马克思恩格斯列宁斯大林著作编译局.马克思恩格斯选集：第4卷［M］.北京：人民出版社，1972.

［10］马克思.资本主义生产以前各形态［M］.日知，译.北京：人民出版社，1956.

［11］恩格斯.家庭、私有制和国家的起源［M］.中共中央马克思恩格斯列宁斯大林著作编译局，译.北京：人民大学出版社，1986.

［12］中共中央马克思恩格斯列宁斯大林著作编译局.列宁全集：第7卷［M］.北京：人民出版社，1959.

[13] 中共中央马克思恩格斯列宁斯大林著作编译局. 列宁全集：第 20 卷 [M]. 北京：人民出版社，1958.

[14] 中共中央马克思恩格斯列宁斯大林著作编译局. 列宁选集：第 4 卷 [M]. 北京：人民出版社，1995.

[15] 中共中央马克思恩格斯列宁斯大林著作编译局. 斯大林全集：第 2 卷 [M]. 北京：人民出版社，1953.

[16] 中共中央马克思恩格斯列宁斯大林著作编译局. 斯大林全集：第 5 卷 [M]. 北京：人民出版社，1957.

[17] 斯大林. 民族问题和列宁主义（答梅仕科夫、科瓦里楚克及其他同志）[M] // 中国社会科学院民族学与人类学研究所民族理论室. 马克思主义经典作家民族问题文选·斯大林卷. 北京：社会科学文献出版社，2013.

[18] 米拉格利亚. 比较法哲学 [M]. 朱敏章，等译. 长沙：商务印书馆，1940.

[19] 梅因. 古代法 [M]. 沈景一，译. 北京：商务印书馆，1961.

[20] 孟德斯鸠. 论法的精神 [M]. 张雁深，译. 北京：商务印书馆，1982.

[21] 西里尔·E. 布莱克，等. 日本和俄国的现代化：一份进行比较的研究报告 [M]. 周师铭，等译. 北京：商务印书馆，1984.

[22] 罗斯科·庞德. 通过法律的社会控制：法律的任务 [M]. 沈宗灵，董世忠，译. 北京：商务印书馆，1984.

[23] 路德维希·费尔巴哈. 费尔巴哈哲学著作选集 [M]. 荣震华，李金山，等译. 北京：商务印书馆，1984.

[24] H. 李凯尔特. 文化科学和自然科学 [M]. 涂纪亮，译. 北京：商务印书馆，1986.

[25] 富永健一. 现代化理论与中国社会的现代化 [J]. 严立贤，译. 国外社会科学，1986.

[26] 亨利·莱维·布律尔. 法律社会学 [M]. 许钧，译. 上海：上海人民出版社，1987.

[27] 巴伯若·尼姆里·阿吉兹. 藏边人家：关于三代定日人的真实记述 [M]. 翟胜德，译. 拉萨：西藏人民出版社，1987.

[28] B. 米勒. 西藏的妇女地位·国外藏学研究译文集：第三辑 [M]. 吕才，译. 拉萨：西藏人民出版社，1987.

[29] 尹恩·罗伯逊. 现代西方社会学 [M]. 赵明华，译. 郑州：河南人民

233

出版社，1988.

[30] C. E. 布莱克. 现代化的动力 [M]. 段小光，译. 成都：四川人民出版社，1988.

[31] 伯尔曼. 法律与宗教 [M]. 梁治平，译. 上海：上海三联书店，1991.

[32] E. 霍贝尔. 原始人的法 [M]. 严存生，译. 贵阳：贵州人民出版社，1992.

[33] 桑德罗·斯奇巴尼. 民法大全选译：正义和法 [M]. 黄风，译. 北京：中国政法大学出版社，1992.

[34] E. A. 霍贝尔. 初民的法律 [M]. 周勇，译. 北京：中国社会科学出版社，1993.

[35] 克利福德·格尔兹. 地方性知识：事实与法律的比较透视 [M] // 梁治平. 法律的文化解释. 上海：上海三联书店，1994.

[36] 哈特. 法律的概念 [M]. 张文显，郑成良，杜景义，等译. 北京：中国大百科全书出版社，1996.

[37] 马克斯·韦伯. 儒教与道教 [M]. 洪天富，译. 南京：江苏人民出版社，1995.

[38] 詹姆斯·奥康内尔. 现代化的概念 [M] // 西里尔·E. 布莱克. 比较现代化. 杨豫，陈祖洲，译. 上海：上海译文出版社，1996.

[39] 哈罗德·J. 伯尔曼. 法律与革命：西方法律传统的形成 [M]. 贺卫方，高鸿钧，张志铭，等译. 北京：中国大百科全书出版社，1996.

[40] 千叶正士. 法律多元：从日本法律文化迈向一般理论 [M]. 强世功，等译. 北京：中国政法大学出版社，1997.

[41] 马克斯·韦伯. 论经济与社会中的法律 [M]. 张乃根，译. 北京：中国大百科全书出版社，1998.

[42] 石泰安. 西藏的文明 [M]. 耿昇，译. 北京：中国藏学出版社，1999.

[43] S. 斯普林克尔. 清代法制导论：从社会学角度加以分析 [M]. 张守东，译. 北京：中国政法大学出版社，2000.

[44] 弗里德利希·冯·哈耶克. 法律、立法与自由：第一卷 [M]. 邓正来，张守东，李静冰，译. 北京：中国大百科全书出版社，2000.

[45] 埃米尔·迪尔凯姆. 迪尔凯姆论宗教 [C]. 周秋良，译. 北京：华夏出版社，2000.

[46] 汤浅道南，小池正行，大塚滋. 法人类学基础 [M]. 徐晓光，周相

卿, 译. 中国香港: 华夏文化艺术出版社, 2001.

[47] 弗里德里希·卡尔冯·萨维尼. 论立法与法学的当代使命[M]. 许章润, 译. 北京: 中国法制出版社, 2001.

[48] 塞缪尔·亨廷顿, 劳伦斯·哈里森. 文化的重要作用: 价值观如何影响人类进步[M]. 程克雄, 译. 北京: 新华出版社, 2002.

[49] 马林诺夫斯. 原始社会的犯罪与习俗[M]. 原江, 译. 昆明: 云南人民出版社, 2002.

[50] 爱德华·汤普森. 共有的习惯[M]. 沈汉, 王加丰, 译. 上海: 上海人民出版社, 2002.

[51] 马林诺夫斯基. 初民社会的犯罪与习俗[M]. 许章润, 译. 桂林: 广西师范大学出版社, 2003.

[52] 戴维·M. 沃克. 牛津法律大辞典[M]. 李双元, 等译. 北京: 法律出版社, 2003.

[53] 西美尔. 现代人与宗教[M]. 曹卫东, 译. 北京: 中国人民大学出版社, 2003.

[54] 克利福德·吉尔兹. 地方性知识: 阐释人类学论文集[M]. 王海龙, 张家瑄, 译. 北京: 中央编译出版社, 2004.

[55] E. 博登海默. 法理学: 法律哲学与法律方法[M]. 邓正来, 译. 北京: 中国政法大学出版社, 2004.

[56] 诺内特, 塞尔兹尼克. 转变中的法律与社会[M]. 张志铭, 译. 北京: 中国政法大学出版社, 2004.

[57] 马克斯·韦伯. 韦伯作品集Ⅲ: 支配社会学[M]. 康乐, 简惠美, 译. 桂林: 广西师范大学出版社, 2004.

[58] 马克斯·韦伯. 韦伯作品集Ⅸ: 法律社会学[M]. 康乐, 简惠美, 译. 桂林: 广西师范大学出版社, 2005.

[59] 吉尔伯特·罗兹曼. 中国的现代化[M]. 国家社科基金《比较现代化》课题组, 译. 南京: 江苏人民出版社, 2005.

[60] 罗维. 初民社会[M]. 吕叔湘, 译. 南京: 江苏教育出版社, 2006.

[61] 萨利·安格尔·梅丽. 诉讼的话语: 生活在美国社会底层人的法律意识[M]. 郭星华, 王晓蓓, 王平, 译. 北京: 北京大学出版社, 2007.

[62] 尤根·埃利希. 法律社会学基本原理[M]. 叶名怡, 袁震, 译. 北京: 九州出版社, 2007.

[63] 博温托·迪·苏萨·桑托斯. 迈向新法律常识：法律、全球化和解放 [M]. 刘坤轮, 叶传星, 译. 北京：中国人民大学出版社, 2009.

[64] 黑格尔. 世界史哲学演讲录（1822—1823）[M]. 刘立群, 沈真, 张东辉, 等译. 北京：商务印书馆, 2015.

[65] 毛泽东. 关于中华人民共和国宪法草案 [M] //毛泽东选集：第一卷. 北京：人民出版社, 1991.

[66] 林端. 法律人类学简介 [M] //林端. 儒家伦理与法律文化：社会学观点的探索. 北京：中国政法大学出版社, 2002.

[67] 吴倬. 宗教道德与世俗道德的融通与分殊 [M] //万秉祥, 罗俊人. 宗教与道德之关系. 北京：清华大学出版社, 2003.

[68] 达力扎布. 有关乾隆朝内府抄本《理藩院则例》[M] //达力扎布. 中国边疆民族研究：第四辑. 北京：中央民族大学出版社, 2011.

[69] 王勇. 西北国族与东南民主：中国区域政治发展非均衡的一个解释框架 [M] //朝阳法律评论. 北京：中国华侨出版社, 2013.

（四）期刊、论文

[1] 荣孟源. 关于斯大林的民族定义问题 [J]. 学习, 1950 (12).

[2] 林耀华. 关于"民族"一词的使用和译名的问题 [J]. 民族研究, 1963 (2).

[3] 敬东. 关于"民族"一词的概念问题 [J]. 民族研究, 1980 (4).

[4] 金天明, 王庆仁. "民族"一词在我国的出现及其使用问题 [J]. 社会科学辑刊, 1981 (4).

[5] J. M. 费里, 江小平. 宋经武. 现代化与协商一致 [J]. 国外社会科学, 1987 (6).

[6] 马寅. 关于民族定义的几个问题：民族的译名、形成、特征和对我国少数民族的称呼 [J]. 中央民族学院学报（哲学社会科学版）, 1983 (3).

[7] 王明甫. "民族"辨 [J]. 民族研究, 1983 (6).

[8] 金炳镐. 试论马克思主义民族定义的产生及其影响 [J]. 中央民族学院学报, 1984 (3).

[9] 杨堃. 论民族概念和民族分类的几个问题 [J]. 中国社会科学, 1984 (1).

[10] 安应民. 藏族族源新探 [J]. 西藏研究, 1984 (3).

[11] 仁青. 吐蕃法律初探 [J]. 西藏研究, 1983 (4).

[12] 王志刚. 试论清朝政府治理藏族地区的法律措施 [J]. 西北政法学院学报, 1984 (4).

[13] 韩锦春, 李毅夫. 汉文"民族"一词的出现及其初期使用情况 [J]. 民族研究, 1984 (2).

[14] 彭英明. 关于我国民族概念的初步历史考察：兼谈对斯大林民族定义的辩证理解 [J]. 民族研究, 1985 (2).

[15] 金炳镐. 有关民族定义的一些问题 [J]. 民族研究, 1985 (4).

[16] 蔡富有. 斯大林的нация定义新析 [J]. 中国社会科学, 1986 (1).

[17] 李振锡. 论斯大林民族定义的重新认识和修改 [J]. 民族研究, 1986 (5).

[18] 熊锡元. 对斯大林民族定义的一点看法 [J]. 民族研究, 1986 (4).

[19] 孙青. 对斯大林民族定义的再认识 [J]. 民族研究, 1986 (2).

[20] 金炳镐. 试论斯大林民族定义的特点 [J]. 广西民族研究, 1987 (1).

[21] 陈光国. 民主改革前的藏区法律规范述要 [J]. 中国社会科学, 1987 (6).

[22] 阮西湖. 关于民族概念的几个问题 [J]. 云南社会科学, 1987 (1).

[23] 何叔涛. 民族概念的含义与民族研究 [J]. 民族研究, 1988 (5).

[24] 郑秦. 清朝统治边疆少数民族区域的法律措施 [J]. 民族研究, 1988 (2).

[25] 阿旺. 吐蕃法律综述 [J]. 中国藏学, 1989 (3).

[26] 陈光国. 藏族习惯法与藏区社会主义精神文明建设 [J]. 现代法学, 1989 (5).

[27] 罗荣渠. 论现代化的世界进程 [J]. 中国社会科学, 1990 (5).

[28] 吴剑平. "赔命价"初析 [J]. 法律学习与研究, 1990 (2).

[29] 纳日碧力戈. 民族与民族概念辨正 [J]. 民族研究, 1990 (5).

[30] 辛西亚·M. 比尔, Melvyn C. 戈尔斯坦, 坚赞才旦. 西藏的兄弟共妻：社会生物学理论的试验 [J]. 西藏研究, 2015 (6).

[31] 周勇. 习惯法在中国法律体系中的历史地位 [J]. 上海社会科学院学术季刊, 1991 (4).

[32] 吴剑平. "吐蕃三律"试析 [J]. 民族研究, 1991 (3).

[33] 杨庆镇. 民族的概念和定义 [J]. 民族研究, 1990 (6).

[34] 吴剑平. 对藏族地区"赔命价"案件的认识和处理 [J]. 法律科学（西北政法学院学报），1992（4）.

[35] 陈克进. 关于"民族"定义的新思考 [J]. 云南社会科学，1992（1）.

[36] 史筠. 清王朝治理西藏的基本法律：《西藏通制》[J]. 民族研究，1992（2）.

[37] 苏钦.《理藩院则例》性质初探 [J]. 民族研究，1992（2）.

[38] 王维强. 吐蕃盟誓的形式演变及其作用 [J]. 中国藏学，1992（2）.

[39] 陈玮. 青海藏族游牧部落社会习惯法的调查 [J]. 中国藏学，1992（3）.

[40] 陈克进. 关于民族定义的新思考 [J]. 云南社会科学，1992（6）.

[41] 闵昊. 论民族的产生及民族概念 [J]. 黑龙江民族丛刊，1993（1）.

[42] 何叔涛. 略论民族定义及民族共同体的性质 [J]. 民族研究，1993（1）.

[43] 苏力. 法律规避与法律多元 [J]. 中外法学，1993（6）.

[44] 索瑞智. 关于"赔命价"与现行法律相协调的探讨 [J]. 青海民族研究，1993（1）.

[45] 田成有，阮凤斌. 中国农村习惯法初探 [J]. 民俗研究，1994（4）.

[46] 陈光国，徐晓光. 从中华法系的罚赎到藏区法制的赔命价的历史发展轨迹 [J]. 青海社会科学，1994（4）.

[47] 玉·秦措，华热·多杰. 浅议我省的草场纠纷及其解决办法 [J]. 青海民族学院学报（社会科学版），1994（3）.

[48] 朱愚. 试论我国的习惯法 [J]. 齐齐哈尔师范学院学报（哲学社会科学版），1994（1）.

[49] 吕世伦，姚建宗. 略论法制现代化的概念、模式和类型 [J]. 法制现代化研究，1995（0）.

[50] 王希恩. 民族认同与民族意识 [J]. 民族研究，1995（6）.

[51] 高其才. 论中国少数民族习惯法文化 [J]. 中国法学，1996（1）.

[52] 益邝. 色达部落习惯法述略 [J]. 中国藏学，1996（2）.

[53] 张达明. 论斯大林民族定义的历史地位、局限性及其修改问题 [J]. 东北师大学报，1996（5）.

[54] 华辛芝. 斯大林民族理论评析 [J]. 世界民族，1996（4）.

[55] 夏锦文. 论法制现代化的多样化模式 [J]. 法学研究, 1997 (6).

[56] 陈光国. 试论藏区部落习惯法中的刑法规范 [J]. 西北民族学院学报（哲学社会科学版）, 1997 (3).

[57] 何峰.《番例》探析 [J]. 中国藏学, 1998 (2).

[58] 王双成. 藏族"盟誓"习俗探微 [J]. 西藏研究, 1998 (2).

[59] 吕昌林. 浅论昌都地区一夫多妻、一妻多夫婚姻陋习的现状、成因及对策 [J]. 西藏研究, 1999 (4).

[60] 周旭芳. "1998 年'民族'概念暨相关理论问题专题讨论会"综述 [J]. 世界民族, 1999 (1).

[61] 雷弯山. 刀耕火种："畲"字文化与畲族的确认 [J]. 龙岩师专学报, 1999 (4).

[62] 华热·多杰. 藏族部落纠纷解决制度探析 [J]. 青海民族学院学报（社会科学版）, 1999 (3).

[63] 马戎. 试论藏族的"一妻多夫"婚姻 [J]. 民族研究, 2000 (6).

[64] 石硕. 一个隐含藏族起源真相的文本：对藏族始祖传说中"猕猴"与"罗刹女"含义的释读 [J]. 中国社会科学, 2000 (4).

[65] 张建世. 康区藏族的一妻多夫家庭 [J]. 西藏研究, 2000 (1).

[66] 胡启忠. 论民族地区的法律变通 [J]. 西南民族学院学报（哲学社会科学版）, 2002 (7).

[67] 茹莹. 汉语"民族"一词在我国的最早出现 [J]. 世界民族, 2001 (6).

[68] 吴英. 关于现代化的含义、规律和模式：对《现代化新论》几个理论观点的评析 [J]. 天津师范大学学报（社会科学版）, 2001 (5).

[69] 辛国祥, 毛晓杰. 藏族赔命价习惯与刑事法律的冲突及立法对策 [J]. 青海民族学院学报, 2001 (1).

[70] 郑永流. 法的有效性与有效的法 [J]. 法制与社会发展, 2002 (2).

[71] 何宁生. 前秦法制初探 [J]. 西北大学学报（哲学社会科学版）, 2002 (3).

[72] 孙林. 盟誓文诰：吐蕃时期一种特殊的历史文书 [J]. 中国藏学, 2002 (3).

[73] 徐晓光. 辽西夏金元北方少数民族政权法制对中国法律文化的贡献 [J]. 西南民族学院学报（哲学社会科学版）, 2002 (7).

[74] 黄兴涛. "民族"一词究竟何时在中文里出现? [J]. 浙江学刊, 2002 (1).

[75] 杨士宏. 藏区习惯法的文化内涵 [J]. 西北民族研究, 2003 (3).

[76] 陈永胜. 松赞干布时期藏族基本法律制度初探 [J]. 民族研究, 2003 (6).

[77] 孔玲. "赔命价"考析 [J]. 贵州民族研究, 2003 (1).

[78] 旺希卓玛. 清代青海藏区的主要法律文本、产生年代、特点及其历史影响 [J]. 青海民族研究（社会科学版）, 2003 (1).

[79] 周策众. 原族 [J]. 读书, 2003 (2).

[80] 张济民. 浅析藏区部落习惯法的存废改立 [J]. 青海民族研究, 2003 (4).

[81] 都永浩. 论民族概念与国民概念的关系 [J]. 满族研究, 2003 (1).

[82] 何宁生. 论后燕的法制 [J]. 西北大学学报（哲学社会科学版）, 2003 (3).

[83] 郝时远. 先秦文献中的"族"与"族类"观 [J]. 民族研究, 2004 (2).

[84] 邱永君. "民族"一词见于《南齐书》[J]. 民族研究, 2004 (3).

[85] 郝时远. 中文"民族"一词源流考辨 [J]. 民族研究, 2004 (6).

[86] 刘国石, 王珣平. 十六国时期少数民族政权典章制度的汉化 [J]. 北华大学学报（社会科学版）, 2004 (3).

[87] 马都尕吉. 从史诗《格萨尔》看藏族盟誓习俗 [J]. 西北民族大学学报（哲学社会科学版）, 2004 (2).

[88] 杨鸿雁. 在照顾民族特点与维护国家法律统一之间：从"赔命价"谈起 [J]. 贵州民族研究, 2004 (3).

[89] 何宁生. 论前燕的法制 [J]. 西北大学学报（哲学社会科学版）, 2004 (5).

[90] 杨方泉. 民族习惯法回潮的困境及其出路：以青海藏区"赔命价"为例 [J]. 中山大学学报（社会科学版）, 2004 (4).

[91] 孙镇平. 西藏"赔命金制度"浅谈 [J]. 政法论坛, 2004 (6).

[92] 曾宪义, 马小红. 中国传统法的"一统性"与"多层次性"之分析：兼论中国传统法研究中应慎重使用"民间法"一词 [J]. 法学家, 2004 (1).

[93] 牛绿花. 对藏族部落习惯法中妇女地位及财产继承权问题的探讨 [J]. 西北民族大学学报（哲学社会科学版）, 2004 (6).

[94] 苏力. 这里没有不动产法律移植问题的理论梳理 [J]. 法律适用, 2005 (8).

[95] 尤陈俊. 法治的困惑: 从两个社会文本开始的解读 [J]. 法学, 2002 (5).

[96] 祁进玉. 国内近百年来民族和族群研究评述 [J]. 广西民族研究, 2005 (2).

[97] 赵旭东. 秩序、过程与文化: 西方法律人类学的发展及其问题 [J]. 环球法律评论, 2005 (5).

[98] 乔丽荣, 仲崇建. 从博弈到认同: 法人类学关于纠纷研究的旨趣、路径及其理论建构 [J]. 黑龙江民族丛刊, 2005 (6).

[99] 吴大华. 论法人类学的起源与发展 [J]. 广西民族大学学报 (哲学社会科学版), 2006 (6).

[100] 牛绿花. 藏族农牧民厌诉的经济分析: 基于对甘肃省舟曲县拱坝乡先锋村的调查 [J]. 西北第二民族学院学报 (哲学社会科学版), 2006 (2).

[101] 衣家奇. "赔命价": 一种规则的民族表达方式 [J]. 甘肃政法学院学报, 2006 (3).

[102] 坚赞才旦, 许韶明. 论青藏高原和南亚一妻多夫制的起源 [J]. 中山大学学报 (社会科学版), 2006 (1).

[103] 扎洛. 社会转型期藏区草场纠纷调解机制研究: 对川西、藏东两起草场纠纷案例的分析 [J]. 民族研究, 2007 (3).

[104] 索南才让. 试谈藏族成文习惯法规的历史渊源与藏传佛教戒律之间的内在关系 [J]. 宗教研究, 2007 (2).

[105] 邹敏. 少数民族习惯法与国家制定法的调适: 以藏族 "赔命价" 习惯法为例 [J]. 西北第二民族学院学报 (哲学社会科学版), 2007 (4).

[106] 苏永生. 国家刑事制定法对少数民族刑事习惯法的渗透与整合: 以藏族 "赔命价" 习惯法为视角 [J]. 法学研究, 2007 (6).

[107] 邵方. 唐宋法律中儒家孝道思想对西夏法典的影响 [J]. 法学研究, 2007 (1).

[108] 张生. 清末民事习惯调查与《大清民律草案》的编纂 [J]. 法学研究, 2007 (1).

[109] 吕志祥. 甘青藏区新农村建设中的村规民约论析 [J]. 西藏研究, 2007 (3).

[110] 曹廷生. 博弈中共生: 赔命价与恢复性司法的对话 [J]. 内蒙古农

[111] 苏永生. 文化的刑法解释论之提倡：以"赔命价"习惯法为例 [J]. 法商研究, 2008 (5).

[112] 范愉. 民间社会规范在基层司法中的应用 [J]. 山东大学学报（哲学社会科学版）, 2008 (1).

[113] 嘉日姆几. 彝汉纠纷中的身份、认知与权威：以云南宁蒗彝族自治县为例 [J]. 民族研究, 2008 (4).

[114] 甘措, 彭毛卓玛. 论藏族民间环保习惯法之思想渊源 [J]. 青海民族研究, 2008 (3).

[115] 张晋藩. 清朝民族立法经验浅析 [J]. 国家行政学院学报, 2011 (1).

[116] 索南才让. 试谈四川德格成文法与藏传佛教及西藏地方传统成文法之间的渊源关系 [J]. 西藏研究, 2008 (4).

[117] 杨华双. 藏族与周边民族习惯法比较 [J]. 西南民族大学学报（人文社会科学版）, 2008 (8).

[118] 淡乐蓉. 藏族"赔命价"与国家法的漏洞补充问题 [J]. 中国藏学, 2008 (3).

[119] 佴澎. 在博弈中走向和谐：清代云南藏族纠纷解决机制研究 [J]. 云南农业大学学报（社会科学版）, 2008 (1).

[120] 潘志成. 藏族社会传统纠纷调解制度初探 [J]. 贵州民族学院学报（哲学社会科学版）, 2009 (1).

[121] 周欣宇. 论藏族习惯法的宗教哲学基础 [J]. 内蒙古社会科学（汉文版）, 2009, 30 (1).

[122] 何叔涛. 汉语"民族"概念的特点与中国民族研究的话语权：兼论"中华民族""中国各民族"与当前流行的"族群"概念 [J]. 民族研究, 2009 (2).

[123] 张爱球. 法制现代化的概念解读 [J]. 扬州大学学报（人文社会科学版）, 2000 (5).

[124] 乐岚. 目标或路径：统一婚姻法与民族习惯法的交互发展：兼论四川藏区婚姻法变通补充规定之完善 [J]. 西南民族大学学报（人文社科版）, 2009, 30 (8).

[125] 马青连. 清代理藩院之司法管辖权初探 [J]. 思想战线, 2009, 35 (6).

[126] 陈践, 杨本加. 吐蕃时期藏文文献中的盟誓 [J]. 中国藏学, 2009 (3).

[127] 淡乐蓉. 论藏族"赔命价"习惯法与日耳曼民族"赎罪金"制度的比较研究 [J]. 中国藏学, 2010 (1).

[128] 鄂崇荣. 明代以来青海草场冲突纠纷及解决路径述略 [J]. 青海民族研究, 2010, 21 (3).

[129] 张晋藩. 多元一体法文化: 中华法系凝结少数民族的法律智慧 [J]. 民族研究, 2011 (5).

[130] 苏永生. 中国藏区刑事和解研究: 以青海藏区为中心的调查分析 [J]. 法制与社会发展, 2011, 17 (6).

[131] 韩雪梅. 藏族社会纠纷化解机制的法哲学思考与实践运作 [J]. 法学杂志, 2011, 32 (8).

[132] 后宏伟. 藏族习惯法中的调解纠纷解决机制探析 [J]. 北方民族大学学报 (哲学社会科学版), 2011 (3).

[133] 穆赤·云登嘉措. 藏区习惯法"回潮"问题研究 [J]. 法律科学 (西北政法大学学报), 2011, 29 (3).

[134] 朱丽霞. 藏族僧人的社会调解活动考辨: 以15世纪之前的藏传佛教为例 [J]. 西藏研究, 2011 (1).

[135] 高晓波. 晚清藏边民族纠纷解决中的角色职能析论: 以光绪年间循化厅所辖藏区为例 [J]. 西藏大学学报 (社会科学版), 2011, 26 (1).

[136] 孙崇凯. 论藏族习惯法的法哲学基础: 以玉树部落制度为例 [J]. 青海民族研究, 2011, 22 (2).

[137] 南杰·隆英强. 中国刑事法治建设的本土化路径: 以藏族"赔命价"习惯法之积极贡献为视角 [J]. 政法论坛, 2011, 29 (6).

[138] 谢晖. 论民间法研究的学术类型 [J]. 政法论坛, 2011, 29 (4).

[139] 尚海涛, 龚艳. 法规范学视野下习惯规范的界定: 以雇佣习惯规范为例说明 [J]. 甘肃政法学院学报, 2012 (3).

[140] 胡小鹏, 高晓波. 国家权力扩张下的近代藏边民族纠纷解决机制: 以甘青藏边多民族聚居区为例 [J]. 西北师范大学学报 (社会科学版), 2012,

49（1）.

[141] 扬多才旦. 藏区草山纠纷的成因、危害及对策 [J]. 西藏研究, 2001 (2).

[142] 赵书文. 国家权威阴影之下的宗教权威：以甘青藏区纠纷调解为例 [J]. 湖北民族学院学报（哲学社会科学版）, 2012, 30 (5).

[143] 达力扎布.《番例》渊源考 [J]. 青海民族大学学报（社会科学版）, 2012, 38 (2).

[144] 周世中, 周守俊. 藏族习惯司法适用的方式和程序研究：以四川省甘孜州地区的藏族习惯法为例 [J]. 现代法学, 2012, 34 (6).

[145] 熊征. 藏族"赔命价"回潮的情感能量探源 [J]. 青海社会科学, 2012 (4).

[146] 匡爱民, 黄娅琴. 藏族习惯法中的惩罚性赔偿规则研究 [J]. 中央民族大学学报（哲学社会科学版）, 2012, 39 (1).

[147] 穆赤·云登嘉措. 被误解的文化传统：论藏族赔命价的内涵 [J]. 甘肃理论学刊, 2012 (6).

[148] 杜文忠. "赔命价"习惯的司法价值及其与现行法律的会通 [J]. 法学, 2012 (1).

[149] 李可. 习惯如何进入国法：对当代中国习惯处置理念之追问 [J]. 清华法学, 2012, 6 (2).

[150] 邵方. 儒家思想对西夏法制的影响 [J]. 比较法研究, 2013 (2).

[151] 周传斌. 论中国特色的民族概念 [J]. 广西民族研究, 2003 (4).

[152] 杨静哲. 法律多元论：轨迹、困境与出路 [M]. 法律科学（西北政法大学学报）, 2013, 31 (2).

[153] 杨华双. 土司制度下藏族传统社会秩序的法律调控分析：以川、甘、青、滇地区为例 [J]. 西南民族大学学报（人文社会科学版）, 2013, 34 (8).

[154] 周欣宇. 历代中央政府对藏区赔命价习惯法的态度考释 [J]. 西南政法大学学报, 2014, 16 (4).

[155] 王林敏. 论藏区赔命价的历史起源 [J]. 民间法, 2014, 14 (2).

[156] 王林敏. 藏区赔命价习惯法与国家刑事法制的冲突与消解 [J]. 甘肃政法学院学报, 2014 (6).

[157] 赵天宝. 困境与超越：藏族赔命价习惯规范的理性分析 [J]. 西北

民族大学学报（哲学社会科学版），2014（1）.

[158] 周欣宇. 藏区赔命价习惯法与国家法的冲突与协调 [J]. 河南财经政法大学学报，2015，30（4）.

[159] 华热·多杰，刘建成. 论藏族民间法的当代价值 [J]. 青海民族学院学报（社会科学版），2015，37（2）.

[160] 彭建军. 自治区自治条例所涉自治立法权问题研究 [J]. 民族研究，2015（2）.

[161] 冯志伟. 清代藏区纠纷案件的处理程序：以藏族习惯法为范围的考察 [J]. 中央民族大学学报（哲学社会科学版），2016，43（1）.

[162] 后宏伟. 藏族习惯法回潮及其原因探析 [J]. 甘肃政法学院学报，2017（4）.

[163] 杨须爱. 马克思主义经典作家"民族"概念及其语境考辨：兼论"民族"概念的汉译及中国化 [J]. 民族研究，2017（5）.

[164] 董强. 斯大林民族理论的贡献和局限：基于历时性的分析 [J]. 民族研究，2017（6）.

[165] 杨雅妮. 神判之遗：藏族"吃咒"的文化解读及其当代价值：以甘南藏族自治州为例 [J]. 宗教学研究，2017（3）.

[166] 周晓露，李雪萍. 摆平：藏区基层政府纠纷调解的运作逻辑：以四川省甘孜藏族自治州G县大调解团解决牦牛纠纷为例 [J]. 中南民族大学学报（人文社会科学版），2017，37（2）.

[167] 张科. 清代安多藏区的法制建设与社会控制 [J]. 中国边疆史地研究，2017，27（2）.

[168] 陈景辉."习惯法"是法律吗？[J]. 法学，2018（1）.

[169] 苏发祥. 四川木里藏族自治县社会治理调查 [J]. 北方民族大学学报（哲学社会科学版），2018（1）.

[170] 淡乐蓉. 藏族"赔命价"习惯法的法社会学分析 [J]. 原生态民族文化学刊，2018，10（3）.

[171] 王林敏. 藏区赔命价司法运用的方法诠释 [J]. 法律方法，2019，26（1）.

[172] 王亚妮，李志伟."赔命金"习惯法与国家制定法关系的理路分析：以西藏昌都地区"赔命金"为例 [J]. 西藏民族大学学报（哲学社会科学版），

2020, 41 (4).

[173] 巴俄·祖拉陈瓦.智者喜宴[R].黄颢,译注(节译).西藏民族学院学报(社会科学版),1981 (1).

[174] 车骐.清代中央政府治藏法律制度研究[D].上海:华东政法大学,2002.

[175] 周欣宇.论藏族习惯法的宗教维度:文化分析中的勘察[D].重庆:西南政法大学,2004.

[176] 卓玛草.论藏族史诗《格萨尔王传》中的盟誓文化[D].兰州:西北民族大学,2006.

[177] 拉毛杨错.藏民族内部纠纷及解纠模式之转型[D].重庆:西南政法大学,2010.

[178] 吕志祥.藏族习惯法及其转型研究[D].兰州:兰州大学,2007.

[179] 张海红.公元7—9世纪吐蕃盟誓制度研究[D].兰州:兰州大学,2009.

[180] 刘利卫.甘南藏族婚姻家庭习惯法调查研究[D].兰州:兰州大学,2009.

[181] 任小波.吐蕃盟誓研究[D].北京:中央民族大学,2010.

[182] 刘志国.盟誓与吐蕃社会[D].拉萨:西藏民族学院,2010.

[183] 许安平.清代民族政策法制化研究[D].北京:中央民族大学,2010.

[184] 张鹏飞.藏族部落习惯法对司法实践消极影响的考察[D].兰州:兰州大学,2010.

[185] 李才.吐蕃时期藏文文献中的盟誓制度研究[D].兰州:西北民族大学,2011.

[186] 田庆锋.清代西部宗教立法研究:以藏传佛教与伊斯兰教为中心[D].北京:中国政法大学,2011.

[187] 祁选姐措.藏族婚姻家庭习惯法研究:以青海安多藏区为例[D].北京:中央民族大学,2011.

[188] 黄娅琴.惩罚性赔偿研究民族习惯法与国家制定法双重视角下的考察[D].北京:中央民族大学,2012.

[189] 韩雪梅.雪域高原的财产法:藏族财产法史研究[D].兰州:兰州

大学，2013.

[190] 常丽霞. 藏族牧区生态习惯法文化的传承与变迁 [D]. 兰州：兰州大学，2013.

[191] 熊征. 甘南牧区藏族民间纠纷的解决研究 [D]. 兰州：兰州大学，2013.

[192] 杨雅妮. 夏河藏族纠纷解决方式研究 [D]. 兰州：兰州大学，2014.

[193] 戴羽. 比较法视野下的《天盛律令》研究 [D]. 西安：陕西师范大学，2014.

[194] 孔俊玲. 藏族"赔命价"制度与藏传佛教教义关系探讨 [D]. 成都：西南民族大学，2015.

[195] 周毛措. 安多藏族婚姻习惯法与国家法的冲突与融合 [D]. 成都：西南财经大学，2016.

[196] 李磊. 西藏地区藏族环境保护习惯法研究 [D]. 拉萨：西藏大学，2016.

[197] 吴亚楠. 国家法与少数民族习惯法的互动关系研究 [D]. 重庆：西南政法大学，2016.

[198] 汪隽海. 天祝藏族传统婚姻家庭法律文化的调查研究 [D]. 兰州：兰州大学，2017.

[199] 次仁多吉. 敦煌古文献 P.T-1287 中吐蕃盟誓制度研究 [D]. 拉萨：西藏大学，2018.

[200] 熊敏. 藏族环保习惯法与现代民族法治 [D]. 北京：中国人民公安大学，2019.

（五）其他文献

[1] 中阿含经 [EB/OL]. 提婆，罗叉，等译. 中华电子佛典协会网，2016-08-29.

[2] K. 冯·本达-贝克曼. 法律多元 [M] //许章润. 清华法学：第九辑. 朱晓飞，译. 北京：清华大学出版社，2006.

[3] 小林正典. 青海藏族的赔命价：今天的意义和课题 [A] //西村幸次郎. 中国少数民族的自治和惯习法. 东京：成文堂，2007.

[4] 世亲. 阿毗达摩俱舍论：卷13 分别业品 [EB/OL]. 玄奘，译. 佛音网，2016-01-30.

[5] 周勇. 法律民族志的方法和问题：1956—1964年中国少数民族社会历史调查对少数民族固有法的记录评述［M］//王筑生. 人类学与西南民族. 昆明：云南大学出版社，1998.

[6] 佟松树. 审判工作中藏族习惯法与现行法律的冲突问题研究［C］//国家法官学院科研部编印. 全国法院系统第二十二届学术讨论会论文集，2011.

[7] 周欣宇. 论清代西藏自治立法：以"十三条""二十九条""十九条"三部章程为中心［M］//汪世荣，闫晓君，陈涛. 中国边疆治理的法律经验. 北京：法律出版社，2014.

[8] 国务院新闻办公室. 中国的民族区域自治［N］. 人民日报，2005-03-01（1）.

[9] 西藏高级人民法院课题组. 青海藏族地区"赔命（血）价"习惯法情况的统计与分析（之一）青海藏族地区"赔命（血）价"习惯法［N］. 法制日报，2013-08-07（12）；（之二）青海藏族地区"赔命（血）价"习惯法存在的原因与总体评价（上）［N］. 法制日报，2013-08-14（12）；（之三）青海藏族地区"赔命（血）价"习惯法存在的原因与总体评价（下）［N］. 法制日报，2013-08-21（12）；（之四）对待青海藏族地区"赔命（血）价"习惯法的意见和建议［N］. 法制日报，2013-08-28（9）.

[10] 梁治平. 中国法律史上的民间法：兼论中国古代的法律多元格局［EB/OL］. 北京大学网，2002-10-19.

[11] 王刚. 漫卷尼江恶云（2）［EB/OL］. 新浪网，2018-02-26.

[12] 俄×故意杀人罪一审判决［EB/OL］. 中国裁判文书网，2017-05-01.

## 二、外文类

（一）著作

[1] BRASIL C G, LING K. Transcending Madness［M］. Oxford：Oxford University Press，1991.

[2] COMAROFF J, ROBERTS S. Rules and Process：The Cultural Logic of Dispute in an African Context［M］. Chicago：University of Chicago Press，1981.

[3] ORIOLA T B. Doing Justice Without the State：the Afikpo（Ehughbo）Nigeria Modee［M］. New York：Routledge Press，2006.

[4] FORTES M, EVANS-PRITCHARD E E. African Political System［M］.

London: Oxford University Press, 1940.

[5] FRENCH R R. The Golden Yoke: The Legal Cosmology of Buddhist Tibet [M]. New York: The Cornell University Press, 1995.

[6] GEERTZ C. Local Knowledge (Pap) [M]. Arlington: Perseus Books, 1985.

[7] HAZLEHURST K M. Legal Pluralism and the Colonial Legacy [M]. Sydney: Sydney University Press, 1995.

[8] HOOKER M B, MOORE S F. Legal Pluralism: An Introduction to Colonial and Neo-Colonial Law [M]. Oxford: Clarendon Press, 1975.

[9] LEVINE N. The Dynamics of Polyandry: Kinship, Domesticity and Population on the Tibetan Border [M]. Chicago: The University of Chicago Press, 1988.

[10] MALINOWSKI B. Crime and Custom in Savage Society [M]. London: Routledge & Kegan Paul LTD, 1926.

[11] MURPHY R F. Cultural and Social Anthropology [M]. New Jersey: Prentice Hall Inc, 1986.

[12] NADER L, TODD H F. The Disputing Process: Law in Ten Societies [M]. New York: Columbia University Press, 1978.

[13] PETERSEN H, ZAHLE H. Legal Polycentricity Consequences of Pluralism in Law [M]. Aldershot: Dartmouth Publish, 1995.

[14] POSPISIL L J. The Anthropology of Law [M]. New Haven: HRAF Press, 1971.

[15] ROULAND N. Legal Anthropology [M]. Translated, PLANEL PG, London: The Athlone Press, 1994.

[16] SACK P, ALECK J. Law and Anthropology [M]. New York: New York University Press, 1992.

[17] STARR J, COLLIER J F. History and Power in the Study of Law [M]. New York: Cornell University Press, 1989.

[18] STARR J, GOODALE M. Practicing Ethnography in Law [M]. London: Macmillan Publishers Limited, 2003.

[19] WALLACE A. Religion: An Anthropological View [M]. New York: Ran-

dom House, 1966.

(二) 论文

[1] CORRINCARE J, ZORN J G. Statutory Developments' in Melanesian Customary Law [J]. Journal of Legal Pluralism, 2001, 46.

[2] EKVALL R. Mis Tong: the Tibetan Custom of Life Indemnity [J]. Sociologus, Ns. 4.

[3] GRIFFITHS J. What is Legal Pluralism [J]. Journal of Legal Pluralism and Unofficial Law, 1986, 18 (24).

[4] GOLDSTEIN M G. Stratification, Polyandry, and Family Structure in Central Tibet [J]. Southwest Journal of Anthropology, 1971 (1).

[5] LEE FUMING. The Legal Protection of Tibetan Intangible Cultural Heritage in China: From the Prospective of Tibetan Customary Law and Intellectual Property Law [J]. China Legal Science, 2019, 7 (1).

[6] MERRY S E. Legal Pluralism [J]. Law and Society Review, 1988, 22 (5).

[7] PIRIE F. Legal Complexity on the Tibetan Plateau [J]. Journal of Legal Pluralism, 2006, 38 (53).

[8] SANTOS B D. The Law of the Oppressed: The Construction and Reproduction of Legality in Pasargada [J]. Law and Society Review, 1977, 12.

[9] SNYDER F. Governing Economic Globalization: Global Economic Networks and Global Legal Pluralism [J]. European Law Journal, 1999, 5 (4).

[10] VANDERLINDEN J. Return to Legal Pluralism: Twenty Years Later [J]. Journal of Legal Pluralism, 1989, 21 (28).

(三) 其他文献/专著中析出的文献

[1] DUSKA S A. Harmony Ideology and Dispute Resolution: A Legal Ethnography of the Tibetan Diaspora in India [D]. Vancouver: The University of British Columbia, 2008.

[2] GARDNER J. Some Types of Law [A] //Law as a Leap of Faith. Oxford: Oxford University Press, 2012.

[3] MEININGHUAS E. Legal Pluralism in Afghanistan [A]. ZEF Working Paper Series, Department of Political and Cultural Change Center for Development Re-

search, University of Bonn, 2007.

[4] MOORE S F. Archaic Law and Modern Times on the Zambezi: Some Thoughts on Max Gluckman's Interpretation of Baroste Law [A] //GULLIVER P H, Cross-examination: Essays in Memory of Max Gluckman. Leiden: E. J. Brill, 1978.

[5] VARDERLINDEN J, GILISSEN J. Le Pluralism Juridique: Eesai De Synthese [A] // VARDERLINDEN J, GILLISSEN J. Le Pluralisme Juridique. Brussel: Vrige University van Brussel, 1971.